DAVID MONAGAN

IRRWITZIGES IRLAND

Mehr über unsere Autoren und Bücher:
www.malik.de

Bibliografische Information der Deutschen Bibliothek
Die Deutsche Nationalbibliothek verzeichnet diese Publikation in der Deutschen Nationalbibliografie; detaillierte bibliografische Daten sind im Internet über http://dnb.d-nb.de abrufbar.

NATIONAL GEOGRAPHIC ADVENTURE PRESS
Reisen · Menschen · Abenteuer
Die Taschenbuch-Reihe von
Malik und National Geographic

Ungekürzte Taschenbuchausgabe
2. Auflage Februar 2009

Titel der englischen Originalausgabe: »Jaywalking with the Irish«
erschienen bei Lonely Planet Publications, Australien

Redaktion: Regina Carstensen, München
Innenteilfotos: David Monagan
Umschlagfotos: LOOK/Karl Johaentges
Kartografie: Lonely Planet Publications, Australien
Satz: Sieveking GmbH, München
Papier: Naturoffset ECF
Druck und Bindung: CPI – Clausen & Bosse, Leck
Printed in Germany ISBN 978-3-492-40295-8

Das Papier wurde aus chlorfrei gebleichtem Zellstoff hergestellt.

DAVID MONAGAN

IRRWITZIGES IRLAND

Eine Liebeserklärung
in 26 Kapiteln

Aus dem Englischen
von Regina Schneider

MALIK NATIONAL GEOGRAPHIC

IRLAND
N
W
O
S
0
50 km
0
30 mi
SCHOTTLAND
ATLANTISCHER OZEAN
DONEGAL
DERRY
ANTRIM
NORD-IRLAND
BELFAST
TYRONE
FERMANAGH
DOWN
ARMAGH
MONAGHAN
SLIGO
LEITRIM
CAVAN
LOUTH
MAYO
IRISCHE SEE
ROSCOMMON
LONGFORD
MEATH
IRISCHE REPUBLIK
WEST MEATH
GALWAY
Galway
DUBLIN
DUBLIN
OFFALY
KILDARE
LAOIS
WICKLOW
CLARE
CARLOW
Limerick
TIPPERARY
KILKENNY
LIMERICK
WEXFORD
WATERFORD
KERRY
CORK
Cork City
KELTISCHE SEE
CORK
CONNECTICUT
ATLANTISCHER OZEAN
ATLANTISCHER OZEAN

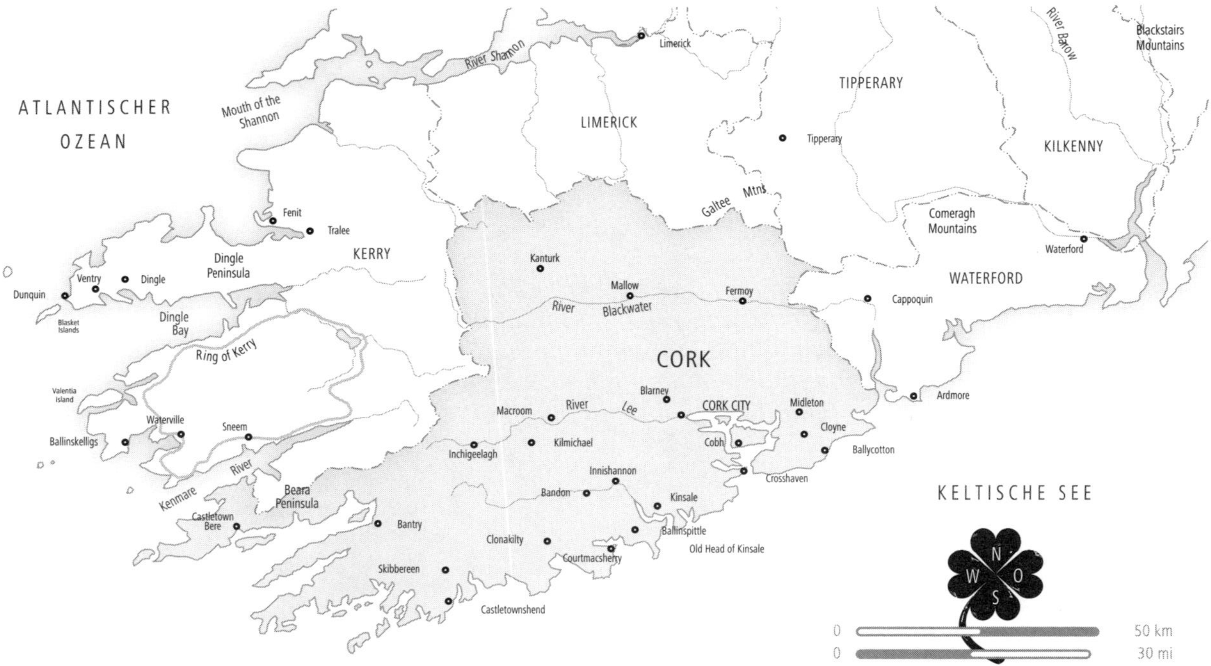

ATLANTISCHER
OZEAN
Mouth of the Shannon
River Shannon
Limerick
Blackstairs Mountains
River Barow
TIPPERARY
LIMERICK
Tipperary
KILKENNY
Galtee Mtns
Comeragh Mountains
Waterford
Fenit
Tralee
KERRY
Dingle Peninsula
Dingle
Ventry
Dunquin
Blasket Islands
Dingle Bay
Kanturk
Mallow
Fermoy
River Blackwater
WATERFORD
Cappoquin
Ring of Kerry
CORK
Ardmore
Valentia Island
Blarney
Macroom
River Lee
CORK CITY
Midleton
Waterville
Sneem
Cloyne
Ballinskelligs
Inchigeelagh
Kilmichael
Cobh
Ballycotton
Innishannon
Crosshaven
Kenmare River
Beara Peninsula
Bandon
Kinsale
KELTISCHE SEE
Castletown Bere
Bantry
Ballinspittle
Clonakilty
Old Head of Kinsale
Courtmacsherry
Skibbereen
Castletownshend
N
W
O
S
0
50 km
0
30 mi

Für Jamie und drei junge, eifrige
Wanderer an fernen Küsten

I

Wie eine Plane aus tiefem Blau, außergewöhnlich friedlich und schön, spannte sich der morgendliche Himmel über Irland. Es war der Tag vor jenem schicksalhaften, nun jedoch schon historischen 11. September, und die Welt schien mir auf einmal voller neuer Perspektiven, als ich das türkische Friseurgeschäft in der MacCurtain Street in Cork betrat.

Ein dunkelhäutiger Typ mit langem schwarzen Pferdeschwanz, behangen mit schweren Goldketten, dirigierte mich auf einen Stuhl, klemmte mir einen Latz unters Kinn und begann mit der Schere zu klappern.

»Wie heißen Sie?«, fing ich unbefangen zu plaudern an, sah dabei aus dem Fenster, wo Fußgänger auf der Straße schlenderten, die nach einem Oberbürgermeister der Stadt benannt war. Er war vor achtzig Jahren bei brutalen Auseinandersetzungen von britischen Spezialtruppen erschossen worden.

»Ahmad. Und Sie? Sie sind nicht von hier?«

»Nein. Aus den Staaten.«

»Amerika?«, fragte er, während er eifrig herumschnippelte.

»Jawohl. Und Sie?«

»Ich komme aus dem Irak.« Pause. Schnipp, schnapp, schnipp, schnapp – seine Schere legte plötzlich einen Schnellgang ein. »Wir sind im Krieg.«

Schluck! Auf dem Stuhl eines fremdländischen Friseurs zu sitzen, einer grobschlächtigen Gestalt ausgeliefert, die einen für den Erzfeind hält, ist nicht gerade ein beruhigendes Gefühl, besonders dann nicht, wenn der Mann eine ganze Palette von Rasiermessern schwingt und mit einem von ihnen nahe an der Halsschlagader zu hantieren beginnt. Psychologen haben da eine Lösung parat und verweisen in solchen Zusammenhängen gern auf das »Stockholm-Syndrom«, ein psychologisches Phänomen, bei dem Opfer von Geiselnehmern ein positives emotionales Verhältnis zu ihren Entführern aufbauen. Immerhin liegt in deren Händen ihr weiteres Schicksal. Das ist es, dachte ich mir und ergriff meine Chance.

»Aber wir beide, Sie und ich, wir befinden uns ja nicht im Krieg. Es sind unsere Regierungen, die die Menschen dazu zwingen, sich die Köpfe einzuschlagen – und die Iraker mögen Saddam Hussein im Grunde ja auch nicht, oder?« Ich konnte kaum ahnen, welche Gedanken ich bei ihm ausgelöst hatte.

»Saddam ist ein großartiger Mann«, beharrte Ahmad und zwirbelte nun einen Faden zu einem etwas bedrohlich wirkenden schlingenartigen Gebilde.

Auf der Stelle wollte ich vom Stuhl aufspringen. Ich sah mich schon aus der Tür stürzen, das um den Hals gebundene Friseurtuch um mich herumflatternd. Auf der anderen Seite konnte jede unbesonnene Bewegung meinerseits das endgültige Aus bedeuten. Also ließ ich mir nichts anmerken, widersprach nicht und fragte stattdessen in einem bewusst ruhigen Tonfall: »Leben Sie schon lange hier?«

»Zwei Jahre«, sagte er und spannte den Faden in seinen Händen verdächtig straff. Ich nickte. Auch für mich hatte das zweite Jahr in diesem nicht gerade einfachen Land schon seit einigen Monaten begonnen. Saßen wir beide etwa am Ende im gleichen Boot?

»Ist Ihre Familie noch im Irak?«

»Ja, mein Vater ist Pilot«, sagte Ahmad mit scharfer Stimme, während er sich über mich beugte. Stocksteif, wie in eine Zwangsjacke gepresst, saß ich da. Plötzlich, ohne Vorwarnung, wickelte er die Schlinge um ein vereinzeltes Gesichtshaar, riss mit einem kräftigen

Ruck an den beiden Enden des Fadens, sodass es samt Wurzel herauskatapultiert wurde und mit größter Sicherheit grob in Richtung Bagdad schoss. Autsch, das hatte wehgetan!

»Oh, er fliegt also. Linienflugzeuge?«, fragte ich, mühsam um Fassung ringend.

Ein weiteres Haar wurde gerade aus meinem Gesicht herausmanövriert.

»Nein, Kampfjets. Er ist bei der irakischen Luftwaffe.«

Das konnte ja heiter werden! Soldatenfreunde meines Bruders, der ebenfalls Kampfflieger gewesen war und bei einem Einsatz den Tod fand, waren dort oben bestimmt schon mehr als einmal Ahmads Vater begegnet. Worte wie UN-Sanktionen und Flugverbotszonen kamen mir in den Kopf. Besser, ich erwähne meinen Bruder erst gar nicht, entschied ich, während der Barbier von Bagdad ein Wattestäbchen in ein Fläschchen mit Öl tauchte und es dann anzündete.

»Gefällt es Ihnen in Irland?«, nahm ich das Gespräch wieder auf und erschrak heftig, als ich sah, wie er die Fackel, wenn auch winzig, mit betont ruhiger Hand Richtung Ohr hielt, um weitere Haare wegzubrennen oder mich vielleicht einfach nur hinzuhalten, bis er das Stilett – Anhänger der Baath-Partei mussten ein solches haben – von irgendwoher herauszog.

Ahmad, dessen Augen inzwischen einen stahlharten Glanz angenommen hatten, wirkte auf mich wie einer, der völlig eins war mit dem, was er da tat.

»Weit besser als in Amerika«, gab er zur Antwort.

Das gab mir den Rest, und ich hielt fortan den Mund. Glücklich, am Ende unversehrt davongekommen zu sein, gab ich ihm ein großzügig bemessenes Trinkgeld und verließ schnurstracks den Salon, während mir der Kopf angesichts des eben Erlebten schwirrte. Zum Glück wurde ich draußen mit einer ganz anderen Welt konfrontiert. Das pralle und einladende Straßenleben konnte keinen besseren Gegensatz zu der abweisenden Atmosphäre im Friseurgeschäft abgeben: virtuose Flötenspieler, duftende indische Currys, in Fladen eingewickelt, esoterische Heil- und Zukunftsverkünder, Baptistenprediger, einschlägige Etablissements nur für Erwachsene, Antiquitäten im altirischen Landhausstil, Schweinezüchter, die Starkbier tranken, um dann torkelnd, singend und rezitierend durch die Straßen und Spelunken zu ziehen. Sie galten als die lokalen Gesangskünstler und Poeten. Das alles mischte sich in der zweitgrößten Stadt der Republik bunt durcheinander oder, genauer gesagt, in Irlands größtem Dorf, das 2005 als Europäische Kulturhauptstadt gefeiert wurde. Aber konnte ich hier in Cork je eine neue Heimat finden? Sicherheit, das impliziert das im Grunde bescheiden daherkommende Wort »Heimat«, eine Sicherheit, die jeden Moment in Rauch und Flammen aufgehen konnte. Zahllose amerikanische Auswanderer, die es an fremde Küsten gespült hatte – und ich gehörte zu ihnen –, vermochten durch den Lauf der Welt dazu bestimmt sein, ihr Gefühl der Geborgenheit zu verlieren, sei es hier am Ende des Regenbogens in Irland oder an irgendeinem anderen Shangri-La, das die Welt bereithält.

Aber alles, was mir in diesem Moment dazu einfiel, war, dass selbst die simple Handlung eines Friseurbesuchs sich zu einem absurden Erlebnis entwickeln konnte. Ahmad schien pro Saddam zu sein. Und so wie ich Cork und seine Bewohner inzwischen kannte, hätte ich wetten können, dass er mich einfach nur in Verwirrung stürzen wollte. Aber ich sollte die Geschichte von vorne erzählen. Eine Geschichte, die ihren Ausgang hat mit jenem magischen Zauber Irlands, der mich in Bann gezogen und jahrzehntelang nicht mehr losgelassen hat.

»Nein, ich geh nicht mit!«, protestierte unser sechsjähriger Sohn Owen lauthals, als wir vor gut achtzehn Monaten verkündeten, dass wir alles hinter uns lassen und nach Irland ziehen würden. Anschließend verkroch er sich unter den Couchtisch, knautschte Zeitungsblätter zu Papierkugeln, die er wild in alle Richtungen schleuderte. Seine Eltern, jene Menschen, zu denen er bislang das allergrößte Vertrauen hatte, zerstörten gerade seine schöne kleine Welt. Er griff sich sämtliche Sofakissen und verschanzte sich hinter dieser dennoch leicht einnehmbaren Festung.

Wieso auch sollte eine Familie, der es dort, wo sie lebte, gut ging, plötzlich auf die Idee kommen, sich mit Kind und Kegel über die Meere aufzumachen, um sich auf ein regengepeitschtes Etwas, eine Schimäre im Atlantik, zu begeben? Dies ist eine Frage, die uns übrigens bis heute irritiert, so wie das eigentümliche Wesen dieser Insel, das mit gleichmütigem Spott inspiriert und verwirrt, aber auch eine große Schwermut in sich birgt. Seit knapp dreißig Jahren waren Ausflüge nach Hibernia, wie die Römer Irland nannten, Teil meines Lebens, und bei der Hälfte von ihnen war meine Frau Jamie an meiner Seite. Der Sirenenruf, der von dieser Insel ausgeht, hatte auch ihre Seele gefangen genommen.

Wir hatten jenen Punkt erreicht, an dem wir eine Art Inventur machten und Bilanz zogen. Und was unter dem Strich herauskam, ergab, dass uns neben all den Errungenschaften, Besitztümern und Verantwortlichkeiten in unserem Leben bestimmte Werte fehlten, Werte wie Abenteuer und der Reiz des Neuen. Und da gerade die verschlungenen Pfade bekanntlich die der Weisheit sind, entschieden wir, uns auf die größte Expedition unseres Lebens zu begeben – auf eine Safari nach Irland.

»Du wirst Cork lieben«, versprach Jamie, was in diesem Moment etwas aus der Luft gegriffen war, da sie selbst erst ein einziges Mal und nur für wenige Stunden in dieser Stadt gewesen war. Doch ihr geschäftiger Trubel hatte sie von Anfang an in Bann gezogen, genauso wie die wilde Schönheit von West Cork, die wir erst kürzlich ausgiebig erforscht hatten. Dublin dagegen war viel zu ausgedehnt, weshalb wir jahrelang einen Bogen um die Hauptstadt der Republik machten. »Es gibt dort jede Menge Nachbarskinder, mit denen du direkt vor unserer Haustür spielen kannst.«

Da teilte sich das Kissengemäuer plötzlich, und Owens blaue Augen blitzten mich finster und misstrauisch an. Doch ehe ich mich versah, schoss eine neue Zeitungskugel haarscharf über meinen Kopf hinweg, und schon hatte sich die Schutzwand wieder geschlossen.

Jamie kauerte inzwischen auf Knien und suchte weiterhin nach tröstenden Worten. »Es ist doch nur für ein Jahr«, flüsterte sie ihm zu. »Ich verspreche dir, es wird lustig. Du magst doch Züge, oder nicht? Die fahren dort überall. Und es gibt Seen und Wasserfälle ...«

Ich für meinen Teil fing an, ihm Fotos in seine Burg zu schieben, die ihn an herrlichen irischen Stränden, auf Booten und Bergspitzen zeigten. Wir hatten sie vor anderthalb Jahren im Urlaub gemacht. Dann schob Jamie unserem Jüngsten einen Teller Kekse zwischen einem langsam breiter werdenden Spalt hindurch. Und plötzlich hörten wir von Owen ein lautes Geheul. Sein sonniges Gemüt hatte wieder die Oberhand gewonnen, die Proteste verebbten.

Harris und Laura, unsere beiden zehn- und elfjährigen Kinder, hatten uns nur mit großen Augen angesehen, als seien wir nun völlig übergeschnappt. Und vielleicht waren wir das ja auch.

Anscheinend liegt eine gewisse Verrücktheit bei uns in der Familie. Als mein Vater in meinem Alter war, verschwand er eines Tages sang- und klanglos, um irgendwo ein gelbes Cabriolet zu erstehen – das ich dann viel später in einen Graben setzte. Und mein Großvater mütterlicherseits hatte von heute auf morgen alles aufgegeben, sich zwei Pferde und eine Pistole gekauft und war mit meiner Großmutter nach Yucatán geritten, um sein Glück beim Silberschürfen zu versuchen.

»*Wo* wollt ihr hin?«, fragten jetzt unsere jeweiligen Mütter, und die Bestürzung stand ihnen ins Gesicht geschrieben. Dabei war ihnen die grüne Insel sehr wohl ein Begriff. Schließlich floss irisches Blut in ihren Adern, die ungezähmte Energie dieses Landes, seine unglaublich vielfältigen Emotionen, ein schicksalhaftes Verlangen sowie ein Strom aus Träumen, den ihre Vorväter und ihre inzwischen verstorbenen Ehemänner nie versiegen ließen. Ganze Eimer hatten sie davon in sich hineingeschüttet. Doch sie verbanden mit Irland wenig Romantisches, für sie war es der Ausgangspunkt gewesen, um in eine bessere Welt zu gelangen. Und nun schickten sich ihre Kinder aus ihnen völlig unerklärlichen Gründen an kehrtzumachen, geradewegs zurück in das Urgestöber. Ihrer Meinung nach befanden wir uns auf dem verkehrten Highway, fuhren in die falsche Richtung. Da half es auch nichts, ihnen zu sagen, dass Tausende vor uns das Gleiche getan hatten, um im Land ihrer Vorväter nach den eigenen Wurzeln zu suchen.

Begonnen hatte alles im Mai 1973. Damals traf ich Vorbereitungen, um am Trinity College in Dublin zu studieren, nachdem ich im Jahr zuvor an einer Uni in London mehr oder weniger vor mich hingestümpert hatte. Mein großer Erlebnishunger trieb mich dazu, mich in den Zug zu setzen, nach Holyhead in Wales zu fahren und eine Fähre über die Irische See zu nehmen.

Auf Deck tummelten sich verdreckte Bauarbeiter. Sie trugen Tweedmützen, schlecht sitzende Mäntel und alle die gleiche Krawatte, abgetragen zwar, aber fein säuberlich gebunden. Das gehörte wohl zur alten Tradition, die man sich beim englischen Adel abgeschaut hatte, der in den vergangenen achthundert Jahren ganze fünf Jahrzehnte über Irland geherrscht hatte und der die verachteten Paddies nun auf jeder britischen Baustelle beschäftigte. Gebannt lauschte ich dem leisen Gemurmel meiner Mitreisenden und bemerkte, wie die Mienen heller wurden, je näher sie der Heimat kamen und die drückende Bürde des Exils von ihnen abfiel. Die ganze Nacht lang saß ich in bierseliger Runde unter Hilfsmaurern, einem Dichter und einem Priester, Leuten vom Land, die aus Galway oder Tipperary kamen und auf der Heimfahrt waren. Sie sprachen meine Sprache, Englisch, doch die schlug mitten in einem normalen Satz plötzlich Kapriolen, mal schoss sie wild ins Kraut, mal formte sie blumige Wortgebilde. An Schlaf war nicht zu denken.

Im Laufe des Lebens erlebt man so einige Morgendämmerungen – und die meisten davon hat man schnell wieder vergessen. Doch meinen ersten Anblick von Irland werde ich nie vergessen. Die aufgehende Sonne über Dun Laoghaire war wie ein sanftes Flüstern hinter dem Nebelschleier, eine leicht dampfende Schwade über den dunklen Bergen. Die Schiffspassagiere drängten in Richtung Reling, in froher Erwartung, ihre Lieben gleich in die Arme schließen zu können. Irlands verlorene Töchter und Söhne, die schwarzen Schafe des Landes, Ehemänner, verbannt zur Maloche in den Fabriken von London, Manchester und Birmingham, von Arthritis geplagte alte Männer, schwankende Alkoholiker, ungeduldige Kindermädchen und tugendsame Nonnen – sie alle beugten sich über das Geländer, wie um das Schiff mit ihrem schneller werdenden Herzschlag anzuschieben. Sie wankten über die Landungsbrücke, trugen abgenutzte Koffer und Tornister voller Geschenke, vor allen Dingen aber den Traum von einem Ort, der für sie so uferlos war wie die Legenden um ihn. Innige Umarmungen, Freudenseufzer und rührselige Tränenausbrüche zogen konzentrische Kreise um den Pier. Ich war wie gelähmt.

In jenem ersten Jahr in Irland verschwammen die Grenzen zwischen Fantasie und Wirklichkeit. Berge, vom Nebel gestreichelt, Bauern, die ihre Hacke aus der Hand legten, um über die Seele zu sprechen, als wäre sie ein Falter, der sich müht, vom feuchten Gras aus in die Lüfte zu steigen. Dann war da Dublin, voll von bärtigen Finsterlingen, die alle aussahen, als hätten sie die letzte Nacht auf der Parkbank verbracht, mit trockenen Kehlen, aus denen ein rauchiges Lachen kam, und die schon zum Frühstück ein Bier verlangten. Die Insel war wie eine Droge, machte mich und meine Sinne abhängig, Haschisch wäre harmloser gewesen.

Seither waren die Jahre dahingeflogen, in denen ich mir in der geordneten Welt von Amerika ein komfortables Leben aufgebaut und das ungewisse Dasein als freiberuflicher Schreiberling in eine Karriere als Autor umgetauscht hatte. Heirat, Kinder und Eigenheim folgten, als hätte man die Karte des Lebens mit all seinen Erfordernissen nach und nach abgesteckt. Doch unsere Pläne für den »großen Aufbruch« nach Irland hatten wir nie aufgegeben. Jamies Großvater war einst im irischen Roscommon auf die Welt gekommen, weshalb sie neben einer angeborenen Verbundenheit mit diesem Land auch einen Anspruch auf die irische Staatsbürgerschaft besaß. Mehrere Male hatte sie Irland besucht, auf Probe. Und mit den Kindern zusammen verbrachten wir 1998 einen großartigen Monat in West Cork. Laura und ich standen an ausgezackten Küsten, angelten und holten mit etwas Glück glitzernde Makrelen aus dem Wasser, jeder Fang erschien mir wie ein verheißungsvolles Zeichen. Mit den richtigen Ködern, so nahm ich an, war es möglich, sein Leben zu verändern.

Auf den Partys zu Hause in Amerika sprach jeder davon, wie gern er die Eintönigkeit des Daseins und die öden Verpflichtungen einfach abschütteln und noch einmal etwas ganz Neues beginnen würde. Vor allem bei Paaren mittleren Alters war dies das Thema Nummer eins. Immerhin, wir waren verrückt genug, nicht nur darauf zu trinken, sondern es auch tatsächlich zu tun. Uns wurde ständig gesagt, Irland habe das beste Erziehungssystem der Welt, das Leben dort sei ruhiger, sorgenfreier und das Umfeld ideal für Kinder. Also, warum nicht? Warum nicht ein großes Abenteuer wagen, bevor man zum alten Eisen gehört und vom Schuldgeld für die Kinder aufgefressen wird?

»Ihr seid echt mutig, Hut ab«, entgegnete man uns in unserer zugeknöpften Kleinstadt Cornwall in Connecticut, als sich allmählich herumsprach, dass wir unseren Traum in die Tat umsetzen wollten. Einige legten sogar einen Schwur ab, ebenfalls etwas in dieser Richtung unternehmen zu wollen, aber erst mal sehen, mal abwarten. Im Grunde jedoch hielten sie uns alle für verrückt.

Wir planten und wir packten. Mein Geld verdiente ich mit einer regelmäßigen Kolumne und mit Artikeln für ein Unternehmensmagazin. Schreiben konnte ich von jedem anderen Ort aus, warum sollte man nicht versuchen, damit anzufangen? Und war Irland nicht geradezu ein Versprechen, was neu zu entdeckende Geschichten betraf?

Auch Jamie, die in den vergangenen zehn Jahren ein Dasein als Vollzeitmutter geführt hatte, war gespannt, ob der keltische Tiger mit seiner sagenumwobenen Wohlstandsexplosion auch sie mit einer neuen Aufgabe beglücken würde. Die Wirtschaft Irlands war während der vergangenen Jahre weltweit eine der am schnellsten wachsenden gewesen, und so sahen wir dort für uns beide alle möglichen neuen Tätigkeitsfelder. Was also hatten wir zu verlieren? Wir legten unsere Träume in die Koffer, und niemand konnte uns im Sommer 2000 von der Reise ins Ungewisse abhalten.

Und endlich, nach zahllosen Abschiedspartys, war es dann so weit. Wir sagten Freunden und unseren Familien unter Tränen Lebewohl und fragten uns im Stillen, wer von den Älteren während unserer Abwesenheit wohl sterben würde. Im Flugzeug drückten wir einander fest die Hände, wie Prediger es tun oder Menschen in der Achterbahn, wenn sie das Gefühl haben, es würde um ihr Leben gehen.

Kurz vor der Landung stellten wir fest, dass der Flughafen von Cork für uns einige Ungewöhnlichkeiten aufwies, eingeschlossen Taifune, die über den Nordatlantik fegen und ankommende Maschinen wie Konfetti herumwirbeln. Diese Naturereignisse waren hier offenbar nichts Besonderes, denn Traktoren standen auf Abruf bereit, um die Flugzeuge durch die Wasserlachen, die sich infolge des sturzbachartigen Regens auf den Rollbahnen sammelten, zu ziehen. Außerdem wäre es nicht verkehrt gewesen, an Bord ein paar Beruhigungspillen auszuteilen, zumal dann, wenn man beim Anflug in einen Wirbelsturm gerät und sich völlig benommen einem Land stellen muss, das sich offenbar im Spagat zwischen zwei Epochen befand – auf der einen Seite genüsslich wiederkäuende Kühe auf einer Weide, auf der anderen hochragende Kräne, die Beton- und Glasplatten hievten, um bei der Errichtung eines Hightech-Firmenparks voranzukommen.

Mit dreizehn Koffern und fünf Personen quetschten wir uns in zwei Taxis. Unser neues Leben hatte begonnen! Sie hielten schließlich vor unserem Haus im viktorianischen Stil im Norden von Cork, das wir unbesehen gemietet hatten. Es befand sich im Wohnviertel Bellevue Park, und zwar in einer Sackgasse, rechts reihten sich von Efeu umrankte Reihenhäuser aneinander, links zweigten zwei kleinere Wege ab. Wir bogen in den ersten Pfad ein, kleine Schatten tanzten auf dem holprigen Pflaster.

Am Ende der Passage wartete unsere Zukunft hinter einem grünen Tor. Das Haus, ein altes Gemäuer aus rotem Klinker und grauem Rauputz, hatte zu beiden Seiten des Eingangs hübsche Buntglasfenster als Blickfang. Im Innern ging es durch zwei Wohnräume, die mit Sofas ausstaffiert waren und hohe Decken hatten, in eine luftige, moderne Küche. Von hier aus kam man auf eine mit Schieferplatten versehene Terrasse. Umgeben von hohen Hecken und kleinen Bäumen, befand sich dahinter ein Rasen, so groß wie ein Tennisplatz. Oben, im ersten Stockwerk, gab es drei Schlafräume und ein Arbeitszimmer sowie eine weitere Treppe, die zum Dachgeschoss führte. Von dort hatte man einen weiten Blick über das Zentrum von Cork, eingebettet zwischen den zwei Hauptarmen des Flusses Lee. Bauchige Frachtschiffe, so konnten wir sehen, hatten neben Getreidesilos angedockt – alles schien nur einen Steinwurf entfernt. Kirchturmspitzen ragten wie Ausrufezeichen über die kasernenartigen Bauten der kleinen Metropole und hielten die Straßen, die sich um sie herumwanden, fest im Auge. Zu unserer Linken glänzte silbrig die Bucht von Cork, während ein ganzes Amphitheater aus grünen Hügeln beschaulich von den Gipfeln, welche die County Kerry begrenzen, die südwestliche Grafschaft Irlands, beschützt wurden. So weit, so gut. Sehr gut sogar!

Ich führte Jamie durch eine Luke hinaus auf ein Dachplateau und winkte dem herrlichen Panorama von vorbeiziehenden Wolken zu.

»Traumhaft!«, rief sie, drückte meine Hand und sog die überwältigende Schönheit ein. »Die Stadt ist so überschaubar, und doch dehnt sie sich ins Imaginäre. Alles sieht so interessant aus, so neu. Und dann das Haus, einfach großartig. Ich liebe es. Dass du so etwas überhaupt gefunden hast! Die Küche, hell und groß, der Garten ideal für die Kinder. Stell dir die Partys vor, die wir hier feiern werden! Es konnte uns nichts Besseres passieren, alles ist perfekt!« Und da stand sie, auf dem Dach, dem höchsten Platz über unserer neuen Stadt, und schlang die Arme um mich.

Ah! Mmmh! Als Mann könnte man sich daran gewöhnen, zumal Jamie vor dieser leuchtenden Kulisse der Corker Bucht so umwerfend aussah wie am Tag, als ich sie kennenlernte: Ihre blauen Augen strahlten über den hohen, sommersprossigen Wangenknochen, und ihr Haar schimmerte in diesem milden Licht wundervoll in einem goldenen Blond. Ich hatte das Gefühl, alles stimmte zwischen uns, unsere Ehe würde auf dieser Reise wachsen.

Ich trat einen Schritt zurück, zeigte in die Ferne auf jene Orte, die ich vor ein paar Monaten auf meiner Erkundungstour entdeckt hatte. Damals hatte ich auch den Makler gefunden, dem ich genau schilderte, welche Art von Zuhause uns vorschwebte. Ich wies auf ein gläsernes Haus im Westen, das hinter einem Park mit alten Bäumen herausragte, es gilt als das »höchste Gebäude Irlands«. Gleich gegenüber, am anderen Flussufer, präsentierte sich das »längste Gebäude Irlands«, eine Anlage aus Granit, in der früher die Geisteskranken der Stadt untergebracht waren und die heute, in Luxusapartments die Neureichen des Landes beherbergt. Zwischen diesen beiden Bauten führte die »längste gerade Straße Irlands« natürlich zielgenau auf einen nahe gelegenen Hügel zum »höchstgelegenen Pub Irlands«, in dem sich die Einheimischen der Umgebung treffen. Eine unscheinbare kleine Kneipe am anderen Ende der Straße soll übrigens bisweilen als »niedrigstgelegenes Pub Irlands« bespöttelt werden. Und während ich das alles in mich aufsog, meine Frau teilnahmsvoll an meiner Seite, war ich für einen Moment der glücklichste Mensch Irlands.

Doch der Augenblick währte nicht lange. Aus unserem als so perfekt empfundenen Haus drang von irgendwoher plötzlich ein höllisches Gekreische, sodass wir eiligst durch die Dachluke zurück ins Innere kletterten.

»Nein, das ist nicht deins, Harris!« Das war unser Rotschopf Laura; ihr Wutgeschrei schlug uns auf der Treppe entgegen, derart schrill, dass einem das Trommelfell schier platzte.

»Ich schlafe nicht in einem rosafarbenen Zimmer! Ich hatte noch nie ein eigenes Zimmer. Du aber schon immer!«, schrie Harris zurück, und dann fuhr auch noch Owen mit seinem lauten Organ dazwischen. Freunde von uns hatten einmal ein ähnlich ohrenbetäubendes Szenario miterlebt, als wir auf der Veranda vor unserem Haus in den Staaten in gemütlicher Runde beim Abendessen saßen.

Völlig unerwartet stimmten die drei drinnen ein Geheul an, schrien Zeter und Mordio, unterbrochen von einem fast hysterischen Gelächter. Bei uns gehe es ja zu wie in einer Folterkammer, gleich jener eines Marquis de Sade, meinten damals unsere Freunde. Jetzt eilten wir die Stufen hinunter, und ich konnte mir unsere drei kleinen Lieblinge, irische Beinahe-Vollblüter, förmlich vorstellen, wie ihre sommersprossigen Wangen puterrot geworden waren, so dunkelrot wie der Farbton, der manchmal auf den Gesichtern ihrer inzwischen verstorbenen Großväter, Bill Donnelly und Jake Monagan, erschienen war. Der Nachname »Monagan« ist mithin eine Vereinfachung von »Monaghan«, jener bettelarmen Linie, die zu unserer Verwandtschaft zählt. Zu Beginn der großen Hungersnot Mitte des 18. Jahrhunderts wanderten die Monagans nach Lowell, Massachusetts, aus, um ihr Brot mit dem Kämmen von Wolle zu verdienen. Deasy und McDermott, Butler und McKeon – selbst die großmütterliche Seite der Familie war mit irischem Blut durchsetzt.

Der arme Harris machte uns die größten Sorgen. Gestern noch war er durch die Wälder gestrolcht, seinen geliebten Schlangen, Salamandern und Fröschen auf der Spur. Er wusste, dass es hier in Irland keine Schlangen und nur wenige Frösche gab – seine ganze kleine Welt stand auf dem Kopf. Laura dagegen, die Abenteuerlustige, war dem Irland-Vorhaben gegenüber von vornherein viel aufgeschlossener gewesen – bis jetzt.

»Ich schlafe auch nicht in so einem Zimmer!«, feuerte unser blonder Wuschelkopf Owen das Gefecht an. Er würde seinem Bruder Harris über jede Klippe hinterherspringen, würde alles für ihn tun, nur um ihm beizustehen. Owen gerät mit den Namen für die Sommermonate immer ein wenig durcheinander. Gern sagt er »Juluni« – eigentlich die perfekte Bezeichnung für den irischen Sommer.

Und so begann die Suche unserer Kinder nach ihrem neuen Identitätsgefühl mit einem ungezügelten Kriegsgeschrei und wildem

Tohuwabohu, sodass die ganze Nachbarschaft mitbekam: Die Yanks sind da!

Um ein wenig Ruhe zu finden, beschlossen wir, einen Spaziergang in die Stadt zu unternehmen. Wir kamen an einem äußerst steilen Hügel vorbei, dem Military Hill, auf ihm befand sich das Ambassador-Hotel, früher bekannt als St. Patrick's Hospital, jenes »Klinik der Unheilbaren«. Anschließend gingen wir die schattige Wellington Road hinunter. Wir schlenderten weiter über den St. Patrick's Hill, der mit seinem ständigen Auf und Ab an San Francisco erinnerte und sich bis hinunter zur St. Patrick's Bridge zog. Die Brücke wiederum führte über den Lee in die St. Patrick's Street – wo sich dann unweigerlich die Patricks fortsetzten.

Romantisch veranlagte Menschen titulieren Cork gern als das »Venedig des Nordens«, da das Zentrum der Stadt auf der ambossförmigen Insel zwischen zwei Flussarmen des Lee liegt. Vor ein paar hundert Jahren waren Wasserwege die Hauptverkehrsadern, bis diese dann trockengelegt, aufgeschüttet und zu Straßen ausgebaut wurden. Wäre es in Cork heiß genug, um eine Brutstätte für Moskitos zu sein, dann wäre vermutlich ein großer Teil der 220 000 Bewohner an Malaria erkrankt. Erklärte dies das seltsame Benehmen einiger komischer Vögel, die uns immer wieder begegneten? Der ursprüngliche Name von Cork ist Corcaigh und bedeutet »sumpfiger Ort«, und nach Meinung von Ingenieuren dürften die höchsten Gebäude der Stadt auf diesem Untergrund eigentlich nicht das Recht haben, aufrecht stehen zu bleiben.

Heute hat der Hauptarm des Lee eine solche Tiefe, dass hochseetüchtige Schiffe am südlichen Ende der Stadt anlegen können. Dort war die Geschäftigkeit des modernen Handels unübersehbar: An den Quais, die sich entlang imposanter Fassaden im georgischen und italienischen Stil zogen, drängte sich ein Laden an den anderen, dazwischen ein bauliches Wirrwarr aus Theatern, Kaufhäusern und

»Autoparks«, allein durchbrochen von der altehrwürdigen St. Mary's Dominican Church mit ihrem romanischen Säulengang.

Überragt wird dieses malerische Bild von der einhundertfünfzig Jahre alten St. Anne's Cathedral in der Shandon Street mit ihrem »Lügenturm« (an dem vier vorspringende Kirchturmuhren prangen, von denen einst jede eine andere Zeit angezeigt haben soll) und einem Lachs aus Eisen, der hoch oben auf der Spitze anstelle eines Wetterhahns angebracht ist. Obwohl es Tausende von Lachsen vom trüben Schwemmland in die sauberen Gewässer weiter flussaufwärts schaffen, sind die unteren Ausläufer des Lee eher von gewöhnlichen Meerbarben bevölkert, die sich neben rostigen Rohren tummeln, aus denen die Abwässer der Stadt strömen. Diese Aasfresser zogen unlängst eine hungrige Horde Killerwale mit riesigen Rückenflossen an, die manch einen in helles Staunen versetzten und dem Zecher das Feierabendbier in den Tavernen entlang der Quais vermiesten.

Beschwingt und neugierig überquerten wir die St. Patrick's Bridge in Richtung jener rußgeschwärzten Statue, die Father Theobald Mathew darstellt. Mit seinem ausgestreckten Arm wirkt der charismatische Führer einer Abstinenzbewegung des 19. Jahrhunderts, als habe er es sich auch in der Ewigkeit zur Aufgabe gemacht, verlorene Schafe zu erlösen. Doch mit dem armen Kerl hatte sich heute jemand einen Scherz erlaubt und ihm eine leere Dose Guinness in die rechte Hand gedrückt. »De smell off Patrick's Bridge is wicked. How do Father Mathew stick it?«, heißt es in einer alten irischen Ballade. »Auf der Patrick's-Brücke stinkt's zum Himmel, wie hält das Father Mathew nur aus?«

Massen von Menschen drängten durch die Haupteinkaufsstraße, plauderten, schwatzten, lachten. Ein erstaunlich hoher Prozentsatz von Zehn- bis Elfjährigen hing am Handy, einem Gerät, das die redseligen Iren kaum mehr vom Ohr kriegen, eine wahre Manie, weshalb in fast jedem Häuserblock ein Laden zu finden war, der diese Mobiltelefone zum Kauf anbot. Die Leute waren fröhlich, gleichzeitig strahlte alles etwas Gemächliches aus, etwas sommerlich Heiteres. Obwohl sich Jung und Alt hier mischten, ein jeder über die Straße ging, wann und wo es ihm gefiel, brach keinerlei Chaos aus. Die Art, wie die Menschen es mit den heranbrausenden Fahrzeugen aufnahmen – wie beherzte Matadore –, war erstaunlich. Junge Mütter schoben Kinderwagen vor Busse, Schulmädchen alberten zwischen beschleunigenden Autos herum, aber kein Fahrer drückte deshalb auf die Hupe. Die Anarchie schien von geheimen Regeln gesteuert zu sein.

An der nächsten Straßenecke gab sich eine etwas unförmige Ausgabe von Jimmy Durante einem Stepptanz hin. Seine mit Messing beschlagenen Schuhe waren ein schräger Kontrast zu den knarrend schiefen Tönen aus seinem blechernen Ghettoblaster. Neben ihm auf dem Boden saß aus völlig unerfindlichen Gründen ein Teddybär, der gedankenverloren eine Meute spärlich bekleideter Backfische beäugte, die in Plateauschuhen, Push-up-BHs und mit Bauchnabel-Piercings vorbeistolzierten: Britney Spears lässt grüßen. All ihre jungen Fans zogen unbekümmert an einer Zigarette, und niemand schien daran Anstoß zu nehmen. Dabei hatte ich meiner Frau jahrelang erzählt, welch sittsamer und behüteter Ort das katholische Irland für unsere Kinder sei. Und schon stellten sich die ersten Zweifel ein.

Ein Stück weiter entdeckten wir einen Mann einsam und bleich auf einem Hocker, der das Blatt einer Bogensäge mit einem Violinbogen traktierte und dem Ding hypnotisierende Versionen von »Moon River« und »When You Wish Upon A Star« entlockte. Einen Block weiter bliesen vier bunt gekleidete rumänische Straßenmusiker Trompetenmelodien von Herb Alperts Band Tijuana Brass aus den Sechzigerjahren.

»Hier geht es zu wie in einem Vorführstudio für Träumer«, sagte Jamie, und ich spürte, wie Owen meine Hand vor lauter Aufregung fest drückte. Selbst Harris, dessen Augen vor Verwunderung hin und her wanderten, packte die Hand meiner Frau. Und Laura, die eben zwölf geworden war und ganz schön zickig und aufmüpfig sein konnte, schmiegte sich sanft an meine Schulter.

Das Beste an unserem Abenteuer, so hatte ein Freund vorhergesagt, seien nicht die Sehenswürdigkeiten, die wir zu Gesicht bekämen, sondern die große Erfahrung, die unsere Familie eng zusammenschweißen würde. Wie weise, dachte ich bei mir, als plötzlich ein rothaariger kleiner Kerl in karierter Jacke und blauer Krawatte auftauchte und sich von einem geparkten Auto zum nächsten hangelte, um sein Gleichgewicht zu halten. Small Denis hieß er, wie sich später herausstellte. Er war in der ganzen Stadt berühmt für seine Kunst, diverse Barhocker zu erklimmen, und dafür, dass er nach nur einem Pint in unkontrolliert grölendes Lachen ausbrach, und zwar über Witze, die offenbar nur er hörte. Doch ein solches Aufheulen ist in Cork nicht selten zu vernehmen.

Schließlich kamen wir in eine kleine Seitenstraße, in der der Herrenausstatter Cronin's Gentlemen's Outfit lag, und Jamie kam spontan auf die Idee, dort nach Schuluniformen zu fragen, die Owen und Harris demnächst brauchen könnten. Und kaum dass er begriffen hatte, wonach meine Frau suchte, ergoss der Ladenbesitzer einen wahren Redeschwall über sie. »Ihre Söhne gehen also auf die Schule der Christian Brothers, ja? Beste Wahl. Sehr gut.«

»Mein Mann hatte die Idee«, erwiderte Jamie und bezog sich damit auf meinen Kurztrip, den ich vor einiger Zeit hierher unternommen hatte, um erste Vorbereitungen zu treffen. »Und die Vorstellung, dass unsere Jungen bald Blazer und Krawatte tragen werden, begeistert uns beide, wo wir sie ja nur in weiten Schlabberhosen und zerrissenen T-Shirts kennen. An amerikanischen Schulen ist das ja üblich, und jeden Tag hatten wir einen Kampf um die Klamotten auszustehen.«

»Kann ich mir vorstellen. Aber Sie müssen wissen, dass die Uniform der Christian's ein paar Besonderheiten aufweist. Schauen Sie mal«, sagte der Geschäftsinhaber und zog einen schwarzen Blazer aus einem Regal. »Sehen Sie hier die Paspelierung an den Ärmeln, das goldene Zierband? Das Zeug ist nicht an jeder Ecke zu kriegen. Es gibt nur noch zwei Manufakturen, die das hier fertigen können, und das hat seinen Preis. Die könnten inzwischen auch Besitzer von Fort Knox sein. Eine Uniform in dieser Ausstattung kostet gut und gerne 900 Pfund. Ein Wahnsinn! Man könnte es nicht einmal zu einem Schneider geben, wenn man sie noch einmal wiedersehen will!«

Weil ich befürchtete, dass das erst der Anfang der Unterhaltung war, und ahnte, dass noch um den Preis für das goldverzierte Teil gefeilscht werden würde, stahl ich mich hinaus. Mein Blick fiel auf eine mysteriöse Tür auf der anderen Straßenseite, die halb offen stand. Darüber war ein Schild mit der Aufschrift »Hi-B« angebracht.

Hi-C, Hi-D, dachte ich bei mir.

Dunkle Stiegen führten hinauf zu einem Raum, der aussah, als sei er mit Bierfässern gepflastert, und alles war so verdreckt, dass ein Bakteriologe vermutlich seine helle Freude daran gehabt hätte, wenn er hier ein paar Proben hätte nehmen dürfen. Der kastanienbraune Anstrich schien noch aus Irlands dunklen und harten Zeiten zu stammen. Doch umgab diesen Ort eine ungewöhnliche Aura, und ich entschied, ihn irgendwann einmal genauer zu erkunden.

Im Moment aber machte ich kehrt, schickte mich an, zurück in den Laden zu gehen, um meine Familie einzusammeln und den Streifzug durch unsere neue Heimat fortzusetzen. Das hohe, wie geschrubbt aussehende nördliche Licht tauchte jedes Gebäude in einen sanft schimmernden Zauber. Und zugleich rief es jene kühle Ruhe hervor, die sich auf meinen unzähligen Reisen durch Irland unauslöschlich in mein Gedächtnis eingebrannt hatte, wie ein Geruch, der plötzlich eine Erinnerung wachruft, eine Erinnerung an den herrlichen Ferienmonat, den wir in West Cork am Meer verbrachten, an die Flitterwochen, als wir einen Ausflug in die Bergwelt von Kerry machten. In diesem Moment wurde mir klar, dass es richtig war hierherzukommen.

All das Eigenwillige dieses Ortes musste man einfach lieben. Auf der Oliver Plunkett Street – benannt nach dem Heiligen, dessen einbalsamierter Kopf heute aus einer Glasvitrine in einer Kirche in Drogheda nördlich von Dublin schaut, während einer seiner Arme in der North Cathedral in Cork ruht – verlangen jede Menge verglaste und verchromte Ladenzeilen nach Beifall. Schaufensterpuppen mit knappen Oberteilen und sexy Dessous hätten vor gar nicht allzu langer Zeit die Passanten noch dazu veranlasst, sich beim Vorübergehen zu bekreuzigen. Tatsächlich hatte ein früherer Bischof der Stadt einst per Dekret verfügt, dass vor den Läden Vorhänge anzubringen seien, wenn die Schaufensterpuppen umgezogen wurden.

Die Welt hatte sich eindeutig verändert. Wir schlenderten vorbei an Buchläden, Boutiquen und trendigen Cafés, aus denen ein verlockender Kaffeeduft strömte. Kaffee? Vor ein paar Jahrzehnten war das in Irland noch ein seltener Luxus, in einer Zeit, in der man über Teekannen wollene Strickmützen stülpte, so genannte *Cosies*, damit der frisch aufgebrühte Tee nicht so schnell abkühlte. Damals hatte auch jeder Straßenarbeitertrupp eigens jemanden abgestellt, der sich darum kümmerte, dass es in jeder Pause genügend von dem schwarzen Getränk gab.

Die Teebrigaden waren heute längst verschwunden, sie gehören der Vergangenheit an, genau wie die strohgedeckten Cottages, die Eselskarren und die ruhigen Straßen, auf denen alte Männer gemächlich auf Fahrrädern dahingondelten und blaue Rauchkringel aus ihren antiquierten Pfeifen bliesen.

Wie war das Leben wohl heute, im modernen Cork?, fragte ich mich. Oder besser gesagt, in diesem aufstrebenden neuen Irland? War es das Land, von dem ich mir einbildete, dass ich es kannte und verstand?

Oder war unsere Reise nur von Nostalgie geprägt, ein einziges romantisches Schwelgen und damit wesentlich bedenklicher als der Kauf eines gelben Cabrios? Die Frage beunruhigte mich. Auf den Bürgersteigen waren keine Priester und keine Nonnen zu sehen. Und auch die altehrwürdigen Corker Frauen mit den schwarzen Kopf- und Schultertüchern waren jungen Frauen gewichen, die die Straßen bevölkerten und einer anderen Mode folgten: grelle Jogginganzüge, schicke Frisuren, knallig bunter Schmuck, ein Hauch von Verführungslust in den glänzenden Augen. Hier und dort entdeckte man noch verlebte Gesichter, Wollmützenträger, die mit dem Spazierstock über den Gehsteig klapperten, als hätten sie nach wie vor alle Zeit der Welt, als hielten sie die Erinnerung an all die Verstorbenen vom alten Schlag hoch. Wie würde es sein, wenn es sie einmal nicht mehr gab?

Ich sah weiterhin dem Strom von Passanten zu, die nach Belieben die Straße überquerten – Leute aller Altersklassen stürzten sich in den Trubel, tauchten in diesem auf und ab wie Surfer, die über Wellen reiten. »Achtung – lebhafter Verkehr!«, stand auf einem Schild, und ich fragte mich, ob es hier irgendwo auch einen »leblosen Verkehr« gäbe. Ein Arbeiter ging zwischen einem Truck und einem leuchtendroten Sedan hindurch – einer Limousine, die hierzulande *Saloon Car*, also Salonwagen, heißt. Im Gegensatz dazu wird ein Kombi als *Estate* bezeichnet, als »bewegliche Habe«, und wohlgemerkt versteht man unter diesem Ausdruck auch ein Anwesen. Die Trompeten der Rumänen hallten noch immer durch die Straßen, erstaunt betrachtete ich die bemerkenswerte Lässigkeit der Menschen. Das schwere Gewicht meines Alters begann von meinen Schultern zu fallen. Überall war Gelächter zu hören und immer wieder laute Rufe: »How ar' ya, dere boy?« – »Wie geht's dir, alter Junge?« Nein, so ging es in Amerika nicht zu. Eigentlich in keiner anderen Stadt, die ich kannte.

Wir betraten ein kleines ruhiges Pub und bestellten eine Runde »Toast Spezial«, was sich als Toast mit ganz gewöhnlichem Schinken, Käse und Tomaten herausstellte. Natürlich können Gäste auch ausgefallenere Kombinationen bestellen, die allerdings niemals das Gütesiegel »Toast Spezial« erhalten würden. Jedes Pub hat auch immer eine »Tagessuppe« auf der Karte, doch genaueres Nachfragen ist sinnlos. »Gemüse«, lautet die stets gleiche Antwort. Aber immerhin sind die Zutaten stets frisch, weshalb wir zum Toast noch Suppe bestellten, die wir genussvoll verschlangen, bis der Löffel auf dem Teller kratzte. Währenddessen lauschten wir der Unterhaltung am Nebentisch.

»Wusstest du, dass die Sonne eine nukleare Waffe ist?«

»Nein, nie gehört.«

»Ja, das ist sie wirklich. Und wenn du gegen Atomkraft bist, dann bist du logischerweise auch gegen die Sonne und willst folglich lieber tot sein.«

»Es gibt nur einen einzigen Augenblick, in dem ich tot sein will, und das ist der, wenn ich dein Gequatsche höre.«

»Aber überleg doch mal, wie viele Leute es heute gibt, die sich den Strahlen freiwillig aussetzen, nur weil sie eine Mikrowelle haben oder ein Handy benutzen.«

»Radioaktive Iren?«

»Ja, und du bist einer von ihnen.«

So gebannt wie unsere Kinder diesen Klugheiten auch zuhörten, es war Zeit, dass ihre vom Jetlag geplagten Knochen ins Bett kamen. Auf einem Seitenstreifen der breiten Patrick Street wartete eine lange Schlange von Taxis auf Fahrgäste. Doch wie uns auffiel, ging seltsamerweise nie jemand auf das erste Fahrzeug zu. Einige nahmen das sechste, siebte oder gar das elfte, doch kein Mensch steuerte die Nummer eins an. Und so machten wir es wie alle hier, traten mitten auf die Straße, hinein ins dichte Verkehrsgewühl, schlugen ein paar Haken, um dem Bus mit der Aufschrift »No. 1 Orbital« auszuweichen, und kletterten in ein Taxi am Ende der Schlange.

»Gibt es hier irgendein System?«, fragte Jamie den Fahrer, einen älteren Mann, ganz unbefangen.

Der sah sie ungläubig an und lachte dann: »Sie sind wohl das erste Mal in Cork.«

2

Im Gegensatz zu seiner Mutter und seinen Geschwistern, die erschöpft von der langen Reise todmüde ins Bett fielen, weigerte sich Owen angesichts dieser noch frühen Abendstunde einzuschlafen und folgte mir stattdessen hinaus auf den kleinen Weg vor unserem Haus. Nichts regte sich um uns herum, einzig über uns verdichteten sich die Wolken. Was für Leute wohl in den Reihenhäusern wohnten? Was würde uns hier erwarten, nachdem wir wunderbare Nachbarn im tiefsten Connecticut zurückgelassen hatten?

In diesem Augenblick tauchte ein Junge auf einem Fahrrad auf, radelte langsam davon und kam schließlich wieder zurück – ganze dreimal machte er das. Alles, was dann passierte, schien ein bisschen was von *Alice im Wunderland* an sich zu haben.

Die beiden Jungen maßen einander prüfend, von oben bis unten.

»Der richtige Zeitpunkt, um neue Freunde zu gewinnen«, flüsterte ich Owen zu.

»Ich brauche keine neuen Freunde. Ich habe Myles«, sagte er trotzig und meinte damit seinen besten Freund, mit dem er alles teilte, Freud und Leid, und dem der Abschied fast das Herz gebrochen hatte.

»Nun, Freunde kann man nie genug haben«, antwortete ich und fragte den neugierigen Jungen nach seinem Namen.

Keine Minute später hatten sich die beiden in unseren Garten verzogen und spielten Fußball. Und mit einem Mal tauchten weitere Kinder auf – zwei, drei und dann vier –, traten aus der Abenddämmerung hervor wie junges Wild.

Der Vater des einen Jungen stellte sich vor. Er war Anfang dreißig, dunkelhaarig und schlank, sah eher korsisch als keltisch aus, was in

Cork dank der genetischen Verteilung durch einfallende Normannen, gestrandete spanische Seefahrer und maurische Piraten, die es einst an die südwestlichen Küsten Irlands gespült hatte, nichts Ungewöhnliches ist. Sein Kopf war nicht ganz, aber fast kahl rasiert, was hier die neueste Mode war, die man sich beim allseits verehrten Fußballstar der Region, Roy Keane von Manchester United, abgeschaut hatte. Keane sollte ein paar Jahre später der irischen Fußballnationalmannschaft den Rücken kehren und in einem klassischen Trotzanfall verkünden, er würde nie wieder für seine Heimat spielen! Der Vater lächelte auf diese leicht verschmitzte Art, wie es für die Bewohner Corks so typisch ist, als seien sie gedanklich immer schon einen Schritt weiter.

Er hieß Diarmuid.

Dermot?

Diarmuid.

Früher hieß man hier James oder Mary, Francis oder Margaret. Heute trug man Namen wie Feidhlim, der Sohn von Diarmuid wurde so gerufen, oder Aoife (»Iifa« ausgesprochen), ein Mädchen, das inzwischen ebenfalls in unserem Garten spielte und den momentan beliebtesten irischen Mädchenvornamen trug. Einfachste Namen wurden zudem völlig anders ausgesprochen: So mutierte »Michael« zu »Me-hall« oder »Rory« zu »Ruairi«. Das Altirische – das vor einhundertfünfzig Jahren von etwa 90 Prozent der Bewohner Corks gesprochen wurde – mag vom Aussterben bedroht sein, doch die Leute, von Dublin bis Donegal, hatten für ihre Kinder und Haustiere Namen ersonnen, die aus einem einzigen vokalischen Kuddelmuddel bestanden und jeglicher Lautlehre trotzten. So viele Aoifes, wie es hier gab, konnte man gar nicht zählen, Ann war zu Aíne verformt, und wie man Aodhagan aussprach, blieb für uns reine Vermutung. Vielleicht gibt es deshalb immer mehr Schulen, in denen der gesamte Unterricht auf Gälisch stattfindet, damit man sich leichter tut, solche Dinge herauszufinden. Diarmuids Kinder gingen auf eine solche Schule. Eigentlich lernen alle irischen Schulkinder zwölf Jahre lang die Sprache ihrer Ahnen und entwickeln sogar ein gewisses Bewusstsein für die Poesie des Gälischen. Dennoch äußern sie nach der Schule nur noch höchst selten ein altirisches Wort, trotz der Tatsache, dass die Regierung millionenfach Schulbücher und Verkehrsschilder produzieren lässt, in der Hoffnung, die aussterbende Landessprache würde wiederaufleben.

»Gerade angekommen, oder?«, fragte Diarmuid und hatte damit unsere Situation als hoffnungsfrohe Neuankömmlinge erkannt.

»Na, da haben Sie sich einen ausgezeichneten Park ausgesucht«, sagte er und benutzte das Wort »Park« als Synonym für »Sackgasse«, wie es im irisch-englischen Sprachraum üblich ist, was für meine amerikanischen Ohren aber sonderbar klang. »Hier werden Sie bestimmt keine Probleme haben. Es ist hier ungefährlich, und es gibt einen ganzen Haufen Kinder, die großartig miteinander auskommen.«

Das klang zu schön, um wahr zu sein – viel zu schön, um wahr zu sein, wie sich bald herausstellen sollte. Aber es war genau das, was ich hören wollte, denn den Kindern eine neue vertraute Welt zu schaffen, war unser oberstes Ziel.

Diarmuid erklärte weiterhin, dass die geräumigen Reihenhäuser im Bellevue Park einst für englische Armeeoffiziere gebaut worden waren, die seinerzeit das aufständische Cork, die Rebellenstadt, unter dem Joch der britischen Herrschaft halten sollten. Feldmarschall Montgomery, der später berühmt werden sollte, weil er den Vorstoß von Rommels Panzerdivisionen in Nordafrika stoppen konnte und in einer Operation der westlichen Alliierten die Deutschen aus Nordfrankreich zurückdrängte, hatte seine militärische Karriere hier begonnen. Ebenso Lord Percival, Befehlshaber der Schlacht um

Singapur, die 1942 zum schmachvollen »Fall von Singapur« wurde, zur größten Niederlage einer von britischen Offizieren geleiteten Streitmacht in der Geschichte, bei der 130 000 britische und alliierte Soldaten in japanische Gefangenschaft gerieten.

»Einundzwanzig Einschusslöcher sind von einem Zusammenstoß mit der Irisch-Republikanischen Armee in diesen Häusern zu finden«, erzählte mir mein neuer Nachbar. Und in kürzester Zeit, denn Diarmuid war ein Dauerredner, erfuhr ich, dass die Geister der Geschichte hier überall spukten.

Das Fußvolk der britischen Besatzungstruppen war keine neunhundert Meter von hier, auf dem Military Hill, in einer weitläufigen Kasernenanlage untergebracht, die man später nach dem charismatischen Führer im irischen Unabhängigkeitskampf von 1920–21, Michael Collins, benannt hatte. Als der Aufstand an Vehemenz zunahm, durchsetzten die Briten das Gebiet mit stark bewaffneten mobilen Truppen, darunter die brutalen, paramilitärischen Black and Tans, deren offizielle Bezeichnung Royal Irish Constabulary Reserve Force (RIC) lautete. Diese Gruppe war eine von zwei paramilitärischen Einheiten in Irland, die offiziell der Auxiliary Division angehörten.

Während eines brutalen Übergriffs tötete ein betrunkener Tan einen fünfundsechzigjährigen Corker Priester durch einen Kopfschuss. Seine Kumpanen ermordeten Thomas MacCurtain, den ersten rechtmäßig gewählten Oberbürgermeister von Cork, der auch Kommandant der Irisch-Republikanischen Armee war. Sein Nachfolger, Terence MacSweeney, wurde gefangen genommen und begab sich in einen vierundsiebzigtägigen Hungerstreik, der im Oktober 1920 mit seinem Tod ein Ende fand.

Die IRA-Guerillas rächten sich und warfen eine Benzinbombe in einen Laster vor den Kasernen, in dem gerade Black and Tans eingestiegen waren. Bei dem Anschlag wurde ein Mann getötet, mehrere weitere Männer verletzt. In der darauffolgenden Nacht, der Nacht zum 11. Dezember 1920, steckten angetrunkene Tans nahe gelegene Häuser in Brand und zogen dann weiter in die Innenstadt, wo sie die halbe St. Patrick Street sowie die öffentliche Bibliothek und das Rathaus abfackelten, Fußgänger niederschlugen, Priester überwältigten, zwei Männer in ihren Betten ermordeten, Häuser plünderten und unzählige Geschäfte zerstörten.

Ein entsetzter Mittäter schrieb kurz darauf an seine Mutter in England: »Einen so blindwütigen Rausch an Mord, Brandschatzerei und Plünderei wie in den vergangenen sechzehn Tagen hier bei den RIC Auxiliaries habe ich in meinem ganzen Leben noch nie erlebt. Dafür gibt es keine Worte … Selbst die, die im Ersten Weltkrieg Ähnliches in Frankreich und Flandern erlebt haben, sagen, dass dieser Hexenkessel in Cork ohnegleichen ist.«

Plötzlich hörten wir die Kinder rufen, die auf unserem Rasen kickten, und im nächsten Moment flog der Fußball haarscharf über unsere Köpfe hinweg.

»Ihr Garten ist aber auch das perfekte Spielfeld«, meinte Diarmuid. »Hat Montgomery und den anderen britischen Schurken einst als Tennisplatz gedient. Aber keine Sorge, das wird Ihnen hier keiner vorhalten.«

Da lachte mein neuer Freund und zog davon, aber irgendwie gab mir das zu denken.

Am folgenden Morgen strahlte die Sonne für irische Verhältnisse mit sich selbst um die Wette. Die Jungen schliefen noch wie die Murmeltiere in ihren Etagenbetten, die geliebten Decken aus Kindertagen über beide Ohren gezogen. Oben auf der Leiter zu Owens Koje saß sein Lieblingsteddybär, den eine Freundin eigenhändig genäht und ausgestopft hatte, und hielt liebevoll Wache. An der untersten Sprosse warteten zwei Paar Pantoffeln, ordentlich nebeneinandergestellt, und auf der Kommode standen ein paar Fotos aus den guten alten Zeiten in Amerika. Jamie hatte bereits fürsorglich gewaltet und ein wenig Vertrautheit in das neue Reich von Owen und Harris gebracht. Sie würde sicherlich auch nicht lange brauchen, um überall im Haus eine heimelige Atmosphäre zu schaffen.

Selig ging ich hinaus, schritt über den Rasen zum kleinen Weg, wo mir ein weiterer Nachbar prompt die Hand entgegenstreckte und sich als Pat O'Neill vorstellte. Nicht Paddy, sondern Pat.

Seine stechend blauen Augen hatten einen Blick, dem man sich nicht entziehen konnte. Und mir war bald klar, dass Pat unsere Ankunft genauestens beobachtet hatte. Er habe mal in New York und Kalifornien gearbeitet, erzählte er, er liebe Amerika, es sei das beste Land der Welt. Wirklich? Derlei große Beteuerungen sind in Irland für gewöhnlich mit etwas Vorsicht zu genießen, wie eigentlich jegliche Art von Sympathie- oder Interessensbekundung. Das hat seinen Grund darin, dass sie oft nur ein Köder sind, jemanden aus der Reserve zu locken.

Als Nächstes gab mir Pat den Rat, gut aufzupassen, weil es in Cork doch sehr anders zugehe als anderswo und weil hier jeder seine Nase ständig in anderer Leute Angelegenheiten stecke.

»In Cork, so heißt es, haben alle Fenster Augen und Ohren«, klärte er mich auf. Währenddessen begannen sich Kinder, die ich tags zuvor nicht gesehen hatte, neugierig vor unserem grünen Tor zu versammeln.

Ein weiterer Nachbar kam herbei, stellte sich als Shaun Higgins vor und fragte mit einem versteckten Lächeln, ob ich Journalist sei.

Wie kam er denn darauf? War er etwa ein Spion, der aus der Kälte kam? Verflucht, was ging hier vor? Zugegeben, die *Irish Times* hatte gerade eine Glosse aus meiner Feder veröffentlicht, in der es um spezielle angloirische Ausdrücke ging, und ich hatte vor, weitere Berichte für Magazine und Zeitungen über unser Abenteuer zu schreiben. Doch ich hatte nicht damit gerechnet, dass mein erster Artikel gleich das ganze Land aufscheuchen würde, schon gar nicht, dass man mich deswegen in Cork in die Mangel nehmen würde.

»Ich habe Sie gestern aus dem Taxi steigen sehen und mich sofort gefragt, ob Sie vielleicht derjenige sind, der über den Umzug von Amerika nach Cork geschrieben hat. Ich will ja nicht indiskret sein, aber ich bin einfach neugierig. Und natürlich müssen Sie mir die ganze Geschichte nicht erzählen.«

Nein, zum Kuckuck, das musste ich in der Tat nicht. Die Iren verstehen es, einem alles aus der Nase zu ziehen, was sie wissen wollen. Die Neuigkeiten werden dann gehütet wie ein Schatz, den man gerade gefunden hat. Der eine mag Geld wie Heu haben, der andere ein schickes Auto, aber der, der am Ende des Tages die meisten Geheimnisse gesammelt hat, wird zum König erklärt. Pat O'Neill tat so, als würde er an seinem schmiedeeisernen Zaun herumschmirgeln – womit er sich noch mindestens einen ganzen Monat lang beschäftigte –, in Wahrheit aber lauschte er jedem Wort, das ich mit Shaun Higgins wechselte.

Nach fünfunddreißig Jahren als Balletttänzer, denen eine kurze Boxerkarriere vorausging, und jeder Menge Bühnenerfahrung in Dublin und am Broadway hatte Shaun ganz offenbar nicht nur behende Beine, sondern auch ein flinkes Mundwerk. Ein großartiger Typ. Sein Elternhaus lag am Ende der Häuserzeile, wo er heute, zusammen mit seiner Frau Breda, die uns just in diesem Moment beobachtete, erkennbar an den Bewegungen des Vorhangs, eine Bed-&-Breakfast-Pension führte. Wer ein B&B betrieb, so hatte ich gehört, schien sich eines traditionellen Gewerbes aus Irlands früheren, also bescheidenen Zeiten angenommen zu haben. Aber nun gut, denn wie ich noch erfahren sollte, verdienten Shaun und Breda genug, um jedes Jahr vier Monate lang in Florida oder Australien, manchmal auch an beiden Orten überwintern zu können. Ob sie vielleicht mal eine Aushilfe bräuchten?

»Nun, ich wünsche Ihnen das Allerbeste, auf gute Nachbarschaft, und wenn wir Ihnen irgendwie behilflich sein können, dann sagen Sie Bescheid«, bekräftigte Shaun freundlich. So wie es aussah, hieß man uns willkommen, aber nicht in einer anonymen Großstadt, sondern eher in einem kleinen Dorf.

Auf der Suche nach etwas Verzehrbarem stieß ich auf einen modernen Supermarkt, dessen Sortiment Hunderte von Tante-Emma-Läden gefüllt hätte. Er war in der Tat hundertmal größer als seine Vorläufermodelle, in denen ich einst im nördlichen Dublin einkaufen gegangen war, zu Zeiten, da solche Läden auf der Insel noch so exotisch waren wie String-Bikinis. Aber immerhin wurden in diesen frühen Varianten schon so kulinarische Delikatessen wie Kartoffeln, runde Kohlköpfe, fettes Hackfleisch, eingemachte Bücklinge, marinierte Steaks, Nieren und Zungen angeboten – wobei letztere Gaumenfreuden mittlerweile aus dem Sortiment verschwunden sind. Damals, 1973, hatten die Iren noch keinen großen Wert auf gutes Essen gelegt, und außerdem gab es nicht viel anderes. Die Erinnerungen an die Große Hungersnot hingen noch immer über dem Land.

Der neue Supermarkt war eine Art Höhle, nahe an der Frostgrenze. Die Motoren der Kühlsysteme rumpelten, als hätte in einem Gang gerade eine Boeing 747 zur Landung angesetzt. Um mich herum befanden sich Truhen voller Tiefkühlpizzas, ihrer Form nach konnten sie es mit jedem Panzer aufnehmen. Es folgten Regale, die bis an die Decke mit Kartoffelchips gefüllt waren, die hier »Crisps« hießen. Die einzelnen Geschmacksrichtungen schienen kein Ende zu nehmen: Käse und Zwiebel, Salz und Essig, Räucherschinken, Grillgewürz, Steaksauce, Knoblauch, Essiggurke, Sauerrahm, Krabbencocktail, Chilipfeffer, Pizza. Wenn man Glück hatte, konnte man noch welche mit »natürlichem Aroma« entdecken. Die Chips schienen die guten alten Kartoffeln ersetzt zu haben, die einst auf jedem Herd gekocht wurden. Die älteren Iren schwören nach wie vor auf die traditionelle Knolle aus der Erde, und nur die trendigsten Restaurants wagen es, ein Gericht ohne einen Berg von Kartoffeln zu servieren. Diese Beilage wird in den verschiedensten Varianten angeboten: frittiert, püriert, gebacken, gekocht. Doch das ist noch nicht alles: Es gibt zudem geröstete Kartoffelschalen, Kartoffelkroketten, Sandwichs mit Kartoffelsalat, Kartoffelpfannkuchen, Kartoffelsuppe. Da irische Küchenchefs ihre Kartoffeln nicht selten importieren müssen, ist es nicht verwunderlich, wenn der eine oder andere jammert, dass den Kindern heute das Bewusstsein für dieses traditionelle Nahrungsmittel verloren geht. Ist es doch gleichsam die irische Seele. Nicht selten hörte ich Sätze wie diese: »Als ich ein kleiner Junge war, gab es in diesem Land keine Nudeln. Die irische Küche kennt keine Spaghettis. Und auch keinen Reis. Doch genau das wollen unsere Kinder. Wo soll das bloß noch hinführen?«

Wie dem auch sei, die Gänge mit den Regalen voller Kartoffelchips hörten irgendwann auf, es gab andere kulturelle Errungenschaften zu bestaunen: Plastikgartenstühle, Cappuccino-Automaten und schwarze Büstenhalter, die eher ein Hauch von nichts waren. Eine Abteilung weiter gab es ausschließlich Spirituosen: Malt Whiskey, finnischen Wodka, ungarische, neuseeländische, chilenische, südafrikanische und sogar libanesische Weine, also Weine aus allen sonnenverwöhnten Regionen dieser Erde. In den Siebzigerjahren hätte man jemanden, der in Irland nach Wein fragte, für verrückt erklärt. Heute dagegen werden an jedem Vorstadt-Probierstand erlesene Tropfen zum Verköstigen angepriesen.

Mit meinem quietschenden Einkaufswagen ging ich schließlich zur Kasse und war um eine Erkenntnis reicher: Dieser Anschauungsunterricht hatte mir gezeigt, dass man in Irland wahre Zeitreisen erleben kann. Als die Kasse sämtliche Artikel zusammengezählt hatte, zog die Kassiererin die Stirn in Falten. »Das macht 117 Pfund. Wir sind angewiesen, alle Kreditkartenverbuchungen, die über 100 Pfund liegen, mit unserer Zentrale abzuklären«, sagte sie in einem mechanischen Ton, der vermuten ließ, dass sie diesen Satz des Öfteren am Tag aufsagte. »Bin gleich wieder da.«

Die Leute hinter mir in der Schlange waren ein solches Vorgehen offenbar gewohnt, denn sie ließen fast automatisch die Köpfe hängen und alterten in den folgenden Minuten sichtlich. Nach einer halben Ewigkeit kam die Kassiererin aus dem letzten Winkel des Supermarkts endlich wieder herbei.

»Tut mir wirklich sehr Leid, Sir, aber Sie haben eine ausländische Kreditkarte, die bei uns nicht akzeptiert wird.«

War das ein Zeichen, die Kartoffeln augenblicklich fallen zu lassen und wieder heimwärts zu steuern? Meinen Freunden hatte ich erzählt, ich würde Irland in- und auswendig kennen, doch plötzlich wusste ich überhaupt nichts mehr, nicht einmal, wohin ich meine Familie verpflanzt hatte. Ratlos zog ich eine andere, ebenfalls ausländische Kreditkarte hervor, flüsterte ein leises Hokuspokus und warf ein paar unnötige Dinge über Bord – die Flasche Bordeaux allerdings schweren Herzens –, damit ich auf eine Summe unter 100 Pfund kam. Voilà!

Nachdem ich mit meiner noch immer verschlafenen Familie zu Mittag gegessen hatte, widmete ich mich weiteren organisatorischen Angelegenheiten – mithin dem nächsten Abenteuer in Sachen irische Skurrilitäten. Neben den üblichen Behördengängen muss ein neuer Bewohner dieses Landes etliche marktbeherrschende Monopolunternehmen gleich einem Spießrutenlauf über sich ergehen lassen, beispielsweise *One and Only Electric, Amalgamated Phones* oder *Go Away Insurance*. Jeder dieser Megakonzerne, so hatte man mich gewarnt, würde mit mir als einem potenziellen Kunden erst dann sprechen, wenn ich ein Girokonto eingerichtet hätte. Kein Problem, sollte man meinen, bis ich entdeckte, dass sich das auf dieser irrwitzigen Insel ungefähr so schwierig gestaltete, wie dem CIA oder dem MI5 streng geheime Informationen zu entlocken.

Als Sohn eines Buchhalters, so bildete ich mir ein, war ich auf alle Eventualitäten vorbereitet. Und so suchte ich am späteren Nachmittag eine der mächtigsten Banken im Land auf, legte nach der üblichen förmlichen Begrüßung vertrauensvoll ein dickes Bündel von Finanzdokumenten auf den Schreibtisch einer überkorrekten Filialleiterin und erklärte ihr, was ich wollte.

»Sie möchten also ein Girokonto eröffnen, ja?«, erwiderte sie auf diese den Iren eigene Art, das, was man eben unmissverständlich gesagt hatte, noch einmal neu zu formulieren. Die einfachste Aussage wurde dabei in eine Frage verwandelt, begleitet von einem erstaunt dreinblickenden Gesicht, während das Gegenüber eigentlich nur Zeit schindet, um die Gedanken zu ordnen.

»Ja, genau.«

Mausäugig und schmallippig fuhr sie fort, unsere Bonitäten ausführlichst zu sichten, wobei ich den Eindruck gewann, sie genieße es mit Freuden, jedes noch so kleine Detail unserer familiären Finanzgeheimnisse aufzusaugen, um es ohne Hemmungen im weiteren Gespräch einfließen zu lassen – aber dank Pat O'Neill war ich ja vorgewarnt.

»Sie besitzen ein teures Haus.«

»Ja, ein schönes Haus.«

»Und zwei Autos und ein paar Ersparnisse.«

»Ja. Ja.«

»Sehr gut.« Rasch blätterte sie ein paar weitere Seiten um, dann seufzte sie tief.

»Eine ungewöhnliche Situation.«

Es war der Tag zwei unserer wagemutigen Reise, und ich begann bei der einfachen Aufgabe, ein Girokonto zu beantragen, ins Schwitzen zu geraten. Das konnte noch heiter werden!

Schließlich beugte sich die Bankangestellte mit ihrer blütenweißen Bluse nach vorn. »Normalerweise richten wir ein Girokonto erst ein, wenn ein Kunde neun Monate bei uns ist, aber vielleicht können wir in Ihrem Fall eine Ausnahme machen und Ihnen schon nach sechs Monaten eines zubilligen, sofern sich Ihre Transaktionen als ordnungsgemäß erweisen.«

»Aber ich habe ein Girokonto, seit ich sechzehn bin.«

»Schön für Sie«, erwiderte sie kühl. »Aber Ihr bisheriger Kontoverlauf tut hier in Irland nichts zur Sache. Ich möchte Sie nicht beleidigen, aber woher sollen wir denn wissen, dass Sie tatsächlich der sind, der Sie vorgeben zu sein, bevor nicht sechs Monate vergangen sind?«

Das Dumme daran war, dass dies eine berechtigte Frage war in Anbetracht der Tatsache, dass wir alles, was die Identität einer Person ausmacht, abgelegt hatten – Karriere, soziale Gemeinschaft, Heimat, Freunde und Familie. All das hatten wir zurückgelassen. Warum? Ich fand nicht die Worte, ihr das zu erklären, beteuerte nur immer wieder, dass ich doch einen lukrativen Vertrag mit einem renommierten internationalen Magazin besaß, für das ich seit fünfzehn Jahren recherchierte und schrieb, eine internationale Schriftenreihe für Kardiologen, nicht ahnend, dass dieses Standbein vier Wochen später völlig unerwartet seine Sponsoren verlieren würde und ich den Job damit vergessen konnte.

Sie wusste, was sie wusste, und konnte sich einfach keinen Reim auf uns machen. Sicherheit und Glück, das Größte, was man als Eltern seiner Familie bieten kann, hatten wir einfach über Bord geworfen. Und wofür? Für einen ungewissen Neuanfang im fragwürdigen Alter von siebenundvierzig, in Jamies Fall von zweiundvierzig Jahren. Girokonto ade!

Zu unserem geräumigen (und neu vermieteten) Haus in Connecticut, das inmitten von rund zweihundert Hektar Wald lag, führte ein Privatweg, der etwa eine knappe halbe Meile lang war. Unser Wohnort war idyllisch, gleichsam einem Bilderbuch entlehnt, mit einem weißen Kirchturm, einer malerischen Brücke über einen forellenreichen Fluss und achthundert Dauereinwohnern, von denen sich die meisten untereinander gut kannten – manchmal auch zu gut. Nachts konnten wir das Heulen der Kojoten hören und das Geschrei wilder Truthähne, wenn Virginia-Uhus und Rotluchse ihnen bei einem Festschmaus den Geist aushauchten. Harris war stets hellauf begeistert von dem regen Leben in diesem Wald. Er, Owen und Laura verbummelten glückliche Sommertage am See, der fünf Minuten zu Fuß von unserem Haus entfernt lag, das nie abgeschlossen war. Im Winter, nach der Schule, sausten sie die Hänge im nahe gelegenen Skigebiet hinab, kamen heim, wenn sie sich bei heißer Schokolade aufwärmen wollten oder wenn es Abendbrot gab. Völlig selbstverständlich passten wir Nachbarn untereinander auch auf die Kinder der anderen auf. Es war der perfekte Ort, den man sich im modernen Amerika wünschen kann, um Kinder großzuziehen.

Und trotzdem – nach zwölf Jahren Musterelterndasein hatte es uns gepackt. Die Menschen in Nordamerikas endlosen Vorstädten und Kleinstädten leben in ihrer eigenen, hermetisch abgeriegelten Welt, machen Einkäufe, tragen ihre Post rein, holen ihre Kinder von der Schule ab. Ansonsten aber sieht man sie nicht, es sei denn, sie sind in irgendwelchen Clubs aktiv, drillen die Kinder in Sportteams, die Namen tragen wie U.S.A. Hockey, U.S.A. Little League, U.S.A. Pick-Up Sticks und die stets eine mehrere Seiten starke Vereinssatzung sowie Verwaltungsräte haben, die das Betragen jedes einzelnen U.S.A.-Nachwuchses beaufsichtigen.

Die technischen Errungenschaften zerstören das traditionelle Familienleben. Im Fernsehen gibt es zweihundert Kanäle, in den Videoshops zweitausend Filme, und im Internet finden Leute aus aller Welt zu früher undenkbaren Vergnügungen zusammen – nur nicht zu ihren Nachbarn. Sich spontan zu treffen und zu feiern, was frühere Generationen vereint hat, gibt es heute so gut wie nicht mehr. Wir Amerikaner sind ernster und leistungsorientierter geworden und damit auch unsozialer. Männer wie Frauen rackern sich heute gleichermaßen ab, sind am Ende eines Tages matt und erschöpft, haben keine Zeit mehr für ein geselliges Feierabendbier oder einen Schwatz an der Straßenecke. Sie ziehen sich zurück in ihre behütete kleine Welt, vor allem in einem Nest wie Cornwall, in dem man sich jedes Wochenende gegen die einfallenden großstadtmüden Horden aus New York erwehren muss. Doch die Kunst der unbeschwerten Konversation stirbt dabei langsam aus, und so ist die Isolation ein seltsames Nebenprodukt der Überflussgesellschaft allerorten.

Lange waren wir davon überzeugt, dass sich die Dinge ändern würden. Teils taten sie das, teils auch nicht. Wir hatten unseren Freundes- und Bekanntenkreis, nahmen familiäre Ereignisse wahr. Doch auch unser kleines Städtchen, das Fremden so ideal erschien, war nicht geschützt vor den Einflüssen des modernen Lebens. Während junge Mütter sich im Kampf gegen die zunehmende Langeweile und die tiefer werdenden Augenfalten noch mit diversen Seminaren und Kursen zu zerstreuen versuchten, tauchten bei ihren Ehemännern zunehmend Selbstzweifel auf. Die Atmosphäre unter den Menschen wurde insgesamt frostiger. Und eines Tages sahen wir uns um und erkannten, dass sich die Dinge allem Anschein nach nicht ändern würden. Ein Paar nach dem anderen trennte sich, neue

Paare fanden sich, zuweilen wie in einem rasanten Bäumchen-wechsel-dich-Spiel. Unterdessen wurden Jamie und ich immer ruheloser und immer älter.

Irland hatte uns seit jeher mit einer ganz eigenen Realität gelockt, war für uns ein Ort, an dem wir ausspannen konnten, der uns ein Gefühl von Geborgenheit gab. Mag sein, dass wir uns das nur einbildeten, wenn wir von vergangenen Irland-Urlauben träumten, aber die Anziehungskraft blieb. Wir überlegten auch, in eine der Küstenstädte in der Nähe unseres Heimatorts zu ziehen, doch die erschienen dem, was wir hatten, viel zu ähnlich. Sie verhießen den gleichen tristen Ernst und vorprogrammierten Lebensstil, dem wir zu entfliehen suchten, bevor es zu spät war. Eines Abends im März sahen Jamie und ich uns an und beschlossen, das Abenteuer zu wagen, bevor die Kinder vielleicht zu alt dafür waren und wir unser nächstes Rendezvous mit der Freiheit bis ins Zahnprothesenalter würden aufschieben müssen.

Die Entscheidung fiel uns nicht leicht. Unsere beiden Väter waren unlängst verstorben, und unsere beiden verwitweten Mütter alterten sichtlich; geliebte Onkel und Tanten waren ebenfalls nicht mehr jung und zudem kränklich; die Schwester meiner Frau war seit einem Autounfall vor ein paar Jahren gelähmt. Waren wir herzlos? Oder egoistisch? Oder nur närrische Spinner?

3

»Jamie, komm mal her!«, rief ich. Während ich im Vorderzimmer herumhantierte, hatte ich an der Wand in einer Nische ein Foto entdeckt, bei dessen Anblick es mir kalt über den Rücken lief. Es zeigte ein Häuschen aus Naturstein inmitten einer Schafswiese, daneben ein für die Grafschaft Kerry typisches »Bienenstockcottage« – eine dieser kegelförmigen, schulterhohen Steinformationen, in die sich einst Mönche zurückzogen, um darin sechs Wochen lang über Gott und die Welt zu meditieren oder den elenden Regen zu verfluchen. Im Vordergrund war eine etwa anderthalb Meter lange Steinplatte zu sehen, die auf drei stehenden Stützsteinen auflag, was jenen Dolmen ähnelte, die den heidnischen Kelten vermutlich als Altar dienten, um zu beten oder um kostbare Kühe oder lästige Töchter zu opfern. Bis heute weiß das aber niemand so genau, denn diese geheimnisvollen steinernen Gebilde wurden dreitausend Jahre vor der Einführung der Schrift in Irland errichtet.

»Ich hab das nicht eingepackt, du etwa?«, fragte ich, weil ich mir ziemlich sicher war, dass wir eine fast identische Aufnahme in meinem Arbeitszimmer in unserem Haus in Connecticut zurückgelassen hatten. Das Bild hatte ich selbst aufgenommen, als ich die Gelegenheit hatte, bei der Erbauung eines solchen Monoliths dabei zu sein.

»Nein, ganz bestimmt nicht.«

Eigenartig. Häuschen, Dolmen und Bienenstock wiesen auf die unverkennbare Handschrift meines Freundes Bun hin. Damals, im Winter 1975, zog ich durch den westlichsten Winkel von Kerry, bis wir auf der traumhaft schönen Halbinsel Dingle landeten. Zwischen einem englischsprachigen Dorf namens Ventry und einem irischsprachigen Dorf namens Dunquin verarbeiteten wir schließlich Mörtel und Zement in Mengen. Der Wind heulte, und ein Schäfer schrie wie wild seine Tiere an, während wir Stein auf Stein aufeinandersetzten. Diese hatten wir uns von einem Haufen zusammengeklaubt, den man als Kulisse für die Dreharbeiten zu *Ryans Tochter* vor dem sanft aufragenden Gemäuer ebenjenes Cottage auf dem Foto, das in Connecticut hing, aufgeschüttet hatte.

Wie heißt es so schön? Eine Reise beschreibt fast immer einen Kreis. Aber das hier war ein bisschen zu viel für mich. Einerseits war mir die Aufnahme unheimlich, andererseits schien sie wie ein Glücksbringer daherzukommen. Bun Wilkinson war mir, seit ich ihn kannte, ein teurer Freund gewesen, und nun hatte uns sein Geist anscheinend gerade an diesen Ort Irlands gelockt.

Im September 1973 hatte ich vor den Toren Dublins auf dem Hill of Howth ein kleines Cottage gemietet, ein schindelgedecktes Häuschen am Eingang zu einem ländlichen Anwesen aus dem 19. Jahrhundert. Ringsum Klippen und hübsch angelegte Gärten, die sich an den Hängen der weiten Bucht der Hauptstadt hinaufzogen. Das Cottage lag etwa zehn Meilen vom Trinity College entfernt, wo ich mein Studium fortsetzen wollte, in einer damals noch halb ländlichen Gegend. Heute bezahlen Irlands obere Zehntausend ein bis zwei Millionen Pfund für ein kleines Domizil in dieser Gegend, das ihre Eltern für fast nichts bekommen hätten. In den Siebzigern aber lag über der schattigen Ceanchor Road und den vielen Feld- und Waldwegen drum herum noch eine flüsternde Stille. Kühe schlugen Fliegen in die Flucht, und die Post war in einer finsteren Stube in einem noch finsteren Haus einer alten Dame untergebracht. Über die weiten Wiesen des Maris-Stella-Klosters, etwa fünfzehnhundert Meter weiter, tollte Leopold Bloom, die Hauptfigur aus dem berühmten Roman *Ulysses* von James Joyce, mit seiner Frau Molly. Sie dienten auch als Kulisse für Joseph Stricks Verfilmung des gigantischen Opus.

Die Klippen erstrecken sich in einem weiten, halbmondförmigen Bogen bis zum hellweiß gestrichenen Leuchtturm, Baily Lighthouse genannt. Die Leuchtturmwärter, ein junges Pärchen, luden mich spätabends oft auf ein Bier ein. Das Nebelhorn tönte durch die Winternächte, die so feucht waren, dass man ganze Gläser mit Wasser füllen konnte, hätte man sie einfach in die Luft gehalten. In dieser Zeit las ich immer wieder von den Mönchen in den Bienenstockcottages – vor allem bei Brian O'Nolan, besser bekannt unter den Pseudonymen Flann O'Brien und Myles na Gopaleen. Die bizarren Figuren dieses Schriftstellers fahren so lange Fahrrad, bis sie fast selbst eines sind, und werden von absurden Wesen belästigt, die Namen tragen wie De Selby oder Joe. Flann O'Brien zelebriert eine Welt, die aus einem Traum nur halb erwacht, eine, die geneigt ist, wieder einzuschlafen, wenn sich damit alle Probleme lösen ließen. Sein eigenes Leben hat er versoffen, aber der Welt hinterließ er literarische Glanzlichter:

> Nachdem ich mir genügend Brot für ein dreiminütiges Kauen in den Mund geschoben hatte, löschte ich meine Fähigkeiten zu sinnlicher Wahrnehmung und zog mich ins Privatleben meines Kopfes zurück, wobei Augen und Antlitz einen leeren und gedankenverlorenen Ausdruck annahmen. Ich stellte Betrachtungen zum Thema meiner literarischen Freizeitgestaltung an. Ein Anfang und ein Ende pro Buch waren etwas, das mir nie behagte …

Beispiele dreier verschiedener Anfänge – der erste:

> Der Pooka MacPhellimey, ein Angehöriger der teuflischen Zunft, saß in seiner Hütte inmitten eines Tannenwaldes, meditierte über das Wesen der Zahlen und trennte dabei im Geiste

die ungeraden von den geraden. Er saß an seinem Diptychon, einem altertümlichen zusammenklappbaren Schreibtisch mit zwei Flügeln und gewachsten Innenseiten. Seine groben Finger mit den langen Nägeln spielten mit einer wohlgerundeten Schnupftabakdose, und durch eine Zahnlücke pfiff er eine artige Kavatine ...

Der zweite Anfang:

Mr. John Furriskeys Erscheinung war keineswegs außergewöhnlich; trotzdem hatte er eine Eigenschaft, die man nur äußerst selten antreffen dürfte – er wurde nämlich im Alter von fünfundzwanzig Jahren geboren und kam mit einem Gedächtnis zur Welt, aber ohne jede persönliche Erfahrung, die dessen Vorhandensein begründet hätte ... Seine physikalischen Kenntnisse waren bescheiden, sie reichten bis zu Boyles Gesetz und dem Parallelogramm der Kräfte ...

Der dritte? Kaufen Sie das Buch! Entweder Sie können mit derlei Fabulierlust etwas anfangen oder nicht (weil Sie vielleicht keine irischen Blutsbande haben). Wie auch immer – Mütter sollten ihre Söhne vor der Lektüre von *Auf Schwimmen-zwei-Vögel* warnen und auch sonst vor jeglichen Werken aus der Feder des berühmtesten Fantasten Irlands. Aber das hatte ich vorher auch nicht gewusst.

Anfang der Siebzigerjahre war Irland noch eine Flann-O'Brien-Welt, wo Fahrradfahrer Kreise auf dunstigen Nebenstraßen zogen und die letzten Nachtbusse einen heiseren Singsang von sich gaben, in den die Fahrer oft einstimmten. Und just als die Welt so friedlich schien, kam es in London und Dublin zu blutigen Bombenattentaten durch die IRA, während sich in Nordirland, nur etwa einhundert Meilen von meinem beschaulichen Heim in Howth entfernt, maskierte Rächer aus beiden sektiererischen Lagern bekriegten.

Gevatter Tod hatte seinerzeit auch jede Menge auf den Schlachtfeldern Vietnams zu tun. Das alles war mir sehr wohl bewusst. Und doch konnte ich meinen Blick endlos über die sich ständig wandelnde Bucht von Dublin schweifen lassen, die Wicklow Mountains dunkel hinter purpurroten Wolken im Süden erahnend, und Irland als einen romantischen Hafen betrachten, ideal für einen Studienanfänger wie mich, um seine Pflichten zu vernachlässigen.

Äcker und Wiesen zogen sich sanft den Hügel hinter meinem Cottage hinauf, bis zu einem dichten Rhododendrenwald gleich neben Howth Castle, wo ein mächtiger Dolmen von uralten Zeiten erzählte. Dahinter lag ein Dorf, das damals noch ein kleines Fischerdorf war, das aber rasch um das Doppelte anwuchs, da es junge Zampanos wie Charles Haughey – der später zum berüchtigtsten und korruptesten Premierminister (in Irland *Taoiseach*, Regierungsoberhaupt, genannt) in der Geschichte des Landes werden sollte – zu einem Jacht- und Segeltummelplatz machten: Verglichen mit ihm, war Richard »Tricky Dick« Nixon geradezu ein Waisenknabe.

Bun, der drei Jahrzehnte älter war als ich, pflegte das halb verlassene Anwesen, das mein kleines Cottage am Rande der Klippen umgab. Als Witwer hatte er die an Krebs erkrankte Besitzerin bis zu ihrem Tod begleitet. Auch Bun stand an einer Weiche seines Lebens, aber er ließ sich seine Angst und seine Sorgen nicht anmerken.

Als ich ihm das erste Mal begegnete, lud er mich auf einen Tee ein. Drei Stunden später erhob ich mich, voll Staunen über die Intensität, mit der er das Gespräch geführt hatte, und über sein stetiges Lachen. Ich hätte mich sofort bei ihm eingemietet, auch wenn er in der letzten Bruchbude gewohnt hätte. Ich sehe ihn heute noch vor mir, wie er die Auffahrt entlangkommt, um bei Wind und Wetter nach mir zu sehen, heiter und pfeifend, eine besondere Erscheinung.

Meistens schlurfte ich morgens müde um das Cottage, um mir ein paar frische Heringe zu braten, die ich am Hafen in Howth gekauft hatte. Ich ließ dann die Tür offen stehen, damit Licht hereinfiel, und bis Mitte Februar wogte ein Meer von Narzissen vor meinem irischen Heim. Unter einem weinlaubumrankten Bogengang wartete stets ein Rotkehlchen auf mich, das sehr viel zahmer war als seine stärker gebauten, rotbrüstigeren Artgenossen in Nordamerika. Wenn ich mich dann zum Frühstück draußen hinsetzte, kam es herbeigehüpft. Schob ich meinen Stuhl ein klein wenig zurück, nahm es das als Zeichen, auf den Tisch zu fliegen. Stück für Stück wagte sich dieser kleine Vogel näher an meinen Teller heran, bis er mit einem Satz darauf landete, um die letzten Brot- und Heringskrümel aufzupicken. So machten wir das fast jeden Tag. Manchmal war noch eine deutsche Freundin da, die goldbraunes Haar hatte und mir Gedichte vorlas, wenn wir im Gras lagen. Trinity College? Was war das noch gleich? Die hatten dort doch keine Ahnung!

Meinen Vater hatte ich nie pfeifen hören, ich hatte ihn auch nie derart gehen sehen wie Bun, mit einem so beschwingten Gang. Umso wohler tat es mir da, einen männlichen Freund zu haben, der so viel älter war als ich, der mein Leben mit Zuversicht erfüllte und mir zeigte, dass die Welt auch noch im Alter leuchtend und farbenfroh sein kann.

Es war mir in diesem Moment, als wäre das alles erst gestern gewesen. Das fröhliche Pfeifen, das durch die Hecken klang, wenn Bun mit seinen Körben im Anmarsch war, die gefüllt waren mit ofenwarmen Broten oder Brötchen oder mit frisch geerntetem Gemüse aus den weitläufigen Gärten, die um das Haupthaus angelegt und die in seiner Obhut waren.

»Na, guter Mann«, begrüßte mich Bun, und seine blauen Augen strahlten über den hohen Wangenknochen und dem kantigen Kinn.

Obwohl er hochgewachsen und breitschultrig war, bewegte er sich mit einer anmutigen Leichtigkeit, einer Selbstverständlichkeit, wie man sie bei älteren Menschen nur selten findet. Sein Sohn Paddy, mittlerweile Mitte fünfzig und seit fast dreißig Jahren ein guter Freund von mir, bewegt sich genauso.

Wir zündeten das Feuer unter dem Wasserkessel an, und schon entspannten sich weitschweifige Gespräche über Gott und die Welt. Abends zogen wir zu Gaffney's, einem Pub mitten in der Pampa, wo uns die Besitzer, hingerissen von Buns Erzählungen, nach der Sperrstunde ins Hinterzimmer drängten, um noch mehr von ihm zu hören. Alles, was ich las oder dachte, wurde von Bun neu gesehen und bereichert. Von ihm lernte ich mehr als von den Dozenten am Trinity College, für die ich nur ein flüchtiger Schatten war.

Bun hatte angefangen, Jura zu studieren, war aber bereits im Grundstudium rausgeflogen, weil er völlig ungeeignet war. Eine Zeit lang versuchte er sich in der Schauspielerei, danach folgte er seinen älteren Brüdern, die bei Dublin eine Farm betrieben, so wie es seine angloirischen Vorfahren seit dreihundert Jahren getan hatten. Schließlich verkaufte er seinen Anteil und kam Ende der Sechzigerjahre nach Howth, um einen Laden für Holzschnitzereien zu betreiben. In der Folge brachte er sich selbst bei, wie man Figuren aus Stein meißelt, worin er eine große Kunstfertigkeit entwickelte. Die größte Meisterschaft legte er aber bei der Erzählkunst an den Tag. Seine Geschichten zogen täglich Scharen von Besuchern an. Lkw-Fahrer, Anwälte, Juweliere und Fischer betraten sein Geschäft, um in seine Traumwelten hineingezogen zu werden. Und egal, was wir machten – ob wir beim Tee im Wintergarten des Haupthauses saßen, wo er Wein angepflanzt hatte, ob wir im unteren Garten an der Bucht Krocketbälle schlugen oder ob wir uns in den Wandschränken versteckten, um unerwünschten Besuchern zu entkommen –, wir hatten eine Menge Spaß und immer viel zu lachen. Am

Wochenende unternahmen wir Ausflüge zu sämtlichen altirischen Orten, die er kannte. Wir besichtigten Klöster, wanderten durch unberührte Landschaften in Connemara oder feierten wilde Partys auf der Viehfarm seines Bruders, die den Namen Dick's Wicklow trug. Bun machte mir das Irland, das er im Herzen trug, zum Geschenk, und stellte mich allen Leuten vor, die er kannte. Häufig besuchten wir ein Dorf in der Grafschaft Tipperary namens Terryglass, um seinem Sohn Paddy bei der aufwändigen Renovierung seines Pubs zu helfen. Buns Gesang zur Quetschkommode war große Klasse.

Als ausgewiesener Weinbauer schickte mich Bun oft los, damit ich ihm wilden Löwenzahn und Rosenblätter für seine seltsamen Braumischungen besorgte und die marktschreierischen Gemüsestände auf der Moore Street nach den holzigsten Mohrrüben absuchte, die ich finden konnte. Eines Abends kletterte ich mit einem Freund, der Mitglied in der Kommunistischen Partei Irlands war, über die Mauern einer Kaserne, um auf dem Gelände ein Büschel Karotten abzuzwicken, das wir gesichtet hatten. »Da wird Bun sich freuen«, rief mein Freund, als wir wieder auf seinen klapprigen Roller stiegen, den Beutel mit dem Diebesgut fest zwischen uns geklemmt. Zum Glück hat man uns keine Kugeln in den Hintern gejagt.

Als »Ambrosia und Nektar«, pflegte Bun das fertig gebraute Elixier zu beschreiben, das er Mohrrübenwhiskey nannte und das er mit einer gekonnten Handbewegung kredenzte, ein diabolisches Flackern in den Augen.

»Das bringt den härtesten Sünder um. Also, trinkt!«

Und das tat ich, schlürfte die Essenz Irlands in mich hinein, von einem Land, das ich lieben gelernt hatte. Mit Bun war jeder Tag eine Inspiration. Ein Stichwort, ein Gedanke, und schon redeten wir stundenlang. Er war ein Seelenverwandter, einer, wie man ihn selten ein zweites Mal im Leben trifft. Als mein Studienjahr sich schließlich dem Ende näherte, trennten wir uns in Tränen. Keiner von uns wusste, was er als Nächstes tun wollte, aber uns war beiden klar, dass unsere Begegnung ein einzigartiges Intermezzo war, dass sich unsere Lebenswege auf eine Generationen umschließende Art gekreuzt hatten, wie es selbst die von Vätern und Söhnen nur selten tun.

Im Jahr darauf lud Bun mich nach Dingle ein, um ihm beim Bau ebenjenes Cottage zu helfen, das auf dem Foto zu sehen war – sein in Stein gemeißeltes Testament, das nun auf unerklärliche Weise als Bild in unserem neu gemieteten Haus in Cork hing. Eigentlich hatte er dieses Projekt mit seiner letzten Liebe (die Frauen verfielen Bun regelmäßig) in Angriff genommen, doch als sich die Affäre erledigt hatte, trommelte er mich herbei. Und kaum war ich da, lachten wir wieder wie in alten Zeiten, vor allem wenn wir vom örtlichen Klostergarten Setzlinge stahlen, um sie umzupflanzen, oder wenn wir mit seinem Renault auf den Straßen über große Krabben fuhren, um einen schnellen Imbiss zu genießen. Doch diesmal war nicht alles perfekt. Im Sommer war Dingle einfach grandios, im Winter aber war das Wetter mehr als scheußlich. Die Stürme peitschten vom Atlantik herein, und in Buns Bauwagen, er sprach von einem »Caravan«, war es kalt, feucht und viel zu eng. Unser fröhliches Beisammensein, das wir im Jahr zuvor so genossen hatten, wurde getrübt von den harten Unbilden des Winters. Und beide spürten wir die Last der Ungewissheit auf den Schultern, unsere Unruhe im Hinblick auf die Zukunft.

Ende 1975 nahmen wir schweren Herzens Abschied voneinander. Es sollte ein Abschied auf immer sein, was ich zu diesem Zeitpunkt nicht ahnte. Wir schrieben uns regelmäßig, und Bun hielt mit seinen ausführlichen und wortgewaltigen Briefen meine irische Alternativwelt stets lebendig. Zusammen mit seinem Sohn Paddy verdiente Bun nun sein Geld mit dem Restaurieren alter Steingebäude in den ländlichen Regionen Irlands. Und ich, mittlerweile zurück in Amerika, mühte mich, mein Leben auf die Reihe zu kriegen, in Gedanken immer bei meinem alten Freund. Und plötzlich, an einem dunklen Novembertag 1982, erhielt ich die Nachricht von Buns Tod. Er war Mitte sechzig. Den Verlust habe ich nie verwunden. Und nun gab mir sein Geist ein Zeichen und hieß mich und meine Familie in einem Land willkommen, das für mich ohne ihn ein anderes war.

4

Frühe Abenteurer, die ferne Länder erkundeten, kehrten oft mit spektakulären Geschichten im Gepäck zurück: Sie mussten sich einen Weg durch dichten Urwald schlagen, zerklüftete Berge erklimmen oder stürmische Meere durchkreuzen, um ihr El Dorado zu erreichen. Ähnlich langwierig und mühsam gestalteten sich die ersten Aufgaben, die sich nach unserer Ankunft in Cork stellten. Um einen Telefonanschluss bei der *Eircom* zu erhalten – dem privatisierten nationalen Telefonmonopolisten, welcher 400 000 Iren, von denen die meisten noch nie im Leben Aktien erworben hatten, zum Kauf solcher verleitete, die über Nacht wertlos wurden –, brauchte es elf Anläufe. Und das, weil die ansonsten aufgeweckt wirkenden Vermittler bei *Eircom* sich offenbar nicht dazu imstande sahen, zum richtigen Kollegen durchzustellen.

»Wir bieten ein umfassendes Basispaket für 32 Pfund pro Monat an. Oder möchten Sie vielleicht, wie es in Ihrer Wohngegend üblich ist, einen speziellen ISDN-Anschluss mit Internetzugang?«

»Wie teuer käme das?«

Stille. Knattern. Tote Leitung.

Noch einmal tätigte ich zwanzig Anrufe, bis ich wieder einen agil daherkommenden Mitarbeiter in der Leitung hatte.

»Wollen Sie eine Splitterleitung?«

»Ich weiß nicht genau ... Warten Sie mal. Warten Sie mal kurz.«

Erneutes Knistern. Aufgelegt.

Die Behörde für Kfz-Steuern hatte sich eine perfekte Lösung einfallen lassen, die Kunden-Hotline war aufgrund der vielen Anrufe zeitweilig eingestellt.

Nichtsdestotrotz, irgendwann hatten wir jede noch so mühsam erscheinende logistische Herausforderung gemeistert und sogar ein Girokonto von einem Bankdirektor bewilligt bekommen, der den Inhalt seines Tresors offenbar auch auf Außenseiterpferde setzte. Unterdessen fanden unsere beiden Jungen einen Freund nach dem anderen, während unsere rasch heranreifende Laura ihre Nase lieber in Bücher über Irland steckte und eher vorsichtig freundschaftliche Bande mit etwas jüngeren Nachbarsmädchen knüpfte. Jamie legte sich mächtig ins Zeug, um uns in dieser Fremde ein behagliches Heim zu schaffen. Bewaffnet mit einem Seifenstück im Riesenformat, putzte sie jeden Winkel im Haus, polierte alles auf Hochglanz und befasste sich mit so eigentümlichen irischen Haushaltsobjekten wie dem »hob«, einem Kochring, oder der »hot press«, einer Lufttrockenkammer, in der auch der Boiler untergebracht war und in der mysteriöse Zeitschaltuhren regierten. Eigentlich schien alles in diesem Haus von einem Netzwerk seltsamer Dinge gesteuert zu sein, denn Waschmaschine, Trockner und Öfen schalteten sich nach Lust und Laune an und aus.

Eines Nachmittags hörte ich, wie Jamie im Waschraum vor sich hinfluchte, angeblich war dieser mit den modernsten amerikanischen Geräten ausgestattet.

»Was ist denn?«, fragte ich und sah in ihr verdrossenes Gesicht.

Sie stand da, in jeder Hand ein Hemd, die beide nach einem einzigen Waschdurchgang in diesen »modernsten amerikanischen Geräten« auf Minigröße geschrumpft waren. Und plötzlich schien mir auch plausibel, warum jeder Ire glaubte, dass Waschmaschinen Socken fressen.

»Da passt nur noch ein Zwerg rein, der auf *Marks-&-Spencer*-Klamotten steht.«

Frauen haben ja bekanntlich eine Gabe dafür, Interessensgemeinschaften zu gründen, um sich über die kleinen Alltagsdramen im Königreich einer Hausfrau auszutauschen. Und so sorgten derlei Probleme, kleine wie große, für reichlich Gesprächsstoff bei den regelmäßigen Besuchen von Nachbarinnen. Sobald ich meiner Frau den Rücken kehrte, tauchten so eloquente und geistreiche Wesen wie Breda Higgins in unserer Küche auf (sie übernahm die Tagesschicht) oder die umwerfend komische Mary Lunch, eine gebürtige Belfasterin (sie kam vorzugsweise nach zehn Uhr abends). Belanglose Plaudereien, wie etwa über eine Lieblingsfrischhaltefolie oder das rätselhafte Verhalten eines Druckkochtopfs, gingen irgendwann in gewichtigere Diskussionen über, die oft in einem schallenden Gelächter endeten. Und wenn man sich über Irland und Amerika, Restaurants, Läden, Filme, Romane und dergleichen ausgetauscht hatte, schweifte man ab zu persönlicheren Dingen wie Hobbys, Erinnerungen oder Träumen. Unser neues soziales Netz wob sich ganz allmählich wie von selbst. Jamie servierte Tee oder Wein und fand sich so leicht und mühelos ein, als hätte sie schon immer in Irland gelebt. Wir hatten vor, zunächst eine Art Langzeiturlaub zu machen, für ein Jahr vielleicht oder auch zwei, um uns neu zu finden. Aber wo ich nun meine Frau und meine Kinder so sah, konnte ich mir durchaus auch ein Leben für immer auf dieser Insel vorstellen.

Ich für meinen Teil beschaffte uns ein Auto, einen kleinen »Estate«, sprich einen Kombi. Er stand keine zweihundert Meter von unserem Haus entfernt zum Verkauf. Hinter der Windschutzscheibe hatte ein Zettel geklebt. Hatte nicht schon der Komponist John Cage gemeint, der Zufall sei das Größte im Leben? Der freundliche walisische Besitzer dieses Kombis, sein Name klang übrigens so ähnlich wie Brynbrryn, händigte mir sogar drei Tage vor der Geldübergabe die Schlüssel aus – ein in der Tat sehr vertrauensvoller Charakterzug für einen Schlosser. Das gehörte gefeiert, und spontan fiel mir das merkwürdige Pub ein, das ich auf unserem ersten Spaziergang durch die Stadt entdeckt hatte, das Hi-B.

»Perücken zu vermieten« – das stand auf einem Schild über dem Eingang zum Pub. Egal. Mit großen Schritten stieg ich die schmuddeligen Stufen hinauf, die Treppenabsätze waren mit abgewetztem Linoleum belegt, öffnete eine schwarze Tür, und schon dröhnte mir ein unglaublicher Krach entgegen – Avantgarde-Klassik der aggressiveren Sorte. Mahler etwa mal ganz anders arrangiert? Hinter einer halbmondförmigen Bar stand ein Mann mit weißem, strubbeligem Haar, schwenkte einen imaginären Taktstock, die Pupillen vor Verzückung geweitet. Hinter ihm war ein Regal mit diversen Whiskeyflaschen. »Dee, Dee, DEE« – oder so ähnlich sang er dabei, ein »B« war es eindeutig nicht!

Vor dem Maestro hockten etliche Gäste über ihrem Stoutglas und schauten ihm aufmerksam zu. Einer von ihnen trug einen widerborstigen Bart mit zotteligen Auswüchsen, die aussahen, als könne er sich zur Not davon ernähren. Ein anderer, mit einem Ziegenbart, stieß plötzlich das gewichtige Wort *prokrustean* aus, was allerdings durch das urduähnliche Kauderwelsch des West Corker Dialekts etwas verstümmelt klang. Keine Ahnung, was es bedeutete. Doch er wurde die ganze Zeit von einer dunkelhaarigen Frau mit einem Welpen angehimmelt, der in diesem Moment ein Hinterbein hob, als sei er drauf und dran, den Fußboden einzuweihen.

Ich fand einen freien Barhocker und ließ erstaunt meinen Blick umherwandern. Der Besitzer, der, wie ich rasch mitbekam, Brian O'Donnell hieß, beäugte mich forschend, während er an seiner Brille herumwischte, deren Gläser dick wie Colaflaschen waren.

»Die Sonne zeigt sich heute kaum«, ließ er vernehmen, wobei seine milchweiße Haut noch nie groß in Berührung mit diesem Element der Natur gekommen zu sein schien.

»Ja, da hilft nur eines: sein Heil in der Flucht suchen«, erwiderte ich, nicht ahnend, dass dieser kurze Wortwechsel sich noch ausweiten würde.

»So, wie Sie sich anhören, kommen Sie aus Amerika. Dort ist ›Flucht‹ ja eher ein Fremdwort. Das ist jetzt nicht persönlich gemeint, aber über einen richtigen Umgang mit Worten mangelt es heute anscheinend überall«, sagte Brian und drehte sich weg. Seine Stimme war scharf, sein Benehmen schroff. Er wühlte eine Weile in einem Stapel Zeitungen herum und erinnerte dabei ein wenig an einen verschrobenen Sammler antiquarischer Bücher. Sympathisch, dachte ich bei mir, während ich nebenbei fallen ließ, dass ich aus Connecticut käme.

»Ah, der Constitution State, soweit ich weiß«, entgegnete Brian mit jener erstaunlich präzisen Kenntnis, die die Iren bezüglich beliebiger Orte rund um den Globus sehr oft an den Tag legen.

»Da bin ich baff! Diesen Beinamen kennen nicht einmal alle Amerikaner.«

Und diesmal verzog mein Gesprächspartner den Mund zu einem selbstgefälligen Lächeln. »Ach was, ich weiß nur ein oder zwei Dinge über die Welt. Ein Freund von mir, den ich aus meiner Zeit als Medizinstudent kenne, eher unschuldige Jahre, hat sich in diese Himmelsrichtung davongemacht, ein gewisser Michael Buckley.«

Ich war geplättet. »Nein, Sie machen Witze. Er ist ein Freund meiner Eltern!« Meine Begegnungen in Irland schienen von einem glücklichen Stern geleitet. Wie sich herausstellte, hatte Brian einen Teil seiner wilden Jugend mit jenem Arzt verbracht, der ein pensionierter Freund meiner Eltern gewesen war und der aus Cork stammte!

»Du meine Güte, wie die Welt doch klein ist!«, sagte Brian und schielte auf liebenswürdige Weise durch seine fast undurchsichtigen Brillengläser.

Ich knüpfte daran an und sprudelte mit einer skurrilen Geschichte heraus, die ich selbst erlebt hatte. Damals, 1974, ging ich auf einer Station für Schizophreniekranke in Dublin als junger amerikanischer Kollege eines irischen Psychiaters durch, der ein Freund von Bun war und James O'Brien hieß. Im Gaffney's hatte ich James mit Fragen über die Schnittstelle zwischen Kreativität und Wahnsinn gelöchert, bis er mich schließlich einlud, ihn auf seiner Visite zu begleiten, um mir selbst ein Bild zu machen. Der erste Patient auf unserer Runde war ein kleiner Mann, der sich Daft Jimmy oder DJ nannte. DJ streckte uns prompt eine Hand entgegen und bat: »Schneiden Sie die vier hier ab, Doktor, dann bin ich wieder okay.« Mit nur noch einem Finger, so erklärte Jimmy, würde er bestimmt nicht mehr gequält werden von Gedanken, unschuldige Kameraden erwürgen zu wollen. »Wenn Sie das für mich tun können, Doc«, strahlte Daft Jimmy in meine Richtung, »dann lade ich Sie zu mir nach Hause auf einen Tee ein.«

Brian trommelte mit den Fingern auf der Bar herum und fragte sich wohl, worauf ich hinauswollte. Irgendwie wollte ich demonstrieren, dass ich ein Meister der Erzählkunst war. »Also, DJ quiekte vor sich hin, als plötzlich, na, wer wohl, das Zimmer betrat? Der Chefarzt persönlich«, fuhr ich fort.

»Brenzlige Situation«, meinte Brian.

Ich berichtete nun, dass James O'Brien mich kurzerhand als »Doc Monagan aus den Staaten« vorgestellt habe.

»Von wo in den Staaten?«, fragte der Chefarzt.

»Connecticut.«

»Connecticut, ach, tatsächlich? Wo genau da?«

»Waterbury, warum?«

»Ist das nicht ein seltener Zufall! Genau da habe ich gearbeitet. An welchem Krankenhaus sind Sie?«, fragte der Klinikboss aufgeregt.

»St. Mary's«, stieß ich ächzend wie ein in die Ecke getriebenes Nagetier hervor, denn etwas anderes als die Klinik, in der ich geboren wurde, fiel mir gerade nicht ein.

»Dann kennen Sie bestimmt Dr. Buckley? Wie geht es seiner Frau Hylda?«

»Wer?« Ich schluckte.

»Mit anderen Worten, Sie haben sich gefühlt wie ein Schwein auf der Schlachtbank?«, lachte Brian, als er den unglaublichen Zufall erkannte, der in dieser Geschichte von vor fast dreißig Jahren steckte, ein Zufall, der sich soeben zwischen ihm und mir wiederholt hatte.

»Genau.« Ich erzählte, wie James O'Brien mich mit dem Ellbogen schließlich hinausbugsierte und mir diese Begebenheit eine einprägsame Lehre war. Sie hatte mir eindringlich vor Augen geführt, dass man sich in dem verschlungenen Geflecht der irischen Pfade stets vorsehen sollte.

»Höchst außergewöhnlich«, staunte Brian und gab mir das Gefühl, als hätte ich gerade die schwierige Aufnahmeprüfung in die engeren Kreise des Hi-B bestanden. »Der gleiche Mick Buckley, mein altbekannter Freund! Ja, ja, wir hatten eine großartige Zeit zusammen.«

Da brachen plötzlich wilde Wagner-Klänge los, und Brian begann, mich den Gestalten auf den Barhockern vorzustellen.

»Könnte ich eine Tasse Kaffee haben«, fragte einer, der mit seinem ordentlich gescheitelten braunen Haar und seiner Brille aus Schildpatt ungewöhnlich adrett wirkte. Universitätsdozenten bevorzugen ein solches Gestell.

In diesem Moment huschte ein finsterer Schatten über das Gesicht des Hi-B-Besitzers, seine Stimme klang seltsam affektiert, und seine Hände begannen zu zittern, als hätte er es mit einem groben Verstoß gegen die Hausordnung zu tun. »Wissen Sie nicht, was eine Kneipe ist, mein Freund? Nun, das sollten Sie inzwischen mitgekriegt haben, so lange, wie Sie hier schon den Barhocker wärmen. Wir servieren hier keine Butterröllchen mit Kaffee. Da hätten Sie woanders hingehen sollen.«

Die versammelte Runde an der Bar johlte still in ihre Gläser hinein, diese Männer kannten die Gepflogenheiten des Hi-B sehr wohl. Brian sah höchst zufrieden aus, goss sich das schon volle Cognacglas noch voller, während der Möchtegerngast beleidigt von dannen zog. »Summertime, and the living is queasy«, fing Brian unvermittelt an zu singen, hielt dann abrupt inne und zeigte auf eine herumliegende Bleistiftzeichnung, die er vom großen Gershwin gefertigt hatte. An den Wänden hingen ein paar Dutzend weiterer Porträts, Bildnisse berühmter Komponisten, Filmstars und Autoren, die ein gewisses zeichnerisches Talent erkennen ließen.

Leute kamen und gingen, schwatzten und plauderten angeregt. Plötzlich zog Brian eine saure Miene, stierte in irgendeine hintere Nische des Pubs, wo etwas erneut seinen Unmut auf sich zog.

»Das ist so geschmacklos, wie in einem Pub Pommes zu essen«, schäumte er mit Blick in die Richtung, in der sich etwas befand, das ihm ein Dorn im Auge war. Den Stammgästen war klar – das roch nach Ärger. Schon einmal hatten sie erlebt (so erfuhr ich später), wie Brian seine geballte Wut an der grellen Krawatte eines Gastes ausließ, kurzerhand zur Schere griff, sie knapp unterm Knoten abschnitt, ihm in die Hosentasche steckte und sagte: »Nun haben Sie ein passendes Taschentuch.« Ein anderes Mal wehrte sich eine Lady gegen seine unzüchtige Anmache derart heftig, dass er sich in den folgenden drei Monaten weigerte, Frauen, die sich in das Hi-B verirrten, zu bedienen.

»Sie wollen nicht zufällig Pommes essen, oder?«, frotzelte Brian über meine Schulter hinweg, und seine Augen traten glubschäugig hervor wie bei einem beutesuchenden Fisch. »Es reicht jetzt!«

Meine Neugier wuchs. Was machten diese Marodeure hinter mir bloß? Kiffen? Sabbern? In der Nase bohren?

»Ich denke, Sie gehen besser! Und wagen Sie sich bloß nicht so schnell wieder her!«, brüllte Brian plötzlich los, während eine junge

Frau und ihr hochgewachsener Freund verwirrt und verschüchtert das Weite suchten.

»Darf ich fragen, was die gemacht haben?«, wollte ich von Brian wissen.

Er beugte sich dichter zu mir und kicherte: *»Oskuliert!«*

»Grauenvoll«, sagte ich, denn ich wusste, was dieses lateinische Wort bedeutete: küssen.

Nun sprach mich ein rotbärtiger Typ an, er war Inhaber eines Ladens, der gern große Summen bei Pferderennen verwettete (eine Schwäche, die er mit etwa jedem vierten Iren teilte). Der Mann warnte mich, dass Brians Launen nicht das Einzige seien, wovor man sich in Cork in Acht nehmen müsse. Wenn Vollmond war oder der Gezeitenstrom ungünstig, so klärte er mich auf, dann würden die Wasser des Lee die Straßen von Cork überschwemmen.

»In letzter Zeit war es jedoch nicht ganz so wild«, sagte er, während ich mich zu fragen begann, ob irgendwer in diesem Pub, in dieser Stadt oder im ganzen Land nicht auch mal Klartext reden konnte. »Aber keine Sorge, man säuft hier nicht so schnell ab, dank der vielen Stufen. Außerdem scheinen Sie ja allgemein ein Glückspilz zu sein«, fuhr dieser Typ mit seinen stechenden Augen fort, der, wie sich herausstellte, in meiner unmittelbaren Nachbarschaft wohnte.

»Wie kommen Sie darauf?«

»Weil Sie eine der besten Wohngegenden in Cork gewählt haben, weil Sie gerade die beste Bar in Irland entdeckt haben und weil Brian Sie anscheinend mag, was nicht selbstverständlich ist und was auch nicht oft vorkommt und was sich natürlich noch ändern kann.«

»Mir gefällt's hier«, sagte ich. Ich fühlte mich hier, mitten im Theater des Lebens, tatsächlich sehr wohl. Es war genau das, was uns in den Zeiten vor Irland, in dem kleinen Rahmen unseres amerikanischen, angepassten Lebens, gefehlt hatte.

»Kann ich mir vorstellen, zumal Sie einen freien Barhocker gefunden haben. Allein das ist eine Art *pishogue*.«

»Ein was?«

»Eine Art Omen. So wie das mit der attraktiven Frau.«

»Wie?«

»Wenn ein Fischer am Hafen eine reizvoll schöne Frau sieht, dann weiß er, dass er ertrinken wird, und fährt an diesem Tag nicht hinaus aufs Meer. Es gibt gute *pishogues* und schlechte und dazwischen auch noch *pisheens*. Einen freien Barhocker zu finden, ist ein gutes Omen, denn damit haben Sie einen Sitz im Senat eingenommen, im römischen Senat. Hier sitzen wir und richten über die Welt, während die Plebejer uns im Rücken sitzen.«

Das reinste Tollhaus, könnte man meinen. Doch für mich glänzten hier die Sterne, funkelten einzig für uns über diesem neuen pulsierend bunten Leben, das so unvorhersagbare Kapriolen schlug. Wenn ich all diese Eindrücke nur in ein Glas stecken und wohlbehalten nach Hause tragen könnte, dachte ich, während ich an meinem Bier nippte. Meine Frau würde mich lieben, und unser Abenteuer wäre gesegnet mit Glück. Okay, ich war schon ein wenig beschwipst.

»Jeder muss einen Beitrag leisten«, meinte Brian und füllte sein Glas mit einem neuen Schuss Brennstoff. »Das hier ist kein Pub im gewöhnlichen Sinne. Es füllt den steten Fluss der großen Worte, und es ist ein Club außergewöhnlicher Exemplare.«

Einhelliges Nicken.

Ein dunkelhäutiger Mann Ende vierzig klinkte sich ein, der die ganze Zeit still gelauscht hatte. Er besaß nachdenkliche, fast melancholisch braune Augen und einen schottischen Akzent, der durch viele Jahre in London und jetzt in Cork etwas verschliffen war. Wir tauschten ein paar spaßige Bemerkungen aus. »Sie müssen wissen, dass Cork mit keinem anderen Ort vergleichbar ist, wenigstens mit keinem in Europa oder Amerika. Das hier ist nicht Europa, Cork ist nicht einmal Irland. Hier ist alles sonderbar, alle Dinge miteinander. Anderswo schätzt man die Leute, weil sie organisiert sind, berechenbar, verlässlich, unkompliziert und geradlinig. Aber so zu sein, das sollten Sie hier erst gar nicht versuchen, das wäre das Schlimmste überhaupt. In Cork mag man die Leute, weil sie unberechenbar sind, risikofreudig, Träumer und Außenseiter, und vor allem, weil sie Charakter haben. Wenn Sie auch so ein schräger Vogel sind, dann passen Sie hier ganz gut rein.«

Genau das hätte meine Frau jetzt gerne gehört, dachte ich bei mir.

5

Das wahre Symbol Irlands ist ein Kreis, und die langweilige dreifarbige Flagge der Neuzeit will daher nicht so richtig passen. Runen und Spiralen erzählen von einem unendlichen Kosmos, sind auf Wänden unzähliger Höhlen und prähistorischer Grabkammern eingeritzt und wiederholen sich bei alten keltischen Kreuzen, die auf versteckt gelegenen Friedhöfe zu finden sind: Der Kreis ist die magische Form Irlands.

Das Land ist auch heute noch ein Ort, an dem die Dinge des Lebens auf unendliche Weise miteinander verbunden sind. Zwei Jahre nach Buns Tod reisten Jamie und ich in unseren Flitterwochen nach Irland. Wir erkundeten den Westen des Landes, und ich fand sogar Zeit, in der County Mayo ein paar Junglachse zu fangen, während sich meine wachsame Jagdaufseherin mit einer Sammlung Dosenbier in einer Schafshöhle versteckt hielt und meinen Fang mit kleinen Rülpsern feierte. Wir besuchten damals auch Buns Sohn Paddy und seine Frau Anne in ihrem Holzhaus, das sie sich in den Carlow's Blackstairs Mountains gebaut hatten. Das Pub, das Terryglass in Tipperary, das sich seit meinem letzten Besuch einen Namen gemacht hatte, hatten sie verkauft.

Jetzt lebten sie davon, Bienenstockcottages instand zu halten und Kanalboote zu renovieren. Das war aber nicht die einzig sichtbare Veränderung. Ihre Tochter Gwen, bei unserer letzten Begegnung noch ein Kleinkind, war inzwischen zu einer schlaksigen Bohnenstange herangewachsen. »Niemand kann dir die Beziehung ersetzen, die du zu meinem Vater hattest, aber ich werde dir immer ein Freund sein«, sagte Paddy.

Wir besuchten damals auch ein nahe gelegenes, höchst sonderbares Pub namens Mary Osborne's. Die Eigentümerin hatte eine wilde graue Mähne und Augen, die so unergründlich waren wie die einer Katze. Man konnte sich darin förmlich verlieren. An der hinteren Wand ihres schmuddeligen Etablissements gab es eine Reihe mit Holzschubladen, in der Mary wahllos Scheine und Münzen deponierte. Und das tat sie auf eine Weise, die vermuten ließ, dass das weitere Schicksal des Geldes nun besiegelt sei und es fortan wohl eher als Mäusebettunterlage denn als umlaufende Währung diente. Neben dem Eingang tickte sich eine alte Standuhr aus Urgroßvaters Zeiten durch den Tag. Alte Farmer in abgetragenen Tweedjacken und geflickten Hosen, an denen Schafswolle und Dung pappte, gingen hier ein und aus. Uns hingegen musterte man über den Bierglasrand, als kämen wir von einem anderen Stern. Hin und wieder verzog sich Marys Bruder, dem der Guinness-Schaum vom fast zahnlosen Mund tropfte, in ein Hinterzimmer, von wo kurze Zeit später quietschende Serenaden durch die offene Tür drangen, die er aus einem alten Akkordeon herausquetschte. Die alten Männer sangen mit, schmetterten die Melodien durch die Lücken ihrer gelben Zähne, während sie dichte Rauchschwaden aus ihren Nasen stießen.

Andere frisch gebackene Ehemänner genießen die Flitterwochen mit ihrer Liebsten in karibischen Luxustempeln oder suchen romantische Orte wie Paris oder Rom auf, auch auf Bali sind sie zu finden. Aber nein, ich schleifte meine junge Frau ins Mary Osborne's.

»Wo ist denn die Damentoilette?«, fragte Jamie.

Marys leicht schräg gestellte graue Augen zuckten. »Über die Straße, durch das Tor, und dann sehen Sie es schon.«

Meine blonde Braut tat wie geheißen und fand sich auf dem örtlichen Friedhof wieder, auf dem sich das Plumpsklo des Pubs befand.

Während sie fort war, rückte ein alter Kauz seinen Stuhl näher heran zu mir und trällerte »I weep for Donal dead« – oder so etwas Ähnliches.

»Wollen Sie nicht ein Lied singen?«, fragte Mary Osborne meine Frau, kaum dass die wieder auf ihrem Stuhl saß.

»Ich bin keine große Sängerin«, gab sie zu bedenken und hoffte dadurch, der Sache entkommen zu sein.

Doch das ließ Mary nicht gelten. »Jeder kann singen.«

»Ich weiß die Texte sowieso nicht«, konterte Jamie.

»Papperlapp, so schön und so jung, dazu frisch verheiratet. Sie müssen singen, für Ihren Mann und für alle, die hier beisammen sind.«

»Komm schon, Lady, sing für uns«, drängte der Typ, der neben ihr saß.

Jamie sah mich hilflos an, blickte vielleicht schon in unsere turbulente Zukunft.

»Du musst«, antwortete ich.

Und so sang Jamie und hinterließ Irland, dem Land der sehnsuchtsvollen Balladen, wie zum Vermächtnis die unsterblichen Worte eines albernen Ohrwurms aus der Werbung: »Ich suche eine Nudel, eine ganz besondere Nudel, die golden scheint und mundet so fein. Und ich habe sie gefunden, die goldene Nudel, so fein.«

In der Tat, sie hatte ihre Nudel gefunden. Mich.

Am folgenden Tag fuhren wir nach Howth, zu Buns Häuschen. Der Weinlaubbogen und natürlich mein Rotkehlchen waren verschwunden. Stattdessen standen da vier Betonbungalows, die aussahen, als gehörten sie auf den Mond. Das schnelle Geld verseuchte bereits das Land.

Erst kürzlich hatten die Produzenten von Riverdance, einer irischen Bühnenshow, die als Mutter aller irischen Stepptanzvorführungen gilt, hier für eine Million Pfund einen »Abbruch«-Bungalow in der Nähe des mittlerweile unbewohnten Leuchtturms gekauft und an jener Stelle ein knapp achthundert Quadratmeter großes Haus mit Swimmingpool und einer Tiefgarage, die für fünf Autos Platz hatte, hochgezogen. Danach rissen sie sich noch ein Nachbarhaus im georgischen Stil für 3,9 Millionen Pfund unter den Nagel sowie eine weitere Residenz auf der anderen Seite des Baily Lighthouse – so sah es aus, das neue Leben in den irischen Beverly Hills!

Wenn sich Irlands neue Gier doch bloß auf eine einzige Adresse beschränken würde! 1984 ahnte noch kein Mensch, dass mit dem wirtschaftlichen Boom auch die sorgenfreien Tage von Pubs wie dem Mary Osborne's am Ende der Welt gezählt waren und ein weiteres von vielen Kapiteln aus Irlands Vergangenheit zu Ende war. Heute bezahlt man auf dem europäischen Festland Hunderttausende von Euros für eine Publizenz. Diese Reinkarnationen irischer Etablissements sind meist mit Chrom und Leder ausstaffiert, ganz im Stil der großen weiten Welt, was protzige Träume wecken soll. Inzwischen haben Handelsgesellschaften in Dublin ganze Depots mit ausreichend Schnickschnack gefüllt, um endlose Reproduktionen dieses vermeintlichen Symbols irischer Authentizität als Exportschlager auf der ganzen Welt zu verbreiten – allein im Jahr 2000 haben sechshundert solcher Kitsch-Pubs in Metropolen wie Peking, Paris, Houston und Mailand eröffnet (in Italien gibt es neunzig weitere). Ich kenne einen Musiker aus Cork, der eigens dafür angeheuert wurde, in den sechs neu eröffneten Pubs in Dubai alte irische Balladen vorzutragen. Er fand das genial.

Irishness – oder *Oirishness*, wie es die Einheimischen aussprechen – lässt sich nicht in Einmachgläser füllen. Oft führt nur eine wilde Irrfahrt ins wahre Herz des Landes. An unserem ersten Hochzeitstag 1985 kehrten Jamie und ich nach Irland zurück, mieteten uns ein Auto und fuhren von Dublin aus nach Westen, bis wir erschöpft waren. Zufällig stießen wir auf ein altes ehemaliges Pfarrhaus in einer kleinen Nebenstraße, das jetzt als Herberge für Reisende diente. Umrahmt von üppig grünen Weiden, erschien es uns perfekt, dort zu übernachten. Wir gingen spazieren, aßen zu Abend und begaben uns zur Nachtruhe.

Am nächsten Morgen, als wir bezahlen wollten, blieb mein Blick auf einer Irlandkarte am Eingang hängen. »Sorry«, sagte ich, als die Gasthausbesitzerin erschien, »aber ich muss die ganze Zeit auf die mit Stecknadeln markierten Orte auf Ihrer Karte sehen – Inishbofin, Brittas, Borris, Terryglass, Mulhuddart, Howth. Ich war dort überall.«

»Na, da sieh an!«, sagte die Frau mit dem rotbraunen Haar.

»Es gibt eine Familie namens Wilkinson. Die hat an jedem dieser Orte Häuser. Ich hatte mal einen lieben Freund, Bun Wilkinson, der mich überall dorthin mitgenommen hat.«

»Was? Ich bin eine Wilkinson!«, rief sie. »Bun war mein Onkel!«

Du lieber Himmel! »Das ist ja unglaublich. Wir sind gerade auf dem Weg nach Carlow zu Paddy, Buns Sohn. Der wird Augen machen!«

»Das denke ich mir! Paddy und Anne wollen in zwei Stunden hier sein. Und es kommen noch andere Wilkinsons von überall aus dem Land hierher zu einem Familientreffen. Also, stellt euer Gepäck wieder ab. Ihr bleibt!«

Irland – einmal mehr schienen uns die Pfade der Insel unergründlich. Also blieben wir bis drei Uhr morgens – vorher geht hierzulande keiner von einer Party nach Hause –, während Paddy fiedelte und wir alle sangen. Und immer wieder wurden Geschichten erzählt, in denen Figuren lebten, die die eigentümlichsten Laute ausstießen, wie ein Discjockey, der eine Leidenschaft zur Scratch-Technik hat. Irgendwann am nächsten Morgen wachten wir auf, lechzten nach Wasser, unendlich bereichert durch dieses vollkommene Festerlebnis nach jahrhundertealter irischer Tradition. Ein kleines Büchlein, das auf dem Nachttisch lag, versammelte Erzählungen von ruhmreichen Gelagen im 18. Jahrhundert in herrschaftlichen Häusern wie Mount Panther, Mount Venus, Mount Misery, Ballyseedy, Ballyruin, Ballydrain und Bastardstown.

Jonah Barrington, der Besitzer eines Anwesens im Binnenland, hatte einmal besonders auf die Pauke gehauen und bot seinen Gästen ein ganzes Rotweinfass, dazu schlachtfrische Kühe und Hühner, Schinken und Brot. Um zehn Uhr am darauffolgenden Morgen lagen die Gäste noch immer betrunken um den Speisetisch, der Dudelsackpfeifer des feuchtfröhlichen Abends hatte alle Viere von sich gestreckt, ein Tischtuch bis ans Kinn gezogen. In den Stallungen lagen vier weitere Gäste im Stroh. Sie hatten es nicht mehr auf ihre Pferde geschafft, weil sie zuvor zusammengebrochen waren. Zwei der verkaterten Gäste im Speisesaal waren an einer frisch geweißten Wand zusammengesackt. Die Hitze des Feuers ließ den Verputz aufweichen, weshalb die angloirischen Trunkenbolde mit ihren Haaren an der Wand kleben blieben. Doch der findige Jonah Barrington fackelte nicht lange, zog sein Austernmesser aus der Tasche und befreite die Unglücklichen, indem er sie nahezu skalpierte. Anschließend ließ er den örtlichen Perückenmacher kommen. Im Gegensatz dazu war es bei uns in der vergangenen Nacht sehr viel gesitteter zugegangen. Wir wuschen uns, zogen uns an und machten mit Paddy und Anne am Nachmittag eine gemütliche Bootstour durch den Grand Canal.

Fast ein Jahrzehnt später reisten wir wieder durch den Westen Irlands und waren entsetzt, wie schnell sich hier alles verändert hatte: Fahrräder waren so gut wie aus dem Straßenbild verschwunden, Autos dröhnten durch einst ruhige Gassen, und protzige neue Bungalows hatten die weiß gekalkten, strohgedeckten Cottages ersetzt.

Im August 1998 verbrachten wir einen sonnenreichen Familienurlaub außerhalb von Castletownshend in West Cork, wo wir uns ein Cottage gemietet hatten. Vor uns lag ein spektakuläres Panorama – weites Meer, verfallene Schlösser, Leuchttürme auf vorgelagerten Inseln und ferne Landzungen. Im örtlichen Pub fanden sich am Ende der langen Sommerabende nacheinander die Farmer ein, um zu plaudern und zu singen. Unvorstellbar, dass hier bald schon Dutzende massengefertigter, trister Ferienbungalows aus dem Boden schießen und dieses pittoreske Dörfchen mit seiner kopfsteingepflasterten Hauptstraße und dem windgeschützten Hafen um das Doppelte vergrößern würden.

Auf unserem Weg durch von Ginster umzäunte Weiden entdeckten wir am Kamm eines Hügels ein steinernes Ringfort, von wo aus wir einen endlosen Blick auf Buchten, Klippen und Bergen hatten – eine von über 40000 Megalithformationen, die über die irische Landschaft verstreut und nirgendwo ausdrücklich vermerkt sind. Auf einem Stein waren Runen eingraviert, und ein dunkler, unterirdischer Gang führte in eine geheimnisvolle Vergangenheit.

»Was ist das, Dad?«, fragte Harris, der schon immer fasziniert war von verborgenen Welten.

»Vielleicht ein alter Fluchtweg der Wikinger, die dort jedem ihrer Gefangenen den Kopf abschlugen, oder eine geheime Kammer, in der man die Gottlosen tötete. Sieh doch mal nach!«

Jamie, die keinen Sinn für solch schaurig-finstere Vorstellungen hat, protestierte. Ich hätte sie wohl nicht mehr alle beisammen, einen Achtjährigen in eine unterirdische Kammer zu schicken, hielt sie mir vor.

Das sah Harris offenbar anders, denn der war im Moment in ebendieser verschwunden. »Wahnsinn! Da sind seltsame alte Zeichnungen an den Wänden«, drang seine gedämpfte Stimme zu uns herauf.

Auf der nächsten Anhöhe stand eine beeindruckende Formation prähistorischer Steine: frei stehende Monolithe, etwa drei Meter hoch, einst bekannt als die Fünf Finger, obgleich einer umgekippt und ein anderer vor langer Zeit in die Gärten hinter der Burg der herrschenden Townshend-Familie verschleppt worden war – so anmaßend waren die angloirischen Grundherren zu früheren Zeiten. Man konnte von hier aus sogar die Burg erblicken, in dem die berühmteste Tochter der Stadt Castletownshend, Edith Somerville, zusammen mit ihrer Cousine Violet Martin zahlreiche Romane geschrieben hat, etwa *Some Experiences of an Irish R.M.* oder *Die wahre Charlotte* sowie weitere berühmte Werke, in denen die beiden Frauen das privilegierte Leben ihrer Klasse und eines längst vergangenen Irlands schildern. Einige mörderische Dummköpfe der örtlichen IRA hämmerten eines Abends im Jahr 1937 an das Tor der Burg und verpassten Edith's Neffen eine Ladung Blei, fünfzehn Jahre nachdem die Briten aus Irland vertrieben worden waren. Völlig sinnlos!

Und heute? Nun, die heftigen religiösen Auseinandersetzungen und die mit der Fremdherrschaft verbundenen hierarchischen Strukturen aus jenen Tagen sind im Süden der irischen Insel längst überwunden. In Erinnerung ist geblieben, dass Wikinger, Normannen und Briten von der geheimnisvollen Macht der Insel in Bann gezogen worden waren. Bis heute hypnotisiert sie jeden, der sich auf ihren Boden verirrt. So streunte ich mit meinen Jungen durch die Felder und nahm unsere kleine Laura mit in die benachbarte Bucht, um die Angelschnur auszuwerfen. Auch wenn wir nichts fingen, Träume holten wir immer ein. Dass wir selbst an Irlands Angel hingen und zwei Jahre später endgültig an Land gezogen würden, das war uns damals noch nicht klar.

6

In Cork wimmelte es von Exzentrikern, von denen sich viele als Straßenkünstler durchschlugen. Einer von ihnen befestigte mit Klebeband an jedem sonnigen Nachmittag eine ungefähr drei mal drei Meter große Leinwand auf dem Gehsteig, um an einem Meisterwerk zu arbeiten, das wahrscheinlich nie seine Vollendung finden würde. Zum Auftakt seiner nachmittäglichen Künstlersitzung dröhnten aus seinem Ghettoblaster anrührende Melodien aus dem Film *Titanic*. Scharenweise bestaunten die Touristen die fotografieähnlichen Abbilder von Leonardo DiCaprio und Kate Winslet, die sich unter einem nächtlichen Sternenzelt umarmten, während das dem Untergang geweihte Schiff in einem Meer aus tiefem Schwarz unter ihren entrückten Gestalten versank. Leo und Kate gehörten zum festen Inventar; die beiden wurden nie auch nur mit einem Pinselstrich verändert. Kleinere Einzelheiten am Bildrand dagegen versuchte der Straßenkünstler geflissentlich zu schwärzen, bevor er sein Zerrbild für ein paar anerkennend hingeworfene Münzen aufs Neue in Angriff nahm. Seine Kreativität beschränkte sich darauf, in eine der Bildecken einen neuen Eisberg oder ein weiteres überfülltes Rettungsboot zu malen.

Als ich an besagtem Spätnachmittag im August aus dem Hi-B kam, sah ich ihm eine Weile bei seiner künstlerischen Aktion zu. Im Grunde, so dachte ich, ist das ganze Land eine ähnlich faszinierende Augenweide. Schon bei der Ankunft auf dem Flughafen entrollt sich eine mentale Leinwand, gespickt mit Traumbildern einer immergrünen Landschaft, die den Besucher mit sich nimmt. Es ist schon möglich, dass im Auge des Irland-Betrachters zunächst hie und da ein paar neue Details entstehen, doch die stereotypen Klischees kehren immer wieder, werden bei jeder neuen Gelegenheit ins Bild gesetzt.

In einem allerdings sind die Iren tatsächlich unübertroffen: im feuchtfröhlichen Feiern! Vor ein paar Jahren gab es in Cork eine Art Club der Trinker, die sich die Clancys nannten. Die Mitglieder pflegten einen losen Kontakt zu einem ähnlichen Haufen von Exzentrikern in London. Nachdem die Clanycs erfuhren, dass die Briten auf einer Tour durch den Südwesten auch nach Cork kommen wollten, beschlossen sie, ihnen das »wahre« Irland vorzuführen. Sie engagierten drei stadtbekannte Knirpse, ein jeder von ihnen noch um einiges kleiner als Small Denis, steckten sie in Elfenmäntel, Strümpfe und spitze Schuhe und setzten ihnen jeweils einen dreispitzigen Hut auf den Kopf. Dann karrten sie die drei Märchengestalten auf ein Feld am Ring of Kerry, einer Panoramaküstenstraße in der Grafschaft Kerry, die der Bus mit den britischen Besuchern und einigen Clancys als Touristenführer in der Abenddämmerung passieren würde.

»Stopp«, rief einer der irischen Clancys, als der Bus auf Höhe besagter Stelle vorbeifuhr. »Gleich hier unten gibt es einen berühmten magischen Kreis, und um diese Stunde dürften wir sogar ein paar Kobolde sehen.«

»Klar. Los, sehen wir uns die verhutzelten Wichte mal an«, höhnten die Briten.

Doch das Lachen war den Anhängern der Krone bald vergangen – sie bekamen ihren Mund nicht mehr zu angesichts dessen, was sich da in der Talmulde ihren Augen bot: Einer der Leprechauns, wie die irischen Kobolde heißen, saß auf einem Stuhl und schusterte, der andere pfiff auf einer Miniaturflöte, und der dritte rührte einen Zaubertrank in einem kleinen Topf. Völlig in ihre Traumwelt versunken, nahmen sie keinerlei Notiz von den schreckensbleichen Engländern – bis die anderen Clancys, die sich in den Büschen versteckt gehalten hatten, in brüllendes Gelächter ausbrachen.

Klar, ein böser Scherz, aber wenn man einen Iren nur lang genug beschwatzt, dann bekommt man vielleicht auch heute noch das eine oder andere über Trolle, Feen und Kobolde aus ihm heraus. Lourdes, eine Freundin von mir, die ursprünglich vom Land stammt und heute in Cork lebt, wo sie als Lehrerin arbeitet, und die ihre Frisur immer nach der neuesten Mode aus London oder New York trägt, erzählte uns wenige Monate nach unserer Ankunft in Irland folgende Anekdote: »Als ich zehn oder elf Jahre alt war, traf ich auf der Straße eine Nachbarin, eine alte Dame namens Mrs. Crowley. Sie sah so bestürzt aus, dass ich fragte: ›Was gibt's Neues?‹ Dies war die übliche Floskel, die man damals austauschte, wenn man sich zufällig traf. ›Jemand hat den magischen Kreis gestört, und das Vieh dort hat verrückt gespielt‹, erwiderte sie.

An jenem Morgen hatte ein Farmer unweit des uralten magischen Kreises in der Nähe unseres Dorfes die Felder gepflügt. Die Pferde gingen auf einmal durch, wie von Sinnen durchbrachen sie Zäune und galoppierten meilenweit querfeldein. Auch wenn es für euch befremdlich klingt, aber irgendetwas Seltsames musste passiert sein, das sie derart aufgescheucht hatte. Und ich sage euch was: Selbst heute wird kein Ire, der einigermaßen bei Sinn und Verstand ist, auf einem alten magischen Kreis etwas errichten.«

»Von niemanden wird das angezweifelt«, unterstützte sie ihr Freund Hans. »Es gibt noch immer Wahrheiten, die niemand so richtig versteht. Als meine Mutter jung war, hörte sie einmal um Mitternacht auf den Feldern ein seltsames Heulen und ging hinaus, um nachzusehen. Es war ein schauriges Geräusch, das lauter und lauter wurde, je näher sie den Bäumen kam. Und was sah sie dort? Eine Todesfee, die ihr weißes Haar flocht und dann vor ihren Augen wieder verschwand. Zwei Tage später starb meine Großmutter. Nennt es meinetwegen Zufall, aber gruselig war das allemal.«

Wenn wir als fünfköpfige Familie in diesem neuen Land Fuß fassen wollten, dann mussten wir den schmalen Grat zwischen Wahrheit und Vorstellung behutsam beschreiten.

Eine felsenfeste Vorstellung ist beispielsweise jene, dass die Iren überaus offene Menschen sind. Das stimmt insofern, wie davon auszugehen ist, dass Eskimos nur darauf warten, den Touristen die Nase zu reiben. Sicher, die Iren können außergewöhnlich freundlich sein, wenn sie gerade in Stimmung sind. Sie können sich aber auch als argwöhnisch und launisch präsentieren. Emotional vermögen sie in Sekunden von einem Extrem ins andere zu fallen, für Außenstehende ist das mitunter verwirrend, weil es für sie meist grundlos geschieht. In Cork kommt es vor, dass man skeptische Blicke erhält, wenn man seinen Gesprächspartner nach dessen beruflicher Karriere fragt, selbst wenn dieser sich zuvor mit tausend Fragen nach der eigenen erkundigt hat – als ob man ein Spion sei, der ein geheimes Aufnahmegerät mit sich führt. »Halte dich bedeckt«, wie der in Rumänien gebürtige, deutschsprachige Lyriker Paul Celan einst riet. In den südwestlichen Countys Irlands, die die Provinz Munster bilden, hat man die Zweideutigkeit derart perfektioniert, dass es einer Sphinx zur Ehre gereichen würde. So findet sich etwa in der gälischen Sprache kein eindeutiges Wort für »nein«. Auf Verkehrsschildern steht nie *stop*, das wäre zu direkt. Zu lesen ist das Wort *yield*, womit gemeint ist, dass man dem anderen Fahrer ausweichen soll, um eine Karambolage zu verhindern. »Ja, mach ich mal«, sagt der Corker, wenn er »nie« meint.

Auf einer späteren Reise, die uns über die wunderschöne Insel Valentia vor der Küste der County Kerry führte, schwenkte der Leiter von Irlands westlichster Seenotrufzentrale seinen Arm über die nahe gelegenen Berge, als würde er dort rätselhafte Wesen erblicken. Gene O'Sullivan hieß er und gehörte zum weniger zugeknöpften Menschenschlag in West Cork. »Ich lebe hier nun seit dreißig Jahren, aber die Leute hier verstehe ich noch immer nicht, nicht einmal ansatzweise. Da gesellst du dich auf ein Bier zu ihnen, und sie fangen an, dir, ohne mit der Wimper zu zucken, Löcher in den Bauch über ganz persönliche Dinge zu fragen. Aber wehe, du kommst auf die Idee, den Spieß umzudrehen – da erfährst du nichts, gar nichts. Auch wenn du nur wissen willst, ob es sein könnte, dass die schwarzen Wolken am Himmel heute noch Regen bringen. Du wirst keine eindeutige Antwort kriegen, allenfalls ein schwammiges: ›Klar, könnte sich noch was tun.‹«

Die Leute aus Kerry gelten in Irland als die Cleversten, zutreffender wäre es, von den »Gerissensten« zu sprechen. Der typische Mann aus Kerry, der *Kerryman*, wird oft als *a cute Kerry hoor* bezeichnet, was so viel bedeutet wie »Schlitzohr«. Immerhin schafft er es immer wieder, sich aus jeder Affäre zu ziehen. Doch genau genommen ist der *Kerryman* ein kultureller Archetyp. Zahlreiche Anekdoten über die Bewohner von Kerry geben aufschlussreiche Einblicke in skurrile Eigenheiten eines ganzen Volkes, die auch auf die Bewohner von Cork zu passen scheinen.

In diesem Teil der Welt ist nicht immer alles so, wie es scheint. Sich eine Tür offen zu halten, besagt in irischer Zweideutigkeit auch, sich dahinter zu verschanzen. Im Südwesten dieser Insel ist so gut wie jedes Haus, und sei es noch so eine Bruchbude, verriegelt.

Auch das robuste schmiedeeiserne Tor vor unserem Haus wies ein Riegelschloss auf, das bei jeder Betätigung quietschte. Also setzten wir seine Funktion außer Kraft und ließen das Tor unabgeschlossen. Irland war für uns nach wie vor ein ungefährlicher und freier Ort. Und wir hatten kein Interesse daran, uns hinter diesem Tor zu verschanzen, nur weil unser Garten hinter den schützenden Hecken um einiges größer war als die kleinen Rasenkaros, die in den großen Städten Irlands den meisten Kindern als Spielfläche dienten. Und so strömten die Jungen und Mädchen bei uns aus und ein, bisweilen zu Dutzenden, veranstalteten dort draußen einen wahren Affenzirkus, saßen im Apfelbaum, hingen an einem Kletterseil, spielten Fußball oder Verstecken.

Nachdem Jamie unsere Kinder jahrelang zwanzig Meilen herumgefahren hatte, nur damit sie zwei Stunden lang mit Gleichaltrigen zusammen sein konnten, genoss sie das spontane Kommen und Gehen der Nachbarskinder ganz besonders, obgleich diese wilden Horden sich auf unnatürliche Weise zu vermehren schienen und unsere Küchenvorräte hamsterten. »Glaubst du, dass irgendwer in Cork Schilder aufstellt, auf denen steht, dass hier der neue Ferienspielplatz für Schulkinder ist? Die verdrücken Chips, als stünde die nächste große Hungersnot bevor. Und wenn wir nicht aufpassen, krabbeln die auch noch in unsere Betten«, meinte Jamie eines schönen Nachmittags im Spätsommer.

»Wenigstens stellen sie nichts an«, entgegnete ich, nicht ahnend, dass man hierzulande das Schicksal niemals auf diese Weise herausfordern sollte.

Seine Türen allzu bereitwillig offen zu halten, kann nämlich provozieren und den Argwohn der Nachbarn wecken, die das als großtuerisches und prahlerisches Verhalten werten. Und so sorgte unser Haus der offenen Tür, ohne dass wir dies wussten, für reichlich Gesprächsstoff unter gewissen Nachbarn. In ihren Augen war das genauso schlimm, wie einen magischen Kreis zu stören.

Mittlerweile hatte sich das unverschlossene Tor bis in die entferntere Nachbarschaft herumgesprochen. Ein paar weniger nette, schon halbwüchsige Jungs hatten begonnen, unser Heim ins Visier zu nehmen. Der Anführer der Bande war ein bulliger Typ mit dunklen Augen, aus denen der jugendliche Übermut blitzte. Oft lungerte die Gruppe am Rande des Eingangs herum, während sich ein etwas jüngeres und braver wirkendes Mädchen aus ihrer Mitte ein paar Schritte vorwagte und das Tohuwabohu in unserem Garten neugierig beäugte. Unsere Vermieter, die das Haus bis zu unserer Ankunft selbst bewohnt hatten, hatten das Tor wie Gefängnisaufseher bewacht und nie mehr als zwei Kinder gleichzeitig eingelassen. Das wiederum erschien uns eigenartig und gemein. Und so gingen wir davon aus, dass jedes Kind in Hörweite über unsere neuen, demokratischen Praktiken hoch erfreut war – eine Vorstellung, die ungefähr genauso naiv war wie zu glauben, jeder Ire sei beglückt, wenn ein Bekannter einen neuen Job oder ein neues Auto bekommt. Ha! Will man Irland verstehen, muss man lernen, auf das zu hören, was unter den Menschen getuschelt wird.

Eines Tages kam Laura nach Hause, völlig aufgelöst. Die jüngere Schwester des Bandenanführers hatte sie aus keinem ersichtlichen Grund angespuckt. Wir hatten keine Idee, was sie geritten haben könnte – Lauras ausländischer Akzent vielleicht? Unser Haus der offenen Tür? Unser Neulingsstatus? Die Größe unseres Gartens? Wütend marschierte ich auf die junge Täterin zu und hielt ihr eine Standpauke, die sich gewaschen hatte. Doch das war viel zu deutlich und ganz und gar nicht die feine irische Art.

Zweifelsohne hatte die junge Göre nun den Eindruck, sie sei in unserem Garten nicht willkommen, ob das nun stimmte oder nicht. Und sie sann auf Rache. Ich jedenfalls hatte seinerzeit keinen Schimmer, dass es sich als neuer Bürger nicht geziemt, jemandem Vorhaltungen zu machen. Doch das hatte ich bald verstanden, als nämlich ihr bulliger Bruder anfing, meine viel kleineren Jungen mit seinem Fahrrad zur Seite zu schubsen, sobald die beiden ihm unter die Augen kamen. Nachdem alle gut gemeinten Appelle nichts halfen, warnte ich ihn ein letztes Mal, dass ich weitere Schikanen fortan nicht mehr dulden würde. Als wir dann an jenem Abend von einem Spaziergang nach Hause kamen, sahen wir, dass die Gartenspielmöbel unserer Kinder kurz und klein geschlagen waren. Damit war es aus mit unserem neuen, sorgenfreien Leben.

Ein Nachbar kam in diesem Moment vorbei, ich lud ihn auf ein Glas Wein in unser Haus ein. Eigentlich wollte er nichts weiter als »Guten Abend« sagen, schließlich willigte er ein. »Aber nur einen Schluck.« Nach dem üblichen Small Talk kamen wir auf das Eigentliche zu sprechen. »Meine Mutter meint, ihr seid verrückt, weil ihr das Tor nicht zusperrt. Jeden Tag spricht sie davon. Aber so ist sie halt.«

Das war ein direkter Schuss vor den Bug, den er gleich darauf aber wieder abmilderte, so wie die Iren das immer machen, um das, was sie eigentlich zum Ausdruck bringen wollen, zu vernebeln. Das Unausgesprochene füllt in Cork ganze Bände, und Konflikte werden nicht offen angesprochen, sondern in kleine Geschichten verpackt.

Eines Tages traf ich in einem Pub in unserer Nähe einen Geschichtenerzähler, der nicht nur so breitschultrig gebaut war wie Bun, sondern auch noch den gleichen irischen Allerweltsnachnamen hatte – Wilkinson, Seamus Wilkinson. Ein entfernter Cousin von Bun! Er erzählte mir Spannendes über seine Heimat Tipperary und die Galtee Mountains, über die Heldentaten seines Vaters in der Irisch-Republikanischen Armee während des Unabhängigkeitskampfes, über etliche Abenteuer im Ausland und über so ziemlich alles, was ihm einfiel. Herzlich, wie er war, brachte Seamus uns am folgenden Morgen frischen Fisch vorbei, den er gerade gefangen hatte. Doch es brauchte zehn Monate, bevor er uns offenbarte, dass er viele Wochenenden im örtlichen Hospiz zubrachte, um sich um die Sterbenden zu kümmern, die er alljährlich auch nach Lourdes begleitete, wo sie auf wundersame Erlösung von ihren Leiden hofften.

»Warum halten die Menschen in diesem Land mit ihren persönlichen Dingen so hinter dem Berg? Warum bleibt die Tür immer halb zu?«, fragte ich meinen neuen Freund.

»Wenn du ihnen zu viel erzählst, dann fangen sie an, über dich zu reden«, sagte Seamus.

Stimmt. Als Neuling in Irland sollte man lernen, ein Gespür für feinste Zwischentöne zu entwickeln. Tief sitzender Argwohn gegenüber jedermann hat hierzulande Tradition, wo einst die eigenen Landsleute die schlimmsten Spitzel im Dienste der britischen, normannischen oder dänischen Besatzer waren. Seamus ist ein äußerst erfolgreicher Bauunternehmer, er müsste keine Berührungsängste haben, dennoch versteht er es, sich nicht allzu sehr zu öffnen – wie geschickte Profis beim Pokerspiel. Zu viel Offenheit, erklärte er, zeugt nur von Naivität.

»Du wirst mich im Pub nicht über meine Baustellen reden hören, über Mörtel oder Abdichtungen. Im Pub plaudert man über Dinge, die seicht sind, ohne Tiefgang, und wartet ab, was alles an die Oberfläche dringt«, beendete er seine Ausführungen.

Ein weiterer Freund, in dessen Pub in Dublin sich halb Irland trifft, brachte es noch besser auf den Punkt: »Pass einfach auf, denn du weißt nie, wer zuhört und was so alles über dich weitergetragen wird. Erzähle nicht mehr als nötig, besonders hier in Cork. In Dublin ist man mitunter so direkt wie in Amerika, nicht aber in Cork. Die Menschen in dieser Stadt sagen das eine und meinen das andere. Und wenn du dann zu unmittelbar darauf eingehst, dann sehen sie dich nur milde lächelnd an. Der typische Corker kann es ganz und gar nicht haben, wenn er in die Mangel genommen oder beleidigt wird, schon gar nicht von einem Fremden. Der Corker ist ein bisschen so wie der Japaner, dem es in erster Linie darum geht, sein Gesicht zu wahren. Und sollte es dir einfallen, ihn gar öffentlich zu kritisieren, dann machst du dich in seinen Augen zur Zielscheibe.«

In der ersten Woche schienen wir geleitet vom glücklichen Stern meines alten Freundes Bun. Vor allem eine Begebenheit ist mir unvergessen: Tim Jackson, ein Neffe von Bun, lud mich samt Familie über ein Wochenende auf eine Segeltour ein. Wir starteten in Crosshaven, einem Dorf, etwa eine halbe Stunde südlich von Cork. Sein Boot lag im Royal Irish Yacht Club vor Anker, der – gemäß der Vorliebe für Superlative der County, die ja auch mit dem »höchsten« und dem »längsten« Gebäude aufwartet – als der »älteste Jachtclub der Welt« gilt. Tim war ein ausgezeichneter Kapitän, und er segelte mit uns durch Corks Hafenbecken (das natürlich das »weiteste Irlands« ist) zur offenen See hinaus, ehe es wieder zurück in den »altehrwürdigsten« Jachtclub der Welt ging.

Unglücklicherweise wurde unsere Einfahrt in den Hafen behindert durch den Angriff einer Killerwespe, einer von der Spezies, die sich Ende August gierig auf alles stürzen, was irgendwie einen Geruch verströmt – Coladosen, Weingläser, Pfirsichhälften und was weiß ich noch alles. Just in dem Moment, als der Ankerplatz in Sicht kam, senkte sich dieser Kamikazeflieger auf meine Nasenlöcher. Ich holte zur Gegenwehr aus, schlug nach ihm und schleuderte mir dabei meine sündhaft teure, brandneue, blendfreie, selbsttönende Gleitsichtbrille von der Nase, die in hohem Bogen in die »reißendsten« und »dunkelsten« Fluten aller Gewässer flog, eine Brühe so schwarz, dass man sie als Guinness aus dem Hahn zapfen könnte, ohne dass einer den Unterschied merken würde.

Der Nachmittag schien ruiniert, immerhin musste ich ein unerwartetes Riesenloch in meinem Geldbeutel verschmerzen. Völlig verzweifelt suchte ich Hilfe in einem Pub und bewog die wortkargen Gästen dazu, mir die Namen eines halben Dutzend Taucher preiszugeben, die aber alle gerade irgendwo Urlaub machten – der moderne Ire steht ja heutzutage nicht länger zurück und reist als Mann von Welt völlig selbstverständlich nach Teneriffa, Kapstadt, Kreta, Thailand und Australien. Auch weitere Telefonate mit Sportausrüstern und Hafenmeistern gestalteten sich als unergiebig, weshalb die

Punters – wie gestandene Trinker in Irland zuweilen genannt werden – selbst zum Hörer griffen.

Ich wollte schon aufgeben, als plötzlich jemand den Namen Vincent Fahr fallen ließ, angestellt bei der städtischen Feuerwehr in Cork und freiwilliger Rettungstaucher bei der Hafenwasserwacht. Sofort rief ich ihn an, wobei ich ihn mitten beim Abendessen störte. Geduldig hörte er sich meine Misere an, vernahm meinen ausländischen Akzent und stand keine zehn Minuten später im Pub – zweifelsohne zur großen Erleichterung der *Punters*.

Vincent, ein stämmiger, freundlicher Kerl, zog rasch seinen Taucheranzug an, setzte sich Sauerstofftank und Maske auf und schickte sich an, in das Wasser abzutauchen, das mit den dichter werdenden Wolken am Himmel umso schwärzer erschien.

»Nimmst du keine Taschenlampe mit?«, fragte ich und benutzte vor lauter Aufregung das amerikanische Wort, nämlich *flashlight*, Iren sprechen von *torches*.

Vincent schüttelte den Kopf und erklärte, dass er sich mit bloßen Fingern Zentimeter um Zentimeter durch den Bodenschlick tasten wolle, da seine Bewegungen den schlammigen Untergrund ohnehin aufwirbeln und eine Taschenlampe zwecklos machen würden.

Vincent war ein erfahrener Taucher. Er hatte schon alle möglichen verloren geglaubten Schätze geborgen, unlängst sogar die Leichen Ertrunkener. Insofern war er recht zuversichtlich, als er im tiefschwarzen Nass verschwand, welches das Gegenstück zu den kalifornischen La Brea Tar Pits zu sein schien, jenen Quellen, aus denen natürlicher Teer an die Oberfläche tritt. Mit jeder neuen Luftblasenspur, die Vincents Erkundungstour durch den Schlick in mittlerweile mindestens vier Meter Tiefe nachzeichnete, schöpfte ich neue Hoffnung. Eine Luxusjacht, die gerade vorbeizog und auf der es feuchtfröhlich zuging, dämpfte meine Erwartungen, da das Schiff eine noch dunklere Spur im Wasser hinterließ.

Unsere Kinder, die zunächst fasziniert zugeschaut hatten, verloren das Interesse an Vincents Luftblasen, die mal hier, mal dort durch das Wasser wirbelten. Über sein Honorar hatten wir im Vorfeld nicht gesprochen, und so beschäftigte ich mich damit, die ausgestoßenen Blasen zu zählen, rechnete wie zu Vor-Euro-Zeiten in Pfund und veranschlagte ein irisches Pfund pro tausend Blasen. Doch es schien Millionen von Blasen zu geben. Und nachdem Vincent sich nun schon fast eine Stunde lang durch die trüben Gefilde der Unterwasserwelt getastet hatte, schien unser Bankkonto nach meinen Berechnungen nahezu geschröpft.

»Der will deine Brille unbedingt finden«, sagte meine Frau.

»Wer weiß, wo die Strömung sie hingespült hat«, erwiderte Laura.

Und plötzlich, nachdem er eine halbe Ewigkeit im Schlamm gewühlt hatte, schoss Vincent durch die dunkle Oberfläche herauf wie Neptun, nur hielt er anstatt des Dreizacks eine Brille in der Hand. »Ist sie das?«, rief er.

»Heureka!«, brüllten wir so laut, dass man uns in jedem Jachtclub der Welt sofortiges Hausverbot erteilt hätte. Aber in Vincent hatten wir einen Helden gefunden, er hatte uns nicht im Stich gelassen. Er war der lebende Beweis, dass selbstlose Einsatzbereitschaft als typisch irische Tugend noch immer zu finden ist. Vincent war durch den Schlamm des Styx gestöbert, nur um uns zu helfen.

Was wird das wohl kosten?, fragte eine innere Stimme, als ich Vincent auf den Rücken klopfte. »Phänomenal«, sagte ich laut zu ihm, als er seine Ausrüstung ins Auto lud und eine lange Pause entstand, während ich nur überglücklich strahlte.

»Was schulden wir dir, Vincent?«, brachte ich schließlich hervor.

»Ganz wie ihr meint.«

Eine schwierigere Antwort hätte er nicht geben können, dachte ich bei mir, während ich einen Bündel Zwanziger hervorzog.

»Hör auf«, winkte Vincent ab, nachdem er den ersten Schein sah.

»Nein, warte. Wir haben dich beim Abendessen gestört, ließen dich eine Stunde lang durch den Schlick kriechen, du hast einen ganzen Tank Sauerstoff verbraucht, und alles nur, um meine Brille zu finden – das ist nicht selbstverständlich. Nimm wenigstens zwei davon.«

Vincent rang sich ein scheues Lächeln ab, nahm verlegen einen einzigen Schein und meinte, dass selbst das noch zu viel sei.

»Willkommen in Crosshaven«, sagte er, drehte sich um und verstaute die Ausrüstung im Kofferraum.

Das war Cork. Das war das Irland, das wir gesucht hatten, voller Liebenswürdigkeit, voller Herzlichkeit und Gastlichkeit für eine Familie, die auf dem Kurs der Hoffnung weit gereist war.

7

Der August glitt langsam in den Herbst über, und alles schien bestens zu sein. Gut, nicht ganz alles: Der Bandenchef und seine treue Kumpanin lungerten ab und an noch hinter unserem jetzt verschlossenen Tor herum, ließen ihre jugendlichen Flausen an den jüngeren Kindern aus, ärgerten sie und warfen kleine Steinchen nach ihnen, pfefferten auch mal nicht unwesentliche Mengen von Chipstüten auf unseren Rasen. Doch für gewöhnlich hakten wir derlei Zwischenfälle unter dummdreiste Flegeleien ab, zumal wir zuversichtlich waren, dass sich das mit der Zeit legen würde.

Im Grunde war das Einzige, was unseren häuslichen Frieden störte, die Türklingel, die jetzt in einem fort Sturm läutete, weil Scharen von Nachbarskindern zu unseren Jungen und manchmal auch zu Laura wollten. Jamie ihrerseits meinte, dass das infernalische Dauergebimmel Glück bringen würde.

Hin und wieder klinkte ich mich ein, brachte den irischen Kindern ein paar typische amerikanische Sportarten bei, ersann Eishockey-Straßenvarianten oder eine Baseballalternative mit einem Wiffleball aus Plastik. Umgekehrt lernten unsere Kinder das irische Spiel »Tip the Can«, eine Abwandlung des klassischen Versteckspiels und perfekt zugeschnitten auf die Gegebenheiten der Stadt, wo den Kindern oft nichts anderes übrig bleibt, als zwischen parkenden Autos herumzutoben.

Die intensiven Kontakte unserer Kinder hatten den angenehmen Nebeneffekt, dass es mir als Vater vergönnt war, mich des Öfteren davonzustehlen und eigene Streifzüge zu unternehmen. Und so lernte ich auf einem meiner spätnachmittäglichen Besuche im Hi-B (das Jamie bislang gemieden hatte) einen wunderbaren Menschen namens Owen McIntyre kennen, der gerade zum Dozenten für Umweltrecht an die Corker Universität (die den redundanten Namen University College Cork trägt) berufen worden war und auf den Beginn des Herbsttrimesters wartete. Er war ein begnadeter Erzähler, überaus intellektuell, und er strotzte vor Selbstbewusstsein. Owen McIntyre war aus dem fernen Donegal, der vielleicht ursprünglichsten County Irlands, nach Cork gezogen. Nichtsdestotrotz ließ er sich über die neue Dynamik des Landes aus, jedoch ohne das übliche Jammern über das Vermächtnis der Großen Hungersnot, ohne Neid, ohne Geheimniskrämerei und ohne Misstrauen.

Man konnte sich mit ihm über alles unterhalten. Über die Basare in Turkmenistan vielleicht? Na klar! Owen war schon dort und kannte sich im Detail aus. Wodkaproduktion in Moskau? Im Lexikon stand weniger. Er wusste auch, wie es ist, mit serbischen Schurken im bergigen Hinterland festzustecken. Ein Stichwort – und die Geschichten sprudelten wie ein Wasserfall. Und so saß er zwischen mir und Maria, seiner rabenschwarzhaarigen »Partnerin«, wie man hier sagt, wenn man Lebensgefährtin meint (und damit eine Gemeinschaftsform, die als Todsünde deklariert ist, obwohl diese inzwischen von einem Drittel aller katholischen Iren gewählt wird, um der einst allmächtigen Kirche eins auszuwischen). Sie waren wie wir Neulinge in Cork, waren interessiert, begeisterungsfähig und sprühten vor Leben. Dass Owen fünfzehn Jahre jünger war als ich, spielte keine Rolle, befruchtete unsere Beziehung eher, ähnlich wie damals der Altersunterschied zwischen Bun und mir.

»Ah, wirklich ungewöhnlich, was ihr da gemacht habt. Wirklich überaus bewundernswert, und ich denke, dass deine Frau eine ganz bemerkenswerte Person sein muss. Maria wird mir zustimmen, wenn ich sage, dass wir sie sehr gern kennenlernen würden«, sagte Owen.

»Unbedingt«, pflichtete Maria bei, die ursprünglich aus Connemara stammt, in London aufgewachsen war und diesen unverwechselbaren, fließenden Akzent hatte, der sich in feinen Verschiebungen der Satzmelodie zu erkennen gibt und den man schon nach einigen Worten heraushört. »Wir sollten uns mal zu viert treffen.«

»Warum nicht jetzt gleich?«, fragte ich. »Kommt doch einfach mit zu uns. Ich rufe Jamie kurz an und frage, ob es recht ist.«

»Ich hätte nichts dagegen«, sagte Maria spontan.

Ungefähr siebenundzwanzig Minuten später saßen wir alle auf unserer mit Steinen ummauerten Veranda in der Sonne, bis Jamie irgendwann aufstand und ins Haus ging, um gleich darauf mit Tellern voll dampfender Nudeln, schwarzen Oliven und geröstetem Huhn zu erscheinen. Wir plauderten geistreich und angeregt, während die Kinder irgendwo spielten und Weinkorken im Rhythmus der langsam hereinbrechenden Dämmerung ihr unnachahmliches Geräusch von sich gaben, wenn sie aus einer Flasche herausgezogen wurden.

»Ich schlage vor, einen letzten Drink auf dem Dach zu nehmen. Von dort oben hat man einen Blick über ganz Cork«, sagte ich. Owen wäre am liebsten gleich aufgesprungen, und Maria und Jamie unterhielten sich inzwischen derart aufgekratzt, dass sie ebenfalls nichts dagegen hatten.

Einer nach dem anderen kletterte aus dem obersten Fenster auf unsere kleine Aussichtsplattform. Auf der Straßenseite gegenüber gingen Rollläden hoch und Vorhänge auseinander. Schweigend betrachteten wir das herrliche Panorama. Die Fensterscheiben der Häuser auf den Hügeln ringsum verschmolzen zu Flächen aus Silber und Bronze. Spiralförmige Wolken zogen über uns hinweg.

Owen war hin und weg. »Jamie, David«, platzte er derart aufgeregt heraus, dass er jeweils den ersten Vokal in unseren Namen verschluckte. »Ich hoffe, ihr könnt jetzt meine kleine irische Willkommensrede annehmen, als Dank für eure liebenswürdige Gastlichkeit und dieses vorzügliche Mahl.«

Die verzückten Blicke meiner Frau klebten förmlich an seinen Lippen. Owen ist nicht nur entgegenkommend, sondern auch groß und stattlich, gut aussehend und außerordentlich charmant, wenn er aufdreht.

»Jamie, mit deiner Schönheit und Anmut solltest nicht du dir einen Job suchen, vielmehr sollten sich alle um dich reißen, es sei denn, diese Stadt ist hoffnungslos herzlos. Ich weiß, dass Maria mir zustimmen wird, wenn ich sage, dass« – an dieser Stelle war das Dröhnen eines riesigen Jets zu hören – »wir uns in eurer Gesellschaft wohlgefühlt haben wie lange nicht mehr.«

Übertragen auf einen männlichen Partygast, der sich in meinem Geburtsland zum Gehen anschickt, klänge das folgendermaßen: »Danke, Kumpel«, und in der weiblichen Version: »War nett.«

Aber halt, Owen war noch nicht fertig. Owen McIntyre raspelte unter der hauchdünnen Sichel eines aufgehenden Mondes noch weiter Süßholz. »Da ist es das Mindeste, Jamie, dass ich mein Glas erhebe, um dir und deiner Familie alles Glück der Welt zu wünschen.«

Wie sollte man sich bei derartig blumigen Wortergüssen nicht geschmeichelt fühlen? Insofern genoss ich jene ein bis zwei Sekunden – oder waren es zehn oder zwanzig? –, die verstrichen, bis wir unsere Gläser aneinanderstießen und ich mich wieder meiner Rolle als Gastgeber widmete, die Gläser neu füllte, nur um mich irgendwie zu beschäftigen.

»Ah«, hob Owen erneut an. »Ein bisschen getrunken haben wir ja, aber eigentlich ist das an einem Abend wie diesem zweitrangig, zumal es dazu beigetragen hat, dass sich gleichgesinnte Seelen schneller näherkommen. Was ich euch sagen will, und ich hoffe aufrichtig, nicht zu direkt zu sein, ist, dass es mir eine große Freude war, euer Gast zu sein, David. Das war ein großes Privileg, und ich habe das Gefühl, dass wir für lange Zeit Freunde sein werden.«

Kling, die Gläser klirrten, als wir auch darauf anstießen. Für Außenstehende musste es gewirkt haben, als würden wir Brüderschaft trinken. In der Tat dachte ich die ganze Zeit über Blutsbande nach, über ein weltweit verteiltes, äußerst spezifisches Genpool: Da waren unsere barfüßigen Vorfahren, die den unergiebigen Ackerböden in gottverlassenen Winkeln im Westen Irlands eine karge Ernte abgetrotzt hatten; Vorfahren, die sich in den Strafkolonien Australiens abgerackert und die Kanalwege und Eisenbahnstrecken in Nordamerika vorangebracht hatten. Nicht zu vergessen die Jungfrauen, die ein Dasein als Hausmädchen in englischen Familien fristeten und deren Bettlaken wechselten. Wohlan, ihr Iren vergangener Zeiten! Schart euch zusammen auf diesem Dach hoch über Cork in einer sternfunkelnden Nacht wie dieser, und ihr werdet mit Freuden erblicken, was aus diesem Land eures Blutes geworden ist – so oder so ähnlich hatten meine Gedanken ausgesehen!

»Pass auf, Owen!«, schrie Maria plötzlich auf, als sich ihr Lebensgefährte jählings über den Rand unseres hüfthohen Dachgeländers beugte und mit einer Hand nach einer vorbeischwirrenden Mondmotte langte – zumindest soll es nach seinem Dafürhalten eine gewesen sein, obgleich das flatternde Etwas für mich eher nach einer Fledermaus aussah.

»Zeit zu gehen. Es war wunderschön«, sagte Maria schlicht und reizend, während sie meinen neu gewonnenen Freund mit dem Kopf voraus in Richtung des offenen Fensters manövrierte.

Nachdem wir unsere Gäste über die Treppen nach unten geleitet hatten, kehrten Jamie und ich noch einmal zu unserer Aussicht zurück. »Sieh nur, wie geruhsam und friedlich unser jetziges Leben ist«, sagte ich und hielt ihr dann einen kleinen Vortrag darüber, wie die Unterhaltungen hier, insbesondere die mit Owen, purer verbaler Kubismus seien, Lautmalereien, die mit beiläufigen Äußerungen durchsetzt werden, um dadurch immer wieder aufs Neue das in Worte zu kleiden, was so mühsam erscheint, einander mitzuteilen. »Sogar wie sie hier das Bier einschenken, hat etwas Poetisches«, beendete ich meine Ausführungen, während Jamie sich durch das Fenster wieder hinein ins Haus schwang. Sie hatte genug von meinem Gefasel.

Am folgenden Morgen verpasste mir meine schöne, liebevolle Frau einen kräftigen Rippenstoß. »He, aufwachen! Wir haben den Kindern einen Ausflug nach Clonakilty versprochen. Erinnerst du dich? Musikfestival und so weiter?«

»Aber ich fühle mich dem noch nicht gewachsen«, stöhnte ich und knautschte mein Kissen.

»Jetzt hör mal auf mit deinem irischen Getue«, kommandierte Jamie. Und ehe ich mich versah, hatte sie die Kinder und mich störrischen Esel ins Auto gepackt.

Nach etwa fünf Meilen wussten wir, dass die irische Poesie und die moderne irische Fahrweise nichts miteinander gemein hatten. In den Jahren zuvor hatten wir die holprigen Straßen mit Herden von Schafen geteilt, begleitet von gemächlich wiederkäuenden Kühen, die nahe an grasbewachsenen Straßenrändern standen. Aber das war, bevor durch den keltischen Tiger die jährliche Rate von Fahrzeugkäufen verfünffacht wurde, sodass die einst verschlafene grüne Insel in diesem Bereich europaweit eine Vorreiterrolle eingenommen hatte. Und wie unsere Gäste am Abend zuvor herausgestellt hatten, mussten die Bürger der Republik reichlich Steuern zahlen, um ein mobiles Gefährt ihr Eigen nennen zu dürfen – vor nicht allzu langer Zeit hätte man für diese Summe ein hübsches Cottage erwerben können. Dementsprechend legten viele Extraschichten ein, um ihre Autos abzubezahlen. Selbstverständlich mussten sie dann möglichst schnell und möglichst weit weg fahren, um sich von dieser Tortur zu erholen.

Wir waren also kaum auf das neue Chaos auf vier Rädern vorbereitet. Die Zeitungen schrieben zwar des Öfteren von stundenlangen Staus in Dublin und weniger langen in der Umgebung kleinerer Städte wie Limerick, Galway und Waterford, erwähnten aber nur sehr selten jene schwarzen Löcher, die, quer über die ganze Insel verteilt, jegliches Vorwärtskommen mit einem Schlag beenden – gemeint sind die Roundabouts. In England, Frankreich und Boston gibt es sie auch, aber die Kreisel in Irland sind ohnegleichen: Es geht hier zu wie beim Stierlauf in Pamplona.

Bis jetzt hatte uns der Linksverkehr keine großen Probleme bereitet, auch deshalb, weil wir meist zu Fuß unterwegs waren. Und zudem hatten wir noch nicht mit einer besonders wilden Variante eines Kreisverkehrs Bekanntschaft geschlossen, mit dem sogenannten Kinsale-Roundabout in Cork. Dieses ingenieurstechnische Wunderwerk verbindet die vier verkehrsreichsten Straßen in der ganzen County – die eine leitet Zehntausende von Autos durch den neuen Corker Hafentunnel, eine andere ist Hauptverkehrsader, um in den Süden zu gelangen, eine dritte ist die Verbindung zum Flughafen, der jährlich 1,9 Millionen Passagiere abfertigt, und die vierte ist eine vom Westen kommende Einfallstraße, auf der ein ewiges Durcheinander herrscht. Das runde Beet in der Mitte war eigentlich mit wunderschönen Blumen und Sträuchern bepflanzt, doch bei all den Hunderten von Fahrzeugen, die sich gleichzeitig hier sammelten, hatten wir beim besten Willen keinen Blick dafür.

»Was? Links halten? Links von wo?«, schrie ich Jamie an, als lärmender Verkehr auf zwei Fahrspuren an uns vorbeidrängelte, die sich im nächsten Moment ohne Vorwarnung auf eine Spur verengten.

Insgesamt zweimal umrundeten wir den Kreisel, hatten alle Mühe, die mysteriösen irischen Straßenschilder zu lesen, während ich das Steuer festhielt, als ginge es um unser Leben. Schließlich hatte ich mich auf eine Route gekämpft, die weniger befahren war. Doch die Erleichterung währte nicht lange. Die N71 war wie viele neue Nationalstraßen in Irland erstaunlich gut ausgebaut (dank der großzügig bemessenen Gelder der Europäischen Union) – jedenfalls auf einer Teilstrecke. Doch die Motorradfahrer hinter uns fuhren derart gefährlich dicht auf, gleich Luftwaffenpiloten, die etwas ins Visier fassten. Warum auch nicht? Radarfallen waren eine Ausnahme, und dichtes Auffahren war kein Verkehrsvergehen. Kein Wunder, dass Irland europaweit die zweithöchste Unfallrate mit tödlichem Ausgang zu verzeichnen hat, mehr als doppelt so viel wie Großbritannien, dreimal so viel wie Norwegen (wo viele Straßen monatelang vereist sind) und nur knapp weniger als Portugal, das für seine Haarnadelkurven bekannt ist. Laut Statistik liegt Irland auf Platz sieben, wenn es um die Gefährlichkeit für Autofahrer geht, wobei die ersten fünf Plätze entlegene Winkel der Dritten Welt einnehmen. Wie uns Owen McIntyre sagte, hat ein Viertel aller irischen Motorradfahrer nie Fahrstunden absolviert oder gar eine Fahrprüfung gemacht. Der allgegenwärtige L-Aufkleber auf vielen irischen Autos bedeutet »Learning Permit«, Lernzulassung, und die meisten sind schon seit Jahren an den Rückscheiben oder sonst wo angebracht, sodass sie von der nur selten scheinenden Sonne ausgebleicht sind. Im Verkehrsrechtssystem des Landes gibt es zudem endlos viele Gesetzeslücken. Als oberste zu befolgende Regel gilt: im Zweifelsfall auf die Tube drücken.

Vor Jahrhunderten waren die Kelten berühmt für ihre Viehraubzüge, bei denen ganze Banden weitgehend unbekleideter Menschen auf Pferderücken über arglose Nachbarn herfielen, denen sie unter wildem Geschrei eins überzogen, um dann mit einer Kuh als Beute davonzugaloppieren. Anschließend wurde ein nächtliches Festmahl bei Honigwein und bardischen Gesängen zelebriert, während die Kuh wieder zurück zu seinem Besitzer trottete, der am folgenden Abend dann ein ebenso ausgelassenes Fest feierte.

An jenem besagten Samstag also hatten sich Horden von Verkehrsteilnehmern fröhlich in dieses lebensgefährliche Ritual gestürzt – Anwälte in Jaguarlimousinen, Achtzehnjährige auf frisierten Motorrädern, alte Farmer in Klapperkisten, in denen sie gerade Schweine transportiert hatten. Und als sie gewahrten, dass wir eigentlich nur eine angenehme Fahrt genießen wollten, griffen sie plötzlich alle gleichzeitig an, blendeten auf, drückten auf die Hupen und beschleunigten bis nah an unseren Seitenspiegel, um dann endgültig zu einem Überholmanöver anzusetzen, mitten hinein in den entgegenkommenden Verkehr.

Mit Ach und Krach schafften wir schließlich die rund dreißig Meilen nach Clonakilty, einem beschaulichen Städtchen mit malerischen Häusern in hübschen Pastellfarben, die während der dunklen Wintermonate wohl die Stimmung aufhellen sollen – etwa Zinnoberrot, Aquamarin, Lavendelblau, Pflaumenblau und Pfirsichrosa, um nur einige der unglaublich vielen Farbtöne zu nennen, die einem in »Clon« sogleich ins Auge fallen. Gut ein Viertel der Behausungen sticht jedoch mit kräftigen Farben hervor, weshalb die Einheimischen in diesem Fall von den »Smartie-Häuschen« sprechen, weil sie aussehen wie die bunten Schokoladen-Smarties.

Dabei war das Leben in diesem Teil der Insel einst alles andere als rosig oder farbenfroh. Die Große Hungersnot hinterließ gerade im Westen Irlands ihre Spuren. Ein Corker Kaufmann namens Nicholas Cummins hielt 1846 in einem Brief an den Duke of Wellington ein paar dramatische Eindrücke aus dem nahe gelegenen Dorf Myross fest, das heute idyllischer nicht sein könnte. Cummins hätte auch über jede andere Gemeinde in dieser Region berichten können, in der skrupellose Grundherren mitten in der schlimmsten Not das Getreide immer noch nach England exportierten:

In der ersten (Hütte) lagen in einer Ecke auf verdrecktem Stroh sechs ausgehungerte, abgemagerte Gestalten, allem Anschein nach tot; die Sohlen schienen bedeckt mit zerschlissenem Pferdefilz, die klapperdürren Beine hingen herum, waren von den Knien an nackt. Ich näherte mich mit Schaudern und stellte an einem leisen Stöhnen fest, dass sie noch lebten; sie fieberten – vier Kinder, eine Frau und eine Person, die ich mit Mühe und Not als einen Mann identifizierte ... Es sei nur gesagt, dass ich binnen weniger Minuten von wenigstens zweihundert solcher gespenstischen Wesen umringt war, von solch fürchterlichen Erscheinungen, die zu beschreiben es keine Worte gibt. Der weit größte Teil fantasierte, vor Hunger oder vor Fieber. Die dämonischen Schreie hallen noch jetzt in meinen Ohren, und die schaurigen Figuren haben sich in mein Gehirn eingebrannt ... Meine Kleider wurden mir fast vom Leib gerissen bei meinen Versuchen, diesem abscheulichen Pack um mich herum zu entkommen, als ich plötzlich von hinten am Kragen gefasst wurde und mich zwangsläufig umdrehen musste – es war eine Frau mit einem Säugling im Arm, eben geboren, ein abgerissener, dreckiger Sack war alles, was sie um sich und das Kind gewickelt hatte. Am selben Morgen drang die Polizei in ein Haus auf einem angrenzenden Landstück ein, das aller Beobachtung nach seit vielen Tagen verschlossen geblieben war; zwei Leichen wurden auf dem verdreckten Boden gefunden, halb zerfressen von Ratten. Eine Mutter, selbst im Fieberwahn, sah man am selbigen Tag die Leiche eines Kindes herausschleifen ...

Clonakilty brachte, vielleicht gerade deshalb, den Anführer des irischen Unabhängigkeitskampfes hervor – Michael Collins. Er entschlüsselte das Nachrichtensystem des britischen Geheimdienstes, plante den Aufstand mit Überfällen aus dem Hinterhalt, Sabotageaktionen und Brandanschlägen, bei denen viele der herrschaftlichen Häuser der Angloiren in Flammen aufgingen. Ebenso rabiat wie charismatisch, befehligte Michael Collins auch brutale Überfälle auf zahlreiche Spione der Krone, während diese arglos schlafend in ihren Betten lagen. Für seine Generation war die Große Hungersnot erst *gestern*, und sie hatten daher keine Skrupel, es den Briten mit gleicher Münze heimzuzahlen – im Gegensatz zu dem engen Verhältnis der Briten und Amerikaner, wie es sich im dritten Irakkrieg gezeigt hatte. Aber Michael Collins war auch gezwungen, jene undankbaren Kompromisse auszuhandeln, die zur Bildung der irischen Republik führten. Der ausgehandelte Vertrag hatte jedoch den bitteren Beigeschmack, dass die Briten die Herrschaft über die gut »bewirtschafteten« (also die mit vornehmlich schottischen Farmern besiedelten) sechs protestantischen Countys in Nordirland behielten. Zu allem Unglück wurde Collins kurz darauf im Bürgerkrieg 1922 unweit von Clonakilty getötet. Er geriet in einen Hinterhalt, wo er zwischen die Fronten eines kurzen und heftigen Gemetzels geriet, bei dem IRA-Guerillas ihre eigenen Landsleute, Republikanhänger, attackierten, weil diese dem berüchtigten »Vertrag« zugestimmt hatten.

Das heutige Clonakilty, das war uns schnell klar, hatte die Vergangenheit und die Große Hungersnot weitestgehend abgeschüttelt. Es verkörperte vielmehr in bester Weise den Fortschritt der Republik und war ein erstaunlich florierender Ort mit blumengeschmückten Restaurants, modernen Läden und schmucken Gästehäusern, sodass die Gemeinde erst unlängst im landesweiten Wettbewerb den Titel »Die sauberste Stadt Irlands« gewonnen hatte. Direkt an der Hauptstraße liegt das O'Donovan's Hotel, stilvoll und komfortabel ist es um einiges reizvoller als die überhandnehmenden Billighotels verschiedener Franchiseunternehmen, die in viel zu vielen Ländern auf der Welt vertreten sind. Das O'Donovan's ist zudem stolz auf ein Café im asiatischen Stil im Innenhof, dort, wo einst irische Bauersfrauen den ganzen Tag lang beisammensaßen, Fisch häuteten und salzten für einen Tagelohn, der heute nicht mal mehr für einen Löffel mit gebratenem Reis reichen würde. Wir beschlossen, im Pub des Hotels einen stärkenden Drink zu uns zu nehmen, während die Kinder sich in der großzügigen Lobby umsahen.

Jamie und ich bestellten zwei Murphy's, eine mildere Variante des bekannteren Guinness, welches heute nicht mehr von der gleichnamigen überaus mächtigen Familie gebraut wird, sondern vom weltweit operierenden spanischen Getränkekonzern Diageo, der auch andere große internationale kulturelle Errungenschaften wie beispielsweise Burger King oder den amerikanischen Lebensmittelkonzern Pillsbury kontrolliert. Die Brauerei Murphy's ist heute im Besitz der niederländischen Brauerei Heineken, die mit »Heineken Irland« ihre Marktstellung verbessert hat. Diese Übernahme war in etwa so spektakulär wie seinerzeit jene, als Japaner in den Achtzigerjahren das Rockefeller Center kauften. In beiden Fällen hatte sich aber niemand beklagt. Das ist eben Fortschritt!

Anschließend gingen wir mit den Kindern in das Café, wo wir uns an der Selbstbedienungstheke bergeweise gebratenen Fisch und knusprige Chicken Nuggets aufluden, die in Irland *gougons* heißen, dazu jede Menge Pommes frites, die auf keinen Fall fehlen durften. Die junge Kassiererin wartete teilnahmslos, bis wir mit der Auswahl fertig waren.

»Geht's Ihnen gut?«, fragte die Frau, was mein vom Straßenverkehr in Mitleidenschaft gezogenes Nervenkostüm nicht gerade aufbaute. Sah man uns etwa an, dass wir am Ende waren? Dieser kurze Satz verwirrte mich, zumal in einem Land, wo vielfach große Worte an der Tagesordnung sind. Da trifft eine solch gedankenlos gesagte Äußerung mitten ins Mark. In den vergangenen Wochen hatten wir Floskeln wie diese des Öfteren gehört, und zwar in verschiedenen Geschäften, wenn ein Kunde sich mit Mengen von teurer Kleidung oder Spielzeug der Kasse näherte. In den meisten anderen Ländern der Welt wird man kaum gefragt: »Geht's Ihnen gut?«, wenn man bündelweise Geldscheine über den Ladentisch schiebt. Vielmehr hört man dann ein freundliches »Kann ich Ihnen behilflich sein?«. Wir fragten uns daher allen Ernstes, ob die Frage »Geht's Ihnen gut?« nicht doch so viel bedeuten soll wie »Warum zum Teufel behelligst du mich überhaupt?«.

»Mir geht's prima. Und Ihnen?«, sagte ich und wartete auf eine Reaktion, auf eine knappe Antwort mit höchstens zwei Worten. Der stets achtsamen Jamie, die meine inneren Regungen in- und auswendig kannte, entging der feine Sarkasmus meiner Bemerkung nicht, und ich erntete böse Blicke. Natürlich gibt es überall auf der Welt massenweise Varianten dieser Wie-geht-es?-Floskel, und vielerorts wird sie auch freundlich erwidert. Nur in Irland war das scheinbar nicht möglich. Da ist sie purer Bluff und suggeriert ein wenig vom ewigen irischen Elend.

»Geht so«, sagte die Angestellte, wie von mir erwartet. Das war die irische Standardantwort, die auf Fragen nach dem persönlichen Befinden unausweichlich folgt. Immerhin lässt sich dieser kurz dahingeworfenen Bemerkung entnehmen, dass derjenige, der sie von sich gibt, weder scheintot noch von einfallenden Nordländern niedergemetzelt oder von Typhus befallen ist und damit also durchaus imstande wäre, einer weiteren möglichen Hungersnot zu entfliehen. Und genau das meinte ich: Die karge Antwort ist Ausdruck einer stoischen Hinnahme der Bürden dieses Lebens, welche ein jeder mit allen anderen Bewohnern dieses gottverlassenen, feuchten Morasts von Insel teilt. »Geht so« – so viel habe ich inzwischen gelernt – wird niemals mit einem Lächeln erwidert. Denn es soll nur eines beweisen, dass das Elend einen im Griff hat – obgleich öffentliche Umfragen belegen, dass die Iren heute zu den glücklichsten und optimistischsten Menschen Europas zählen. Die Floskel ist also zweifelsohne ein Relikt aus der dunklen Post-Hungersnot-Psychologie, die sich dem fröhlichen »Smartie«-Zeitalter nie angepasst hat.

Das Essen half mir aus meinem Stimmungstief. Als wir das Café verließen, hatten wir den Wahnsinn auf den Straßen vergessen. Dank der Verkehrsumleitung wegen des Musikfestivals war die Hauptstraße von Clonakilty voll von Fußgängern. In dichten Trauben hingen sie vor den Fenstern eines alten Pubs namens De Barra's, wo der berühmteste Stammgast und regelmäßige Freitagabendunterhalter, Noel Redding, auf dem Programm stand. Früher war er Bassgitarrist bei der Gruppe Jimi Hendrix Experience gewesen. Jetzt saßen drei Folkmusiker auf Barhockern mitten auf dem Gehsteig, geschniegelt wie Bankiers, und stimmten ihre weniger exzentrischen Fiedeln. Wie sich herausstellte, ging es in dem Song, den wir gerade hörten, um eine Reihe von Briefen, die ein todunglücklicher Vater seinem Sohn schrieb, der 1860 nach Boston ausgewandert war und seine Eltern nie mehr wiedersah. So wie ihm erging es damals Millionen in der irischen Diaspora. Das Lied hätte ebenso gut auch Owen Monaghan gewidmet sein können, einem Urahn meines kleinen Sohnes, den ich mir auf die Schultern gehievt hatte, damit er das Geschehen besser verfolgen konnte. Owen Monaghan hatte 1844 die County Monaghan für immer verlassen, um zwanzig Meilen von Boston entfernt in einer Fabrik hart zu schuften. Der Song hätte auch all den anderen gelten können, die es nach Australien, Südafrika, Argentinien, Ontario oder sonst wohin verschlagen hatte und die nie mehr in ihre Heimat zurückkehrten.

Die Ballade über diesen Exodus aus Orten wie Clonakilty war so herzergreifend, die sehnsuchtsvollen Klänge der Fiedeln so qualvoll, dass ich mir ein paar Tränen wegwischte. Jamie erging es nicht anders. Laura sah uns beide abwechselnd an, sie hatte bemerkt, wie ergriffen wir waren. Sogar Harris stierte wehmütig vor sich hin. Hier also, meine lieben Kinder, liegen weitere Wurzeln eurer ureigenen Vergangenheit, dachte ich im Stillen. Die Hingabe, mit der die Geschichte des Landes wortreich und lyrisch besungen wurde, im klangvollen Bariton des Sängers, und die die Menge in Verzücktheit versetzte, empfand ich als sehr beruhigend, als ein Zeichen, dass selbst die jungen Iren heute von der tragischen Poesie ihrer Vergangenheit durchdrungen sind.

An diesem heiteren Nachmittag hatte die Band namens Natural Gas aber offenbar nicht vor, nur traurige Songs zu spielen. In der nächsten Darbietung ging es um den allgemeinen Verdruss der Pubmusiker, wenn ihre Stücke beim Publikum auf taube Ohren stießen, weshalb gleich in der ersten Zeile von der Banalität großmäuliger Saufbolde die Rede war.

»Hey you with the head! Put down your bloody bohdran! Pick up your pint instead!« (»He, du da, leg deine scheiß Bohdran aus der Hand! Nimm lieber ein Pint!«) – mit diesen Worten fing das Stück an. Die Bohdran ist eine tambourinähnliche Handtrommel (ausgesprochen: BOU-ron), die in keiner irischen Folkband fehlen darf.

Bei diesen Klängen drängte ein seltsam aussehender, dunkeläugiger Mann aus der Menge nach vorn: Er trug ein rot-weiß gestreiftes Shirt, eine knallgelbe Krawatte und breite Hosenträger, die eine weite Clownshose hielten. Er schien in Tagträumereien zu schwelgen, bewegte seine Arme im Schmetterlingsstil, als ob er sich in seiner Fantasiewelt durch hohe Wellen kämpfen müsse. Sein Mund öffnete und schloss sich die ganze Zeit wie bei einem Fisch, seine Füße stakten mal hierhin, mal dorthin, als ob in seiner Hose Stelzen steckten. Aus Gründen, die sich wahrscheinlich nur den Einheimischen von Clonakilty erschlossen, hieß dieser Stegreif-

Entertainer – dessen Gesicht unbewegt blieb wie bei einem Schauspieler im japanischen Nō-Theater – Chicken George. Er galt, wenn er gerade mal nicht Theater spielte, als großartiger Gesprächspartner. Doch kuriose Widersprüche sind im modernen Irland die Regel. Das De Barra's war einst auch ein beliebter Treffpunkt von David Bowie und Paul McCartney. Man musste diesen Ort einfach lieben!

Mitten in der Menge vor dem Pub sichtete ich einen Coven, einen Hexenzirkel, dem sich vorrangig Anhänger alter heidnischer Religionen anschließen. Diese Leute waren barfüßig, trugen braunes Sackleinen und zottige Haartrachten. Die Frauen, mit geschwärzten Zähnen und blauen, auf die Wangen aufgemalten Schnörkeln, glichen hundertjährigen Hexen und gaben entsprechend fremde Laute von sich. Die Männer hatten noch hässlichere Gesichter und trugen riesige, drei Meter lange spitze Stäbe.

»Mit den Festivals wird heute wirklich übertrieben«, flüsterte ich meiner Frau zu. Jedes Dorf, das genug Kinder hat, um eine Schule zu füllen, marschiert mit einer Reihe von Sommerfestivals auf; größere Ortschaften feiern gar neun Monate lang diverse Festivitäten – Volksfeste, Musikfeste, Farmfeste, Tanzfeste, Jazzfeste, Filmfeste, Chorfeste, Kunstfeste, Literaturfeste, Kulturfeste, Eheanbahnungsfeste, Mittsommernachtsfeste, Frühlingsfeste und Herbstfeste. Ein bunter Reigen folgt auf den nächsten, sodass man leicht das Gefühl bekommt, die fröhlichen Festbesucher schlüpfen einfach hinter dem nächsten Hügel in ein neues Kostüm, um dann wie kriegerische Komantschen in einem weiteren Festivaldorf einzufallen.

»Ein Haufen *Crusties*«, meinte Jamie und benutzte das irische Wort, das während der Achtzigerjahre aufkam und sich auf umherziehende New-Age-Anhänger bezog, sogenannte Festivalhopper.

Kein Zweifel. Vor nicht allzu langer Zeit wimmelte es im Westen Irlands von Bewohnern, die in einer zeitlosen Welt lebten und denen

Gott, der Schöpfer, jede Menge Traumbilder einzuhauchen schien. Die Wellen schwappten furchterregend gegen Felsklippen, und viele hörten die schrecklichen Schreie der Todesfee. Eine Frau starb jung, und ihr Geliebter sah für den Rest seiner tristen Jahre ihr Bild im Mondenschein. Dieser New-Age-Geist ist auch in heutiger Zeit im Herzen vieler Iren lebendig, denen überall Fantasiegestalten begegnen – oder die solches zumindest versuchen. Nicht selten erkennt man sie daran, dass sie im Schneidersitz vor irgendwelchen Steinhütten der Erleuchtung harren, der Weg dorthin, *boreen* genannt, ist von Brombeeren überwuchert, klein und verschlungen, damit Zwerge, Gnome und Elfen in diesem Geflecht wohnen können. Nebenbei gemerkt: Auch mitten in Cork gibt es eine große Allee, die den Namen Boreenmanna Road trägt, was so viel heißt wie »Kleine Groß-Weg-Straße«.

Bei diesem Stöcke schwingenden, krakeelenden Haufen vor dem Pub handelte es sich zweifelsohne um Crusties, die sich danach sehnten, in das Land ihrer Ahnen zurückzukehren. Scharen von New-Age-Fantasten brachen in den Achtzigern zu geheimen, mystischen Orten in Irlands Westen auf, um in ein spirituelles Leben einzutauchen, das ihrer Meinung nach erfüllter war als das in den übervölkerten Städten Großbritanniens, der Niederlande und Deutschlands. Mittlerweile haben sich viele der Crusties an das moderne Leben angepasst, erzeugen hervorragende Ökoprodukte wie Käse oder Gemüse, fertigen Körbe und Tonwaren oder sind als Wünschelrutengänger Wasseradern auf der Spur. Die Nachwuchsgeneration dieser Esoteriker im Rasta-Look ist in Corks Straßen zu entdecken, sie trommelt mit irritierender Eintönigkeit auf Bongos herum und tanzt dazu. So wie eine Truppe namens Skibbamba, die in gebatikten Pyjamas stundenlang auf einem Fleck herumwirbelt, dazwischen Mütter samt kleinen Kindern, deren Köpfe im Gleichtakt des Trommelschlags hin- und hergeworfen werden. Wem das gefällt, der kann die Skibbambas privat für eine Party buchen, was ich vergangene Woche Laura versprach, allerdings erst zu ihrer Hochzeit in, na ja, so ein bis zwei Jahrzehnten vielleicht.

»Finde ich gar nicht lustig, Dad«, erwiderte sie empört. Doch die Einheimischen von West Cork scheinen sich angesichts dieser Exoten zu helfen zu wissen. So etwa ertrug Clonakilty unlängst einen musikalischen Dauergast aus Kalifornien, der ansonsten ruhige Straßen mit krächzenden Hymnen beschallte, welche Gott ausdrücklich für die Iren geschaffen hatte, damit sie sich alles Leid über das schlechte Wetter und das beschwerliche Leben von der Seele singen können. Zu allem Unglück fing er auch noch an, einen Vortrag über »Die wahre Bedeutung des Wassermannzeitalters« anzukündigen. Doch als die angesagte Stunde der Erleuchtung gekommen war, fand sich kein Bürger der Stadt dazu ein – so einfach macht man das in Cork. Und der Mann verschwand auf Nimmerwiedersehen.

In heutigen Zeiten sind Ausländer in Irland sehr präsent, etwa Schauspieler Jeremy Irons, der kürzlich sein Schloss in Cork rosa streichen ließ, oder Keith Richards von den Rolling Stones, der in den Wicklow Mountains Buddha spielt. Auch Schweizer Bonzen findet man hier, die in den Achtzigerjahren außerhalb von Skibberreen ein Anwesen kauften, als Zuflucht für ihre Regierung, um einem möglichen Atomkrieg zu entkommen. Ganz in der Nähe von Clonakilty gibt es eine Schule, in deren vier Räumen siebzig Schulkinder aus neun verschiedenen Ländern unterrichtet werden, darunter Kinder einer Familie, die unlängst aus dem Not leidenden Simbabwe geflohen waren. Wir kannten die Familie über gemeinsame Bekannte. Sie lebte jetzt in einem gemieteten Farmhaus. Und so beschlossen wir, sie auf dem Rückweg nach Cork zu besuchen – und platzten mitten in eine Party hinein. Junge Holländer mit kahl rasierten Köpfen machten auf ihren E-Gitarren im Innern des Hauses einen Höllenlärm, doch außerhalb des Farmgebäudes ging es etwas ruhiger zu. Dort begegneten wir einem vornehmen englischen Autor, dessen Erstlingswerk von dem Bankraub handelte, den er nach seinem Studium in Oxford beging. Wir waren beeindruckt. Gleich darauf schlenderte eine junge Frau auf uns zu, mit dunklen, geflochtenen Zöpfchen, Wangengrübchen und einem Bauchnabelring. Una hieß sie. Wie sich herausstellte, war sie auf einem Hausboot aufgewachsen, bei ihrer Mutter in Amerika, einer Blechflötenspielerin.

»Interessant«, sagte ich. »Und wo wohnt sie jetzt?«

»Nun, heute studiert meine Mutter Theologie und wohnt in einem kleinen Nest namens Cornwall in Connecticut.«

Schallend lachte ich los. »Una, deine Mutter saß schon bei uns zu Hause am Tisch.«

Ach, du glücklicher Zufall – Irland ist dein gepriesener Name!

8

Der September näherte sich und damit der erste Schultag. »Hey, ihr Mützen, auf geht's.« Mit diesen Worten holte ich die fest schlafenden Jungen aus ihren Betten.

Für sie war es der erste Schultag in einem fremden Land, ein schicksalhafter Morgen und wie für alle Schulkinder natürlich ein unleidlicher noch dazu. Doch unsere geliebten Jungen, Gott schütze sie, würden nicht nur die Neuen in der Klasse sein, was für jedes Kind allein schon eine schreckliche Vorstellung ist. Sie mussten vielmehr einen weiteren Initiationsritus überstehen, sich in einem gänzlich fremden Umfeld in ihren ungewohnten Uniformen von allen Seiten bedrängen und begaffen lassen. Selbst in der vertrauten amerikanischen Welt hatte sich Harris bei seiner Einschulung an mein Bein gehängt und sich standhaft geweigert, es loszulassen, als ich ihn in seine Klasse begleitete – ein traumatischer Tag für ihn, an dem er zweimal Reißaus nahm und ich ihn jedes Mal wieder zurückbringen musste. Insofern war es nichts Neues, wenn er jetzt »nur noch ganz kurz« an seiner Legokreation neben seinem Kissen herumbasteln wollte.

Ganz anders Owen: Er liebt jede Veränderung, die ihn herausfordert, nichts erscheint ihm interessanter, als Experimente einzugehen. Seit seinem zweiten Lebensjahr ist er fasziniert davon, wie all die Dinge des Daseins miteinander zusammenhängen. Erst vor kurzem hatte er eine Büroklammer auseinandergebogen und die beiden Enden in eine Steckdose gesteckt, um sich der Spannungsführung elektrischer Stromkreise zu vergewissern. Er fand es auch nur halb so wild, dass seine Finger dabei wellig wurden wie ein

Stück Grillfleisch. Owen hatte herausgefunden, was er wissen wollte, und heulte nicht. Insofern konnte er seinen ersten Tag an der neuen irischen Schule kaum erwarten, war sogar richtig versessen darauf, die Sprache seiner Vorväter zu erlernen.

Zum Frühstück gab es Porridge – was sonst. Anschließend schlüpften meine beiden Söhne etwas unbeholfen in die neue Uniform: graue Hose, weißes Polyesterhemd, schwarze, klobige Schuhe. Zum Schluss wurden noch die gestreifte Krawatte geknotet und das schwarze Jackett übergezogen, das mit den unbezahlbaren goldenen Paspelierungen und dem Schulwappen an den Brusttaschen veredelt war. Danach versammelten wir die Kinder vor der Haustür zu einem Foto, für das sogar Laura – die erst einen Tag später zu ihrer etwas entfernt gelegenen Schule musste –, wenn auch etwas widerwillig, in ihre Uniform gestiegen war: schwarze Strumpfhose, grauer Rock, rote Bluse, gestreifte Krawatte. Ihr erdbeerrotes Haar fiel über die Schultern ihres Blazers. Uniform hin oder her, die Frage war vielmehr, ob die schulische Strenge in Irland, die tiefe Religiosität und das starke Festhalten an grundsätzlichen Werten unseren Kindern nicht Tausende von emotionalen Toden bescheren oder der Erweiterung ihres Horizonts doch nützlich sein würden.

So ganz im Klaren waren wir uns darüber nicht. Gut, ich hatte mir im Vorfeld neun verschiedene Schulen angesehen, mir dann die Augen verbunden, mich dreimal im Kreis gedreht und anschließend wahllos eine Stecknadel auf eine der neun Schulen gestochen, die ich auf ein Blatt Papier geschrieben hatte – und sie traf das College der Christian Brothers, einer christlichen Ordensgemeinschaft. Außerdem hörten wir von allen Seiten, dass das Niveau dieser Privatschule, die nur zehn Gehminuten von unserem Haus entfernt lag, erstklassig sei. Die gesellschaftliche Oberschicht von Cork ging auf sie, die einst reichen Kaufmannssöhnen vorbehalten war, welche von der Großen Hungersnot natürlich nicht geplagt gewesen waren. Auf der anderen Seite beklagten ehemalige Zöglinge des Christian Brothers College bis heute die willkürliche Erniedrigung und harte körperliche Züchtigung, die sie durchleiden mussten. »Aber es hat uns bestimmt nicht geschadet«, fügten sie im nächsten Atemzug hinzu. »Ich hätte keinen Strich gelernt, wenn ich nicht genügend Angst vor meinen Lehrern gehabt hätte«, erzählte uns einmal ein Freund, der diese renommierte Schule genossen hatte.

Heute war der Rektor der Grundschule des Christian Brothers College, ehemals eine Domäne zölibatärer Priester, immerhin eine Frau mittleren Alters. Sie war von einer bezaubernden Herzlichkeit, später erfuhren wir, dass sie unlängst ihren kleinen Sohn verloren hatte. Síle Hayes zeigte sich überaus engagiert, hatte uns am Tag nach unserer Ankunft in Cork sogar einen persönlichen Besuch abgestattet, um uns willkommen zu heißen. Ihre Erscheinung hatte etwas Beruhigendes, das war nicht unwichtig, da der Orden der Christian Brothers, der in den Achtzigerjahren durch Pädophilieskandale schwer in Verruf geraten war, in den vergangenen fünf Jahren keinen einzigen neuen Zögling gewinnen konnte. Heute gehört keine einzige Lehrkraft am College mehr der Ordensgemeinschaft an.

Wir fuhren die Wellington Road hinunter, in der es nur so wimmelte von zukünftigen keltischen Geistesgrößen. Mütter und Väter lieferten ihre Sprösslinge eigenhändig ab, begleiteten sie bis zum Start dieser neuen Lebensphase, der an vier Schulen im Umkreis von vierhundert Metern gleichzeitig erfolgte. Viele waren in den letzten Minuten des Abschiednehmens so gerührt, dass sie mitten auf der Straße, auf Gehsteigen oder an zentralen Kreuzungen parkten und kein Auge mehr für die Autos hatten, die hinter ihnen eine lange Schlange bildeten. Nichts ging mehr, einzig das Chaos regierte. Doch die Einheimischen nahmen diese missliche Lage mit unerschütterlicher Gelassenheit hin, hupten nicht einmal, schrien auch nicht, drückten vielmehr die Tasten ihrer Mobiltelefone, um sich mit anderen Eltern über das Durcheinander auszutauschen, von denen die Hälfte wahrscheinlich nur wenige Meter entfernt von ihnen ebenfalls festsaß. In diesem Moment tauchte ein *garda*, ein Polizist, in unserem Blickfeld auf (im Gegensatz zu *gardaí*, ein Ausdruck, der die seltene Erscheinung von zwei oder mehr dieser Sicherheitskräfte an einem Ort bezeichnet). Allerdings war bald erkennbar, dass er nicht vorhatte, in irgendeiner Form seines Amtes zu walten. Stattdessen plauderte er durch das offene Seitenfenster gemütlich mit einem Freund, den er im Auto unmittelbar vor uns erspäht hatte. Zähe Geduld und Nachsicht gehören bis heute zu den irischen Tugenden, nach dem Motto: »Es wird sich schon alles fügen, wenn man nur ruhig abwartet.« Etwas anderes blieb auch unseren zappeligen Söhnen im Moment nicht übrig, selbst wenn ihnen fast schon der Geduldsfaden riss.

So fügten wir uns in den Lauf der Dinge, parkten schließlich in zweiter Reihe und geleiteten unseren Nachwuchs in eine lagerhausgroße Empfangshalle, wo ein grausiges Gemälde des *Letzten Abendmahles* mit Sicherheit nicht gerade beruhigend auf die aufgeregte Schar von an die zweihundert fünf- bis zwölfjährigen Jungen wirkte. Amüsiert schlugen Jamie und ich die Arme übereinander und harrten der üblichen Willkommensreden zum ersten Schultag, wie wir sie seit etlichen Jahren kannten.

Doch die Pädagogen hierzulande schlugen dieser Erwartung ein kleines Schnippchen: Sie blieben einfach stumm. Ich sah nach unten, betrachtete eine Weile erst meine, dann Jamies Schuhe. Nun gut, ich fand ihre Füße schon immer ganz hübsch, aber viel Neues gab es da nicht zu entdecken. Mittlerweile musterten sich Lehrer und Schüler mit gegenseitiger Scheu, und man konnte sich förmlich vorstellen, wie bereits die ersten mit Spucke getränkten Papierkügelchen geknetet wurden. Plötzlich zerriss ein lauter Pfiff die gespannte Ruhe, so ohrenbetäubend schrill wie zum Appell in Alcatraz oder Sing Sing. Ich sah Harris an – und Harris sah mich an. Lass mich hier bloß nicht allein, sagten seine Augen, die ein einziges Flehen waren. Doch der Pfiff enthielt eine unmissverständliche Botschaft an die Eltern: Sie sollten abrücken!

»Was sie über ganzheitliche Erziehungsmethoden sagten, gefiel mir eigentlich ganz gut«, sagte ich in meiner Verwirrung zu Jamie auf dem Weg hinaus.

Meine Frau blickte mich an, als wollte sie mir eins über den Kopf ziehen. »Für deinen Sarkasmus ist jetzt nicht der richtige Moment. Ich hoffe nur, dass du einigermaßen bei Verstand warst, als du diese Schule ausgesucht hast«, sagte sie wütend, wobei ihr eine kleine Träne über die Wange rann.

Am folgenden Tag war dann Laura an der Reihe, und wir begleiteten sie in die altehrwürdige, seit 361 Jahren bestehende Bandon Grammar School. Diese Schule ist eine gemischte Mittelschule für zwölf- bis achtzehnjährige Schüler und Schülerinnen. In Irland besuchen die Kinder von der siebten Schulklasse an die Highschool, da sie dann offenbar die nötige Reife haben, ein weites Fächerspektrum zu bewältigen, darunter Fremdsprachen, höhere Mathematik, Erdkunde und Geschichte. Das ist um einiges mehr, als den Kindern in den amerikanischen Mittelschulen abverlangt wird, wo sie sehr viel langsamer an Lehrstoffe herangeführt werden.

Naomi Jackson, eine aufgeweckte Nichte von Bun, hatte uns ihre einstige Lehranstalt wärmstens empfohlen, ohne einen Gedanken an die logistische Herausforderung zu verschwenden, Laura jeden Tag in aller Herrgottsfrühe die knapp fünfzehn Meilen in die stets verstopfte Kleinstadt Bandon zu befördern. Das war ungefähr so, wie wenn man Eltern im amerikanischen Baltimore von einer Schule in Washington, D.C., vorschwärmen würde.

Laut der Schulbroschüre sollte Bandon etwa zwanzig Minuten Fahrzeit von Cork entfernt liegen, doch die Realität sah anders aus. Nachdem wir etwa eine halbe Stunde mit einer entnervten Laura auf dem Rücksitz unterwegs waren, kamen wir zu einem Roundabout, der passenderweise »Half Way« hieß, der für irische Verhältnisse aber insofern bemerkenswert war, als die Zubringerstraßen rund um den Kreisel wie leer gefegt waren. Kein Auto fuhr auf den oder aus dem Ring, der normalerweise den motorisierten Wahnsinn regelte. Zudem war der Kreis sehr hübsch angelegt. Vielleicht hatte man ein paar Auszubildenden die Möglichkeit gegeben, sich an diesem verlassenen Fleckchen Erde mit ihren gärtnerischen Ideen auszutoben. Etwas anderes konnte ich mir nicht vorstellen. Was sich zu jenem Zeitpunkt unserer Kenntnis entzog, war, dass Spekulanten in einer Nacht-und-Nebel-Aktion in dieser Gegend eine Reihe von Farmen erworben hatten, die auf dem Boden eines 800 Millionen Pfund schweren Erschließungsplans lagen, um eine Stadt für zehntausend Einwohner, zusammengepfercht auf sechzehn Hektar, aus dem Boden zu stampfen.

Ein paar Meilen weiter verengte sich die Straße abrupt und führte durch das Dorf Inishannon, das 1921 zum Schauplatz wiederholter und gescheiterter Angriffe durch die IRA geworden war, die hier versucht hatte, die Quartiere der britischen Polizei in die Luft zu sprengen. Jeder Versuch missglückte, platzte wie eine Vision aus einem *Road-Runner*-Comic, doch andernorts wurden 315 dieser Außenposten der Krone erfolgreich bombardiert und niedergebrannt. Einer Aktion gilt die besondere Aufmerksamkeit der Historiker, der einer schlecht ausgerüsteten IRA-Einheit unter dem einundzwanzigjährigen Tom Barry. Seine Truppe lockte eine britische Patrouille auf ein morastiges Gebiet bei Kilmichael, wo sie jeden Mann tötete. Dieses Scharmützel wird gemeinhin als Wendepunkt des irischen Unabhängigkeitskampfes gefeiert.

Im Gegensatz zum kargen Boden im äußersten Westen Irlands war der fruchtbare Boden in diesem Teil Corks seit jeher begehrt, auch bei den Angloiren, den neuen Siedlern aus England. Im 17. und 18. Jahrhundert annektierte der herrschende Landadel systematisch die fruchtbarsten Landparzellen der ansässigen katholischen Bauernschaft, indem sie sie mit einer harten Abgabepolitik während und nach der großen Hungersnot größtenteils ausbluten ließ. Der angloirische Landadel machte sich die Unterwürfigkeit bettelarmer Maurer zunutze, die für einen Penny am Tag schufteten, und ließ immer mehr kultivierte Flächen im Umland der herrschaftlichen Residenzen im georgianischen Stil umfrieden, wodurch die Einheimischen immer weiter in die kaum urbar zu machenden Landstriche zurückgedrängt wurden. Das einfache protestantische Volk von Bandon, der einst ummauerten Garnisonsstadt vier Meilen hinter Inishannon, nahm dies klaglos hin. Die Katholiken waren ihnen derart verhasst, dass es von der Stadt hieß: »Bandon, wo selbst die Schweine protestantisch sind.« Das wertvolle Vieh der Bauern durfte auch nachts auf satten Weiden im städtischen Umland grasen, während deren Besitzer bei Einbruch der Dunkelheit ins Hinterland verbannt wurden.

In den Werbebroschüren der Bandon Grammar School ist nichts davon zu lesen, dass auf einem Schild an den Toren der Stadt einst die Worte prangten: »Für Katholiken, Freidenker und Dissidenten verboten. Zutritt nur für protestantische Ehrenmänner!« Irgendwann kritzelte ein Andersdenkender folgende Worte daneben: »Wer immer das schrieb, er fand treffende Worte, denn die stehen auch an den Toren zur Hölle.«

Noch vor einer Generation wäre kein Katholik der Republik Irland auf die Idee gekommen, sein Kind auf eine Schule mit protestantischer Tradition wie die Bandon Grammar School zu schicken. Und ganz abgesehen davon, wäre auch kein katholisches Kind dort aufgenommen worden. Es dauerte auch nicht lange, da wurde Laura von einer ihrer neuen Freundinnen beiseite genommen und bekam den wohlmeinenden Rat, ihren Klassenkameraden nie zu erzählen, dass sie katholisch erzogen wurde – »papistisch«, wie man es in der Irischen Republik einst nannte und noch heute in Nordirland als Bezeichnung verwendet. Im südlichen Irland, wo protestantische Eliteschulen sich früher gerne als »nichtkonfessionell« bezeichneten und heute 30 Prozent oder mehr ihrer Schüler aus der einst so geschmähten katholischen Masse beziehen, sind die tiefen religiösen Gräben kaum mehr spürbar. Im unruhigen Norden der Insel jedoch herrscht eine ganz andere Situation: Protestantische Mütter bewerfen katholische mit Steinen oder bespucken sie, wenn diese in Ardoyne, einem Stadtviertel in Nordbelfast, ihre Kinder durch das protestantische Viertel zur Schule begleiten.

In der Republik hingegen erregen konfessionelle Unterschiede heutzutage kaum mehr Beachtung, obgleich die förmlichen Protestanten sehr wohl einige unverwechselbare Eigenschaften haben. So etwa scheinen sie von Natur aus sehr organisiert und respektvoll, auch im Umgang mit Obrigkeiten, was mit ein Grund dafür sein dürfte, dass sie sich im heillosen Verkehrschaos leichter zurechtfinden als Papisten.

Im Schneckentempo ging es nun weiter über die verstopfte Straße zum rund achtundzwanzig Hektar großen Campus der Bandon Grammar School. Zusätzlich behinderten zahllose Bodenwellen unser Fortkommen, aber immerhin hielten die Leute nicht mitten auf der Straße an, um mit dem Nachbarn einen kleinen Schwatz zu halten.

Laura wirkte nervös, was sehr befremdlich war. Schließlich hatte sie sich im Winter zuvor in einem Eishockeyteam mit neunzehn Jungen bewiesen, in dem außer ihr nur noch ein anderes Mädchen spielte. Und sie war schon mit sechs Jahren auf Pferden geritten, die fünfmal größer waren als sie selbst. Zudem hatte sie in Aufführungen des Schultheaters schon etliche Hauptrollen gespielt, in Aulen, in die kaum noch jemand hineinpasste. Vereiste Skipisten für Fortgeschrittene wurden ebenfalls von ihr mit links bewältigt, obwohl sie nicht sonderlich sportlich war. Laura, unsere Kleine, war stolz darauf, immer forsch und mutig alles auszuprobieren. Aber was würde sie hier erwarten? Wo brachten wir sie hin? Vor wenigen Wochen hatte sie ihre neue Schule im Beisein des jungen Rektors kurz besichtigt. Doch da war das Schulgebäude im Gegensatz zu heute leer. Nun stiegen fünfundsiebzig »Erstklässler« aus zahllosen Autos, alle geschniegelt und gestriegelt und in perfekt sitzenden Uniformen, zaghafte Blicke nach links und rechts werfend.

Wir parkten unweit eines bescheiden daherkommenden Außengebäudes, das fächerartig versetzt hinter den etwas baufälligen, früheren Herrenhäusern lag, welche einst, wie alles in Bandon, dem Duke of Devonshire gehörten. Das Hauptgebäude war schon vor langer Zeit umgebaut worden, in ihm befanden sich die Klassenzimmer, Speisesaal, Bibliothek sowie im oberen Stockwerk die beengten Schlafsäle für die Mädchen, die hier als Internatszöglinge angemeldet waren. Die Bandon Grammar School verfügte daneben über außerordentliche Sportanlagen: einen allgemeinen Sportplatz mit Flutlichtanlage und Regendach, einen speziellen Fußballplatz, Tennisplätze sowie eine größere Sporthalle. Der ganze Komplex lag sehr beschaulich auf einem malerischen, von Kühen bewohnten Hügel, wies aber keinerlei Ähnlichkeit mit den bombastisch, im imitierten gotischen Stil angelegten Schulanlagen auf, wie man sie von elitären Privatschulen in den USA oder England kennt. Zu unserer Erleichterung verlangte die Grammar School in Bandon nur einen Bruchteil des Schulgelds von dem, was in anderen Ländern zu zahlen ist. Trotzdem schien die Unterrichtsqualität nicht zu Lasten der Schüler zu gehen, zumindest nicht bei erster Betrachtung.

Viele der ankommenden Eltern und Schüler sprachen mit einem rollenden Akzent, dem »West-Brit«-Akzent, wie man in Irland sagt, und der typisch ist für das Englisch der ersten und zweiten Generation der Angloiren auf der Grünen Insel, die auch heute noch die stattlichsten Landhäuser in diesem Teil der Insel bewohnen. Kaum eines der Kinder hatte den Singsang des Corker Akzents in der Stimme, den wir so liebten. Doch wie sie so hintereinander in die Aula strömten, schienen sie verunsichert wie alle Kinder, die mit ihrem ersten Tag an einer neuen Schule zu kämpfen haben. Nach wenigen Minuten hatte sich der Schuldirektor Gehör verschafft, und meine Trommelfelle waren auf einen weiteren ohrenbetäubenden Pfiff gefasst. Zum Glück blieb der aus. Wir schoben uns nach vorn, wo ein Mädchen ganz allein saß und aussah, als wünsche es sich weit fort. Genau wie Laura hatte es erdbeerrote Haare und Sommersprossen. »Die sieht aus wie du, Laura. Setz dich neben sie, und mach ihr ein wenig Mut«, munterte ich meine Tochter auf. Wie sich herausstellte, war das Mädchen aus England, auch wenn es – bis auf Laura – so irisch aussah wie sonst kein anderes Kind in diesem Raum. Die beiden kamen schnell miteinander zurecht. Und als Laura erst einmal neben ihrer neuen Freundin saß, hatte sie auch keinen Blick mehr für diese seltsamen Wesen hinter ihr, die ihre Erzeuger waren. Unsere Kleine war definitiv dabei, flügge zu werden.

Alle drei Sprösslinge hatten wir nun in neuen Boden verpflanzt und waren gespannt, wie sie gedeihen würden.

9

Unvermeidlich bekamen die Tage mit der Schule einen neuen Rhythmus. Laura stand um sechs Uhr morgens auf, setzte Teewasser auf und zog sich für die Schule an. Wenige Minuten später schickte Jamie sich an, Frühstück und Lunchbrote zu machen. Gegen Viertel nach sieben fuhr ich Laura zur wohl scheußlichsten Bushaltestelle, die Cork zu bieten hatte – sie sah aus, als hätte sie stalinistische Zeiten erlebt. Von hier aus begab sie sich dann auf ihre lange Reise nach Bandon, wo sie in einen Schulbus umstieg, um das Ganze dann am Ende ihres langen Schultags, der manchmal bis um sechs Uhr abends ging, in umgekehrter Richtung zu wiederholen. Nach dem Abendessen gab es einen Berg von Hausaufgaben zu erledigen, der höher war, als sie das kannte. Bis jetzt war sie die drei Meilen zu ihrer Schule in Connecticut geradelt oder behütet im Auto gefahren worden. Und plötzlich war die gewohnte Sicherheit dahin. Doch dieses Mädchen, das eben erst zwölf geworden war, machte alles mit und klagte nicht. Lauras Selbstbewusstsein erstaunte uns – und wir konnten förmlich zusehen, wie sie heranreifte.

Jeden Morgen, wenn ich von der Bushaltestelle zurückkam, drang ein nicht zu überhörendes Hornsignal von der nahe gelegenen Kaserne an mein Ohr – ein unsanfter Weckruf für weniger zart besaitete Seelen in der irischen Armee. Seltsamerweise ertönte das Horn oft bis zu viermal in der Stunde, manchmal sogar vermischt mit Dudelsacktönen. Im örtlichen Militär gab es offenbar größere Schlafmützen als unsere Tochter.

Inzwischen saßen die Jungen beim Frühstück, aßen ihre pappsüßen Cornflakes, denen, wie nicht wenigen Fertigprodukten in

Irland, mindestens doppelt so viel Zucker beigefügt war wie vergleichbaren Lebensmitteln in den USA – wer weiß, vielleicht war so viel Energie mit ein Grund für die unbändige Redseligkeit der Iren. Um kurz vor neun begleiteten wir Owen und Harris zur Schule. Der Weg führte durch eine alte Pforte, durch die es auch in Richtung des Kasernengeländes mit den ummauerten Offiziersgebäuden ging, wobei wir vorher in ein schattiges, von Vogelgezwitscher erfülltes Sträßchen abbogen, vorbei an duftenden Feldern, wo der Morgentau in der Sonne glänzte. Bis wir das hintere Schultor erreicht hatten, war der Tag erwacht.

Owen mochte seinen Lehrer, und Harris war erleichtert, dass sein Klassenzimmer nicht das Gruselkabinett war, das er befürchtet hatte – bis jetzt jedenfalls. Zu Hause hatten wir anschließend erst einmal Ruhe bis drei Uhr nachmittags. Denn kaum waren die Jungen von der Schule zurück, hob an unserer Tür jenes uns schon bekannte Dauergeklingel an. Ihre neuen Freunde konnten es kaum erwarten, endlich wieder in unserem Garten zu spielen.

Aus dem Fenster meines Arbeitszimmers in der obersten Etage sah ich eine Stunde später die nervige und Chipstüten werfende Bande, die in Verstärkung mit einem kraftstrotzenden Bengel anrückte. Langsam schlichen sie unser Sträßchen entlang, als suchten sie Deckung, unterdessen ersannen sie aber neue Frotzeleien und Drohgebärden, um sie gegen diejenigen zu richten, die in unserem Garten auf der anderen Seite der Hecke fröhlich spielten. Die hiesigen Zeitungen waren voll mit Meldungen über den zuweilen wenig friedvollen Umgang mit dunkelhäutigen Asylbewerbern auf dieser Insel der Gastlichkeit. Uns hätte also mittlerweile eigentlich klar sein müssen, dass es in der irischen Gesellschaft einzelne Mitglieder gab, die Außenseiter jeglicher Sorte ablehnten und Spaß daran hatten, ihren Spott mit ihnen zu treiben, um sie einzuschüchtern und zu vergraulen, damit sie dorthin zurückkehrten, wo sie hergekommen waren. Aber so deutlich war uns das noch nicht geworden.

Eine Zeit lang versuchten wir, das Herumgeschleiche vor unserer Haustür zu ignorieren, zumal unsere Jungen auch nicht wirklich attackiert wurden, solange sie auf der richtigen Seite des schützenden Tores spielten.

Abends hatten sie dann sowieso andere Dinge zu tun, paukten die Hauptstädte aller sechsundzwanzig Countys sowie sämtliche exotisch klingenden Fluss- und Gebirgsnamen der Republik. Oder sie übten die irische Aussprache – wie beispielsweise Owen, der lernte, wie man das Wort »Hund« richtig betonte. Hin und wieder erschwerten sich unsere drei Rabauken auch untereinander das Leben, indem sie sich zu einem *slag fest* herabließen – einer Art Nationalsport in Irland, bei dem man aus purem Übermut jemanden ärgert.

Und so wurde auch mal bei uns gegen die Schwester oder den kleineren oder den größeren Bruder gestichelt, wenn man die eine oder andere der ständig wechselnden Klüngelwirtschaften unter den Spielkameraden neu ausrichten wollte.

»Versteht ihr denn nicht, wie wichtig es ist, dass wir hier als Familie zusammenhalten?«, schimpften dann Jamie oder ich. Wohlmeinende Worte, die jedoch auf taube Ohren stießen. Stattdessen gab es jeden Tag erbitterte Kämpfe um Marmelade, Saft, Butter, Brot, Kekse, Zahnpasta, Fernsehen und um unzumutbar kurze Duschzeiten, bevor der Boiler mit dem heißen Wasser leer war – für Eltern die Hölle.

Und meistens gingen meine eigentlichen Probleme dabei unter. Dabei machte ich mir Sorgen, weil ich noch nicht die gleiche Anzahl von Aufträgen erhielt, die sich zu Hause in den USA irgendwie immer ganz von alleine ergeben hatten. Schön und gut, als Guru auf dem Gebiet medizinischer Neuheiten schrieb ich gelegentlich eine

Website-Kolumne, doch hatten mich meine sonstigen Auftraggeber anscheinend vergessen. Und leider Gottes nahm auch meine sonstige journalistische Arbeit in den Printmedien, auf die ich eigentlich gezählt hatte, nur ganz langsam Formen an. Viel zu oft saß ich an meinem Schreibtisch, ließ meinen Blick über die weiten Berge wandern, in der Hoffnung auf Inspiration oder zumindest ein klingelndes Telefon. Zwischendurch entwickelte ich eine Art Vollkommenheit bei einer kaum bekannten Sportart: Das Licht in meinem Zimmer änderte sich nämlich in einem fort, sodass ich ständig im Kreis laufen musste, wie ein Tiger im Käfig, die Rollos hochzog und wieder runterließ, die Lampen an- und wieder ausknipste, um den verwirrenden Lichtspielen Herr zu werden, die mich wie ein Kaleidoskop immer neu überraschten – ich konnte beispielsweise ein silbernes Schimmern, ein helles Flimmern, aber auch ein himmlisches Leuchten ausmachen.

Jetzt wusste ich, warum Irland berühmt dafür war, dass die Mühlen hier langsamer mahlen. Und so schlugen Jamie und ich unseren anfänglichen Sorgen immer wieder ein Schnippchen, indem wir genussvoll zu Mittag speisten und so taten, als lebten wir in einer vollkommenen Idylle, als wären wir im Urlaub in der Provence oder woanders. Einige dieser hervorragenden Mahlzeiten bekamen wir im Arbutus Lodge serviert, einem vornehmen Gasthof aus dem 19. Jahrhundert, mit einer Veranda über einem beschaulichen Garten, der sanft abfiel in Richtung der Getreidesilos, die sich wie Schweinefleischpasteten aus der Dose über den River Lee erhoben. Das Essen war wirklich ausgezeichnet: Gebratenes Hühnchen an Schalotten, dazu Lauchstreifen, die sich erdrutschartig unter cremig sahnigen Knoblauchkartoffeln versteckten, waren mit einem schmackhaften Neuseeländer Chardonnay ein Hochgenuss. An anderen Tagen verspeisten wir gesunde Salate auf der Terrasse eines Restaurants oberhalb des Englischen Markts im Zentrum der

Stadt, wo unter überwölbten Arkaden ein herrlich buntes Treiben herrschte, gestandene Metzger und Fischverkäufer gleich neben zierlichen Käseverkäufern ihre frische Ware anboten – Seeteufel und Seezunge, blutrote Rindfleischstücke und Geflügel, das schlaff an dürren Hälsen hing. Daneben gab es Mengen süßlich duftender Brote, Gemüse und Früchte aus Kenia und Spanien, Käsespezialitäten aus West Cork, frische italienische Pasta, libanesische Oliven, israelische Artischocken und Skippy-Erdnussbutter aus Amerika – die bunte Palette der Köstlichkeiten in diesem Basar ließ einem das Wasser im Munde zusammenlaufen. Man kann heute in Irland unendlich viel besser essen als noch vor zehn Jahren, ja sogar schlemmen, und das taten wir auch, bis wir irgendwann merkten, wie sehr diese Völlerei ins Geld ging.

Doch es fiel uns schwer, auf das »Urlaubsgefühl« zu verzichten. Und so nahm ich eines Abends Harris mit an einen kleinen See neben einem stillgelegten Kalksteinbruch in Nord-Cork, um ein wenig zu angeln. Die meiste Zeit über war er eifrig dabei, das gemietete Boot zu rudern, als würde es von ihm abhängen, dass unser Familienschiff neue Ufer erreicht. Im rosigen Abendlicht tauchte eine fette Forelle nach der anderen auf, um nach meinen Fliegenködern zu schnappen, und ich gab Harris die Angel in die Hand, um sie einzuholen. In Irland haben große Fische und die Wellen, die sie verursachen, schon immer dazu geführt, dass mystische Gedanken in den Umlauf kamen, und Poeten früherer Zeiten lagen oft stundenlang in abgeschiedenen Flussauen und suchten aus den Wasserwirbeln, die vorbeiziehende Lachse hinterließen, nach höheren Weisheiten.

»Gefällt es dir hier?«, fragte ich meinen Sohn, als wir wieder ins Auto kletterten.

»Du meinst hier im Kombi?«, antwortete er mit seinem stets trockenen Humor.

»Du weißt, was ich meine.«

»Ach so, ja, supi«, sagte Harris und war stolz, einen der Ausdrücke anbringen zu können, die er hier aufgeschnappt hatte.

Ich hakte noch etwas nach. »Aber es wird sich nicht alles immer so supi gestalten, das ist doch klar?«

»Ja, Robert fehlt mir zum Beispiel. Am allermeisten vermisse ich es, mit ihm Schlangen zu fangen und durch die Wälder zu streunen. Ich finde es richtig doof, dass es vor unserer Haustür keine Schlangen und keine Wälder gibt.«

»Ja, das kann ich gut verstehen. Aber dafür gibt es viele andere Sachen, so viele neue Freunde, und von dem, was du jetzt erlebst, wirst du dein Leben lang zehren. Aber wenn dich etwas bedrückt, dann sag es mir einfach, und wir versuchen, die Sache gemeinsam zu lösen.«

»Ist schon okay, Dad«, sagte er unvermittelt und drückte mich kurz.

Die Fahrt zurück nach Cork verlief in friedlicher Stille – einer Stille, erfüllt von Liebe.

Die Zeit ging dahin. Inzwischen neigte sich auch der September dem Ende entgegen, und ich machte mich eines Freitagnachmittags wieder einmal auf den Weg ins Hi-B. Voilà, ich eroberte mir einen Barhocker in der ersten Reihe des Corker Senats – und lernte erneut eine Menge dazu. Wie sich bald zeigte, war der streitlustige Brian O'Donnell keineswegs die einzige Attraktion in diesem Schuppen, denn das Bier wurde an diesem Nachmittag von einer Frau gezapft, die ganz im Gegenteil zu ihm ein überaus gewinnendes Wesen hatte – Esther.

Eine so reizende Barkeeperin hatte ich noch nie gesehen. Diskret hörte ich mich um und erfuhr, dass jeden Nachmittag, wo sie hinter dem Tresen stand, zwei Dutzend Männer oder mehr ins Hi-B kamen, nur um sich bei ein, zwei Bieren an Esthers umwerfender Ausstrahlung zu erfreuen. Einige blieben auch auf ein paar Gläser länger, was man gut verstehen konnte. Diese Frau, so flüsterten mir die Stammgäste zu, ist zuvorkommend, schreit nie, auch fällt es ihr nicht ein, die Gäste den Abfall hinaustragen zu lassen. Mit anderen Worten: Sie war eine Traumfrau.

Mit Sicherheit war meinem ersten Pint eine Droge beigemischt, denn ich war vom ersten Moment an von ihr hingerissen. Ein Maler, so dachte ich bei mir, könnte leicht eine ganze Farbpalette verschwenden, um Esther mit ihren langen braunen Haarsträhnen zu porträtieren, die ihr heiteres Antlitz mit den strahlend blauen Augen umrahmten. Kein Supermodel zog so viel Aufmerksamkeit auf sich wie Esther.

Ein neuer Gast nach dem anderen sprach sie an: »Darf ich ein Pint Guinness haben?«

»Aber natürlich, mein Lieber«, lautete die immer gleiche Antwort, ganz egal, ob sie den Gast kannte oder nicht.

Unterdessen hörte ich, wie drei Männer sie fragten, ob sie nicht Lust hätte, übers Wochenende mit ihnen über alle Berge zu laufen.

»Laufen? Das sollte man ohne medizinische Betreuung nicht tun«, lachte Esther, was in Anbetracht der äußeren Erscheinung des einen oder anderen Verehrers eine liebenswürdig verpackte Abfuhr war. Sie gab zu verstehen, dass ihr Freund Toss bei solchen Annäherungsversuchen in den vergangenen achtzehn Jahren noch nie eifersüchtig geworden sei. »Nicht bei den Gästen, die ich hier bediene.«

Plötzlich machte sich ein Herr mit Samtstimme bemerkbar – ein Schnulzensänger, der, so viel wusste ich inzwischen, dasselbe Idol vergötterte wie halb Irland und dessen romantische Ohrwürmer aus jedem Pub, Schuhladen oder Bankgeschäft tönten: Gemeint war Dean Martin. »Nel Blu Dipinto Del Blu – Volare, oh, oh, oh!« – hallte die unvergessene Melodie durch das Hi-B. Ich überlegte, ob nicht Martin, Gott hab ihn selig, der wahre Schutzheilige Hibernias war und nicht St. Patrick, der bekanntlich die Schlangen aus dem Land vertrieben haben soll. Der Rat-Pack-Ersatz aus Cork tingelte nun herum und genoss mit seinen Hymnen auf den verstorbenen Künstler kurzzeitige Momente der Aufmerksamkeit in den Pubs, doch das Original hatte mit seiner feuchtfröhlichen Ausstrahlung stets das ganze Land für sich eingenommen.

Dagegen verblasste selbst John Fitzgerald Kennedy, obwohl dessen Porträt früher neben Papst- und Jesusbildnissen (bei dem ein offenes, elektrisch beleuchtetes und riesengroßes rotes Herz nicht fehlen durfte) jedes öffentliche Foyer dominierte.

Heute ist es Dean Martin, eigentlich hieß er ja Dino Paul Crocetti, der die ewig sentimentale Seele der smaragdgrünen Insel rührt, eine Kippe im Mund, ein Glas in der Hand und ein Mädchen im Arm – so wie es jedem Ire bis ans Ende seiner Tage gefallen würde.

Das Hi-B hatte mich ja schon öfter eingefangen, doch auf das, was nun folgte, war ich nicht gefasst. Esther, die nie Alkohol oder Zigaretten anrührte, stimmte mit einem Mal übertrieben gefühlvoll bei Songs wie »Little Ole Wine Drinker, Me« und »Memories Are Made Of This« mit ein, und plötzlich grölte mindestens ein halbes Dutzend Gäste, als Dean Martins Superschmalzlied »Amore« ertönte: »When the moon hits your eye like a pizza pie – that's *amore*!«

Die Wellen der Fröhlichkeit wurden höher und höher, und ein unwiderstehliches Lächeln erhellte das kleine Gesicht von Jimmy Cosgrave, einem ehemaligen Metzger, der an die achtzig und ein Beispiel des liebenswerten, pensionierten Arbeiters mit dem Charme eines Gentleman war, wie er in Irland noch heute allgegenwärtig ist. Jimmy, der stets wie aus dem Ei gepellt erschien – weißes Hemd, Krawatte und Hosenträger unter einem ordentlich aufgebügelten Jackett –, ließ sich gern ein paar Pint munden, bis irgendwann seine Frau eingriff und ihn sachte in Richtung Tür manövrierte. So gut wie er hatte es manch alter Knabe in seinem Strandkorb in Florida nicht.

Auf dem Barhocker gleich neben dem Münzfernsprecher residierte John Burke, ortsansässiger Bildhauer, der in einem fort Münzen in den Apparat einwarf, um irgendwelche kurzen Gespräche mit mysteriösen Kontakten zu führen. »Burkie« hatte ein unnachahmlich kratziges Organ, eine Reibeisenstimme von seinem Alkohol- und Zigarettenkonsum, die klang, als käme sie aus einem Dampfkessel, der in den tiefsten Tiefen eines Schiffsbauchs montiert war und auf dem ein gewaltiger Deckel klapperte. Er kam aus der County Tipperary, war Sohn eines Auftragmörders der IRA, der unter dem Namen »Two Gun Thady« bekannt war.

Burkies riesige, abstrakte Skulpturen ähnelten denen des amerikanischen Bildhauers Alexander Calder und hatten ihn in jungen Jahren zu einem gefeierten Künstler gemacht. Heute, so witzelten die Kameraden an der Bar, würden die Autofahrer sofort den Notruf wählen und einen Flugzeugabsturz melden, wenn man eines seiner Werke auf dem begrünten Mittelpunkt eines Roundabouts in Flughafennähe aufstellen würde. Im Moment verdiente Burkie seine Brötchen mit Entwürfen für komplizierte Tischplattenkonstruktionen, da heutzutage das Geld für künstlerische Großprojekte, wie sie ihm vorschwebten, knapp war.

»Du kommst aus einem wirklich seltsamen Land«, fing Burkie mit seiner dunklen Sonnenbrille, die seine schalkhaften Augen verdeckten, ein Gespräch mit mir an.

Wenn Burkie sagte, dass etwas seltsam war, dann war es das auch garantiert – so viel hatte ich schnell über ihn herausgefunden. »Ich meine, wo sonst kriegt man Porno-Eiswürfel?«

Da hatte er Recht.

»Früher war ich gerne im Maggies, einer Bar in Manhattan. Irgendwo in der Nähe der Fifth Avenue. Dort lernte ich einen Juden namens Bob Goldman kennen. Einmal fragte er mich nach der Uhrzeit. Ich sah auf meine Armbanduhr und sagte: ›Halb fünf.‹ Und er erwiderte: ›Eine halbe Fünf ist zweieinhalb, also halb drei.‹ Mannomann! Aber die Äußerung war gar nicht so blöd, finden Sie nicht?«

»Doch, die hatte was.«

»Auf diese Art verstanden wir uns blendend. Er nahm mich mal auf das Dach des Pan-Am-Gebäudes mit, und kaum waren wir oben, schleppte er mich in einen Helikopter, und wir flogen rund um diesen wahnsinnigen Big Apple, mehr oder weniger besoffen. Als wir wieder unten waren, kippten wir gleich noch was hinterher. Dann wollte er mich nach New Jersey mitnehmen, wo er wohnte. Also schön. Und so fuhren wir mit seinem Auto auf die Fähre nach Staten Island.«

»Auf die was?«, fragte ich, weil ich die Geografie etwas anders im Kopf hatte.

»Die Fähre nach Staten Island. Sagte ich doch. Egal. Also Bob hatte eine Nobelkarosse samt Chauffeur, und ab ging's über die gigantischen Highways. Schließlich hielten wir vor irgendeiner Fabrik, und er sagte: ›Da drinnen arbeitet ein Haufen Arschlöcher für mich, und ich muss mal eben sehen, ob die auch noch alle dabei sind.‹ In der Fabrik hingen jede Menge Vietnamesen oder so was Ähnliches über Fließbänder gebeugt, und im Hintergrund rumpelte eine ungeheuerliche Maschine, die am laufenden Band endlose Mengen rosafarbener Eiswürfel in Form von Titten mit kleinen Nippeln ausspuckte. Ich sagte: ›Heilige Mutter Gottes, was ist denn das, Bob?‹«

Burkie gluckste und zog wie wild an seiner Zigarette. »›Heutzutage sind Porno-Eiswürfel in jeder Bar der Renner‹, gab er mir zu verstehen. Dann kippte er einen Schalter um, und die Maschine spuckte rosafarbene Eiswürfel in Form von nackten Frauenhintern aus, Tausende und Abertausende davon. Ich fragte: ›Bob, hast du auch was für Schwule?‹, und da betätigte er einen anderen Schalter, und heraus kamen Eisschwänze.«

»Na, da fantasierst du dir doch was zusammen«, sagte ich.

»Wie kommst du denn darauf? Man muss Amerika doch einfach lieben, wenn es imstande ist, derlei Dinge zu produzieren. Als Nächstes wollte mich Bob auf eine Halloween-Party in einem Club mitnehmen, und er brachte mich sogar dazu, dass ich mich als Richard Nixon verkleidete. Und nun rate mal, was für Eiswürfel dort in jedem Glas schwammen?«

»In welcher Stadt soll das gewesen sein?«

»In New Jersey, sagte ich doch«, antwortete Burkie.

In diesem Moment klinkte sich ein Mann mit silbrigem Haar in unsere Unterhaltung ein. Er hatte einen außergewöhnlich munteren Tonfall, die Art von Singsang, die typisch ist für den Corker Akzent, als würde man durch einen Wald voller Diphtonge streifen, die in der Hochsprache gar nicht mehr vorkommen. Der Grauhaarige war Jazzpianist und sorgte jeden Mittwochabend im Hi-B mit seinen Improvisationen für ausgelassene Stimmung. Er war gerade mal einen Monat alt, bekamen wir nun zu hören, als ihn seine Mutter zum ersten Mal in dieses Pub mitnahm, wo sie sich mit Freundinnen traf, die auf ihren Einkaufstouren im Hi-B eine kleine Pause einlegten.

»Es hat mir hier so gut gefallen, dass ich seit siebzig Jahren hierherkomme«, lachte der Musiker.

»Ja, und wir fragen uns, ob das jemals ein Ende nehmen wird!« Esther beugte sich näher zu ihm heran und sagte weiter: »Dave, das ist Dick Sullivan. Ein echter *dote*.«

Wer in Irland als *dote* bezeichnet wird, erfährt ein hohes Lob, eine göttliche Offenbarung, einen verbalen Glorienschein. Das Wort ist unübersetzbar, nicht nur in andere Sprachen, sondern auch ins Englische. Es hat offensichtlich etwas mit dem Verb *doted* (»vergöttern«) zu tun. Aber dieses umhüllten die irischen Frauen – und es waren wirklich ausschließlich die Frauen – mit so viel Zärtlichkeit, dass es sich zu einem Substantiv abgeschliffen hat, zu einem Wort voll allumfassender Zuneigung. Es sind solche verbalen Wärmequellen, mit denen die irischen Frauen wie selbstverständlich die raue Realität mildern und somit verhindern, dass sich das Land komplett in ein nicht zu bändigendes Tollhaus verwandelt, in dem man sich gegenseitig die Köpfe einschlägt. Schließlich hatte die bedeutendste Heldenfigur in der irisch-keltischen Mythologie des 18. Jahrhunderts, der Cuchulainn, auch bekannt als »Hund des Culann« oder »Krieger von Ulster«, rund Tausenden von Feinden die Köpfe abgeschlagen, oft nur, weil ihm ein einziges Wort aus ihrem Munde nicht gepasst hatte.

»Sieh mal einer an, deine Tochter kommt also langsam ins Teenageralter. Na, dann viel Glück«, antwortete Dick auf Esthers entsprechende Bemerkung zu Dave, dem Pianisten. »Vielleicht kennst du ja den – ein Amerikaner, ein Engländer und ein Kerryman haben alle das gleiche Problem ...«, fuhr er lauter fort und gab übermütig einen etwas anzüglichen Witz über die Blindheit der Väter gegen die pubertären Veränderungen ihrer Töchter zum Besten.

Mir schwirrte der Kopf angesichts dieser mir manchmal unzusammenhängend erscheinenden Bemerkungen, nichtsdestotrotz war ich von dem Gedanken erfüllt, dass ich Cork nie verlassen könnte. In diesem Augenblick rutschte ein schrulliger alter Kauz mit eng zusammenstehenden Augen auf einen Barhocker, beschaute sich von oben bis unten und fing an, an sich herumzunesteln. »Esthaher!«, rief er gedehnt und streckte betreten die Hände von sich. »Tut mir leid, aber ich habe scheinbar keinen Groschen bei mir.«

»Lass mal, John. Hier, ich schenk dir noch ein Bier ein, und du zahlst einfach das nächste Mal.« Die Schutzheilige von Cork lächelte wieder ihr berühmtes Lächeln.

Kurz darauf grölte er: »Estaahheer. Ich habe nicht mal Taschen an der Hose. Alle weg.«

Esthers amüsierter Blick wanderte an der Bar entlang, von einem zum anderen, da plötzlich alle verstummt waren. Der Alte nahm einen kräftigen Zug, der seine Lippen mit weißem Bierschaum umrahmte, stand auf und steuerte in Richtung Klo. Und spätestens in diesem Moment sahen es alle – er hatte seine Hose linksherum an. Dröhnendes Gelächter brach los, bis einigen sogar Tränen aus den Augen traten.

Inzwischen war es etwa halb fünf. Die Zeit war im Nu verflogen. Ein Freund von Dick O'Sullivan traf ein, befeuchtete zuerst seine Kehle und begann dann eine Arie von Puccini zu schmettern, schloss gefühlvoll die Augen und hob die rechte Hand, als stünde er auf der Bühne in Covent Garden und nicht allein und unbegleitet mitten in einem Pub, wo man ihm kaum mit dem nötigen Ernst für seine Darbietung begegnete – von Verstand ganz zu schweigen. Aber warum sollte man nicht einfach singen? Schließlich war Freitag, nach sieben Tagen Plackerei der irische Feiertag schlechthin. Und zudem strahlte die Sonne, was bald schon immer seltener der Fall sein dürfte.

Und dann betrat auch Brian O'Donnell das Hi-B. Sofort wanderten seine fahrigen Augen argwöhnisch durch das Pub, suchten nach unliebsamen Kreaturen, während er sich einen großzügigen Brandy eingoss, bis sein unmutiger Blick zufällig an mir hängen blieb.

»Wie ich sehe, hast du dich in diesem Haufen voller Irren ganz gut eingelebt«, meinte er mit einem Zwinkern. »Aber nimm dich in Acht vor dem Typen neben dir. Der spielt gerne den Schlaumeier, ist und bleibt aber ein Dummerjan.«

Die Musik wechselte, und die Bar begann sich zu Blechbläserklängen aus dem Kassettenrekorder zu wiegen, die in ein Wagnerstück übergingen, zu dem Brian beim Crescendo wieder seinen imaginären Taktstock schwang.

Unglaublich, dieser Ort! »Ich bin noch im Hi-B. Hier ist mächtig was los, das kannst du dir gar nicht vorstellen. Aber ich bin bald daheim«, sagte ich zu Jamie am Telefon, ohne zu registrieren, dass sie stocksauer war.

Aber in jenem Moment hatte ich auch noch nicht bemerkt, dass die Uhr an der Wand völlig verkehrt ging – so wie im Grunde alle Uhren in Irland. An jeder Straßenecke in Cork zeigen sie eine andere Zeit an, gleich den vier Kirchturmuhren des »Lügenturms«. Zu dieser Stunde stand der Zeiger jedenfalls noch nicht einmal auf der Sechs, und die Welt da draußen schien noch so, wie sie war, bevor ich sie hinter mir ließ, als ich die Stufen zum Pub hochstieg. Ich lernte weitere Leute kennen: einen verschmitzten Schreiner namens Kieran, mit dem ich mich auf Anhieb gut verstand, eine gewisse Mary Louise, die etwas Madonnenhaftes hatte, und etliche »Denisse«, die zu einem einzigen grinsenden Denis zu verschmelzen schienen.

Schließlich platzte Owen McIntyre mit wunderbaren Geschichten herein. Er hielt einen Monolog, bei dem die Worte nur so aus seinem Mund schossen, ein rauschhafter Singsang, wie ihn nur die Menschen aus Donegal beherrschen. Owen erzählte einen ganzen Roman, in dem es um irgendeinen Typen mit einem »unbändigen Appetit« nach »wilden« Frauen ging. Er fand dann eine mit einem »tödlichen Aussehen« und »mächtig was in der Birne«, was das »tierische Verlangen« dieses Mannes erregte und ihn auf »erregende Gedanken« brachte. Doch die Pointe ging bei all den Abschweifungen irgendwo verloren. Ich sagte ihm, dass ich für meinen Teil das »tierische Verlangen« verspüre, nach Hause zu gehen, um zu Abend zu essen.

»Ach, komm schon«, sagte Owen, was selbst jetzt, da ich vor Hunger langsam schlapp machte, ganz offensichtlich hieß, sitzen zu bleiben und die Klappe zu halten. »Du hast noch genug Zeit, um rechtzeitig zum Abendessen zu Hause zu sein – mindestens noch zwanzig Stunden bis zum nächsten. Also, Zeit genug für ein Pint.«

Pünktlichkeit ist nicht gerade eine Tugend der Iren, wofür es Gründe geben mag. Und einer ist bestimmt der, dass sie eine Runde nach der anderen ausgeben. Wohlgemerkt nicht nur eine, sondern noch eine und noch eine. Denn nimmt man eine spendierte Runde an, wie es sich der Höflichkeit halber gehört, und revanchiert sich nicht bald darauf, dann kann man sich für alle Zeiten in allen Pubs der Stadt nicht mehr blicken lassen.

»Das hat nichts mit Saufen an sich zu tun«, eröffnete mir Owen, als er mir eine Runde ausgab.

Doch ich starrte nur völlig konsterniert auf die diversen leeren, halb vollen und frisch gezapften Biergläser vor uns. Nach einem kleinen Umtrunk sah das jedenfalls nicht aus.

»Trinken ist nichts anderes als Türen öffnen«, fuhr er fort.

Ich bin im Begriff abzustürzen, dachte ich bei mir.

Es war gar nicht so einfach, sich dem Palaver zu entziehen, das mal hierhin, mal dorthin schweifte, bis mein Blick an der Uhr hängen blieb und ich gewahrte, dass der Stundenzeiger seit meinem letzten prüfenden Blick das Ziffernblatt soeben das fünfte Mal umrundet hatte. Wo war Father Theobald Mathew nur, wenn man ihn einmal brauchte?

Doch im nächsten Moment war er zur Stelle, und zwar auf der Patrick Street in Gestalt eines Taxifahrers, der diesen gefeierten Moralapostel ganz gut vertrat. »Kennen Sie die drei Wandlungen eines irischen Trinkers?«, fragte er, als ich mich neben ihn auf den Beifahrersitz schwang – in Cork schickt es sich nicht, hinten einzusteigen und dadurch den weisen Redefluss, der dem Fahrer pausenlos über die Lippen kam, zu behindern.

»Nein, keine Ahnung.«

»Pfau, Affe, Schwein.«

»Wie bitte?«

»Am Anfang sind alle noch Pfauen, dann verwandeln sie sich in Affen, und zum Schluss kommt das Schwein durch.«

»Aber Affen sind doch ganz lustige Gesellen?«

»Eine Zeit lang, doch ehe man sich versieht, haben sie sich blitzschnell in Schweine verwandelt.«

»Und woran merkt man das?«

»Wenn sie anfangen, in dunkle Ecken zu pinkeln oder aus heiterem Himmel einen Streit anzufangen, oder wenn sie auf ihre Schuhe kotzen – dann sind sie zu Schweinen mutiert. Sehen Sie sich doch mal die Jugend in Irland heutzutage an. Dann begreifen Sie, was mit einer Nation passiert, die sich seit zweihundert Jahren die Kante gibt.«

Charmant. »Ich nehme an, Sie selbst trinken nicht gerne«, sagte ich, als wir die hellen Lichter der MacCurtain Street langsam hinter uns ließen und mir meine letzten Schlucke Bier sauer aufstießen, da mir dämmerte, dass ich wohl gleich weniger Angenehmes zu hören bekommen würde.

»Oh doch«, sagte der Taxifahrer. »Aber ich trinke allein und im stillen Kämmerlein, im hintersten Winkel meiner Stammkneipe, deren Name ich Ihnen bestimmt nicht auf die Nase binden werde. Ungeachtet dessen würden Sie mich dort auch nicht finden.«

Wie langweilig, dachte ich bei mir, als ich nach Kleingeld kramte, weil wir inzwischen bei mir angekommen waren.

Irgendwie stellten sich mein Hausschlüssel und das Türschloss etwas ungeschickt an, bis sie zueinanderfanden. Doch dann setzte ich eine sonnige Miene auf, ging mit leichter Schlagseite noch frohgemut den Flur entlang und trat dann in eine Unheil verkündende, picobello aufgeräumte und mucksmäuschenstille Küche, wo meine Frau auf einem Stuhl saß und mich mit einem finsteren Gesicht empfing. Schöne Begrüßung! Sie hätte ebenso gut auch ungeduldig im Schaukelstuhl vor dem Herd sitzen und bitterböse den Rosenkranz beten können.

»Ich habe die tollsten Leute getroffen, vor allem Owen«, fing ich an und lächelte etwas schief, wie all die anderen Kneipenbesucher, die schon vor Stunden aus dem Hi-B getorkelt waren. Aber okay, faule Ausflüchte waren in diesem Moment nicht angebracht, und so versuchte ich, nüchtern und vernünftig zu wirken. »Ich habe wirklich das Gefühl, dass es die richtige Entscheidung war hierherzuziehen. Du wirst sehen, es wird großartig.«

»Na, dann ist ja alles in Ordnung. Ich habe nämlich gerade eine kleine Geschichte gelesen«, sagte Jamie. »Und die hat mich an dein Verhalten von heute Abend erinnert.«

»Ach, wirklich?«

»Ja. Es ging um einen Mann, dessen Frau gerade mit einem kleinen Jungen niedergekommen war. Die Hebamme schickte ihn los, um Handtücher von einer Nachbarin zu besorgen. Doch er war durch die Ankunft seines Sohnes so aus dem Häuschen, dass er auf dem Weg im örtlichen Pub einkehrte, um seinen Freunden davon zu erzählen. Und alle freuten sich mit ihm, gaben ihm einen aus, und er gab ihnen einen aus. Irgendwann fiel ihm ein, dass er ja etwas bringen sollte, war aber schon zu betrunken, um sich zu erinnern, was es war. Mit den letzten paar Münzen, die er fand, ging er in den Laden gleich nebenan. Und als er wieder zu Hause war, rief er die Treppe hinauf: ›Liebling, bin wieder da! Habe den Fisch!‹«

»Na, wenigstens kam er nicht mit leeren Händen zurück«, sagte ich – oder hatte ich vielleicht irgendeinen Fisch im Hi-B liegen gelassen?

10

Wenn unsere Kinder mal wieder maulten, weil sie nicht ins Bett wollten, half nur eins: viel versprechende Pläne für das kommende Wochenende zu schmieden. Und so zog es uns an den Samstagen und Sonntagen meist hinaus zu Ausflügen mit der ganzen Familie. Diesmal nahmen wir uns vor, über die geheimnisvoll klingende Magic Road hinauf in die Berge zu fahren, die Comeragh Mountains in der County Waterford. Am Abend zuvor hatten wir von verschiedenen Seiten gehört, dass uns dort Unglaubliches erwarten würde. Klar, die Iren versprechen einem auch gern mal das, was ihnen gerade über die Lippen kommt.

In diesem Falle bezogen sich die nebulösen Versprechungen auf wilde Wasserfälle, atemberaubende Berglandschaften und vor allem auf die Gesetze der Schwerkraft, die dort angeblich nicht gelten sollen. Aber waren wir nicht genau wegen all dieser Dinge nach Irland gezogen? Dennoch machten wir uns etwas skeptisch auf den Weg, ließen die prunkvollen, stuckverzierten Villen an der Goldküste von Waterford hinter uns, fuhren an der eindeutig weniger attraktiven Copper Coast entlang und gelangten über etliche gewundene Straßen immer weiter ins Hinterland. Schließlich hielten wir vor einem Laden an einer abgelegenen Wegkreuzung, dessen Inhaber, ein alter, verhutzelter Mann, eine Wettervorhersage parat hatte, die allerdings kaum zu entschlüsseln war. »Nun, dass da heut noch was kommen könnte, ist vielleicht zu viel gesagt«, meinte er.

Das Geschäft selbst wirkte nahezu surreal, was wohl auch an den dicken Dampfwolken lag, die aus einer Nebentür, die zu den privaten Gemächern des alten Mannes führte, hereinzogen und den beißenden Geruch von gerade gekochtem Kohl verströmten. Man konnte sich gut vorstellen, dass irgendwo in einer der Kammern eine Frau mit einem Katzengesicht wie Mary Osborne an einer Feuerstelle stand und im Suppenkessel rührte.

Weit kurioser jedoch war das Warensortiment des Ladeninhabers, das derart dürftig und von vorgestern war, dass man meinen konnte, es wäre von einem Flann-O'Brien-Händler im Fahrradkorb ausgeliefert worden. In den vorderen Regalen stapelten sich Bindfadenknäuel, Vanillepuddingtüten und kleine Fläschchen mit Rizinusöl und Glyzerin, letztere so alt, dass die Etiketten schon schmierig durchweicht waren, weil das Zeug vom jahrelangen Herumstehen durch die Verschlusskappen dünstete. Dahinter befand sich eine kleine Ansammlung von Erbsen und eingemachten Heringen in Dosen, wobei hier jeder Posten im Sortiment durch großzügig freie Stellflächen fein säuberlich getrennt vom anderen stand. Nicht zu vergessen die historisch gewachsene Staubschicht. Ganz hinten in einer Ecke entdeckte ich eine Kiste mit verschrumpelten Karotten, von denen jede Einzelne voller Erde war – sie taugten perfekt für Buns Mohrrübenwhiskey.

Am interessantesten aber war das Gesicht des alten Mannes, fast zahnlos und gegerbt von all den Jahrzehnten, die er bei Wind und Wetter in den umliegenden Bergen unter Schafen verbracht haben musste. In den *Annals of the Cork Historical Society* von 1892 ist ein ganz ähnlicher Typ namens Tom Green beschrieben:

> Sein Gesicht muss in jungen Jahren ungewöhnlich rund gewesen sein, denn im Alter zeigte es beeindruckende Furchen und Falten, Rinnen und Mulden, kleine Senken, Täler und Berge – mithin verschrobene Launen der Natur, eingekerbt in einen ihrer Söhne ... Als Kopfbedeckung diente ihm eine blaue Kappe,

die oben ausreichend Platz bot, um darunter Pfeife, Streichholzschachtel, Taschenmesser und die tägliche Ration Tabak unterzubringen ...
Tom hatte ein Laster – Whiskey. Ein kleines Glas davon, allgemein als ein »kleiner Darby« bekannt, war seinerzeit für einen Penny zu bekommen; und von Tom konnte man stets erfahren, ob der Wirt großzügig oder knauserig einschenkte, denn da er keine Zähne mehr hatte, passte genau ein volles Glas in seinen Mund ... Auch eine mittelgroße Kartoffel hatte dort Platz, sie wurde hin und her geschoben, bis sie verschwunden war und die nächste folgen konnte. Dabei sah sein Gesicht derart komisch aus, dass eine ortsansässige Kupfergießerei ihm fünf Schilling für eine Gussschablone seines Gesichts bot, weil sie neue Türklopfermodelle gießen wollte.

Wir fragten unseren Tom Green, ob an der umgekehrten Schwerkraft, die in den Bergen über seinem Laden wirken solle, tatsächlich etwas Wahres dran sei. Und sogleich schoss ein aufgeregtes Leuchten in seine tief liegenden Augen. »Aber sicher wirkt dort oben eine ganz eigenartige Kraft. Groß genug, um ein Auto rückwärts den Berg hinauffahren zu lassen. Und so ein Pkw hat ein ganz schönes Gewicht! Warum das hier so ist, weiß keiner zu sagen, doch es geschieht andauernd, man kann sogar die Uhr danach stellen, obgleich die dann auch rückwärts laufen würde, was eigentlich gar nicht so schlecht wäre, wenn man es recht bedenkt. Fahren Sie einfach die Straße hinauf, dort, wo das Schild in Richtung Mahon Falls zeigt. Dann geht es immer weiter, Sie lassen die Cottages hinter sich, bis Sie auf einer Anhöhe an ein Viehgatter kommen. Ein kleines Stück dahinter sehen Sie einen weißen Dornbaum, der voll gehängt ist mit allem möglichen Tand. Halten Sie neben dem Baum an, legen Sie den Leerlauf ein – und warten Sie ab. Sie werden schon sehen.«

Die »Straße« entpuppte sich als schmaler Pfad, der sich bergauf schlängelte, hinein in immer unberührtere Gefilde, die umrahmt waren von Schluchten, ähnlich den amerikanischen Dakota Badlands. Wir erreichten schließlich den Weidezaun, und dahinter ging es leicht bergab, bis zum stacheligen Dornbaum, der geschmückt war mit bunten Bändern und Tüchern. Stille herrschte auf dieser Magic Road, der magischen Straße des Windes, der Steine und des Stechginsters. »Heben wir jetzt ab, Dad?«, witzelte Laura, als ich den Wagen anhielt, den Leerlauf einlegte und darauf wartete, ein Stück weiter vorwärtszurollen. Nichts passierte – eine Sekunde lang jedenfalls. Doch plötzlich setzte sich dieser einige Tonnen schwere Kombi samt Insassen, die zusammengenommen über zweihundertfünfzig Kilogramm wogen, in Bewegung, rollte und rollte, Zentimeter für Zentimeter, Meter für Meter rückwärts – und zwar den Hügel hinauf. Mit aufgerissenen Augen sahen wir zu, wie das Auto mindestens fünfzehn Meter weit von diesem seltsamen Baum aus ganz langsam rückwärts bergan kroch.

»Du hast den Fuß auf dem Gas!«, kreischte Jamie.

»Hab ich nicht, das verdammte Ding ist im Leerlauf!«

Nach wenigen Sekunden blieb das Auto stehen. Es war unfassbar, was sich ereignet hatte. Ich traute meinen eigenen Augen nicht. Doch da ich, was wissenschaftliche Erkenntnistheorien anbelangt, ein wirklich gebildeter Mensch bin, wollte ich nun wissen, ob das Ganze auch funktionieren würde, wenn das Auto in umgekehrter Richtung neben dem Dornbaum stand. Ich fuhr den Wagen also noch einmal zum Baum zurück, wendete ihn dort, hielt an und legte den Leerlauf ein. Ohne dass der Motor lief, beschleunigte der Kombi jetzt etwa doppelt so schnell, er weigerte sich sogar, auf der Hügelkuppe zum Stehen zu kommen. Mir blieb nichts anderes übrig, als die Bremsen zu treten. »Spielberg ist nichts dagegen!«, rief ich, und die Kinder schrien vor Begeisterung.

Ob die Schafe, die verstreut auf den Hügeln standen, sich angesichts unserer Versuche eins in die Hufen lachten? Standen sie mit diesen überhaupt auf dem Boden? Konnte es sein, dass Irland im Grunde ein gefährliches Pflaster für uns war?

»Das war ja klar, dass du diesen Fleck finden musstest, nicht wahr?«, sagte Jamie, die wusste, dass ich einmal über Roger Babson geschrieben hatte, Namensgeber des Babson College in der Nähe von Boston und besessen davon, Phänomene zu ergründen, die den Gesetzen der Schwerkraft trotzen. Die Universität selbst beherbergt unter anderem Isaac Newtons Bibliothek sowie einen Ableger des ursprünglichen Apfelbaums, unter dem Newton grübelnd gesessen haben soll, bis ihm eine Frucht auf den Kopf fiel, was ihn auf die Idee brachte, die Himmelsmechanik beruhe auf derselben Gravitation wie der Fall von Äpfeln auf die Erde. Außerdem gehören zum Bestand der allgemeinen Bibliothek die Werke der Anti-Gravity Research Foundation sowie ein großer Globus, auf dem Dutzende von Orten auf der ganzen Welt markiert sind, in denen unerklärliche, der Schwerkraft trotzende Ereignisse umfangreich dokumentiert wurden. Doch die Magic Road durch die Comeragh Mountains war meiner Erinnerung nach nicht auf diesem Globus verzeichnet, und so unternahmen wir im Namen der Wissenschaft auf diesem wundersamen Wegstück wiederholt einige Versuche, um herauszufinden, in welche Richtung sich die Räder von alleine drehten – bergauf oder bergab? Kurze Zeit später bekamen wir Gesellschaft von weiteren Fahrzeugen, die unsere Erfahrungen bestätigten. Hier waren wir nun, auf einem Punkt der Erde, wo die Schwerkraft aufgehoben schien. Wunderbar!

Auf der Suche nach Phänomenen, die von eher gewöhnlicher Natur waren, wanderten wir zu einem Wasserfall, jenen schon vorher erwähnten Mahon Falls. Unterwegs dorthin veranstalteten wir mit den Kindern kleine Wettspiele, etwa, wer die meisten Schafe auf den umliegenden Hügelkämmen zählen konnte. Obwohl es, wie jeder weiß, in Irland keine Reptilien oder Amphibien gibt, fanden die Jungen in einem Graben Froscheier. Sie quetschten den schleimigen Laich in eine leere Cola-Flasche, um damit später ihr Schlafzimmer zu schmücken. Wirklich unglaublich, diese smaragdgrüne Insel!

Die Fahrt zurück beschwingte uns noch mehr. Im hübschen Küstendorf Ardmore erblickten wir einen hochragenden, etwa achthundert Jahre alten runden Turm, der einst die Mönche vor den Wikingern und örtlichen Heiden schützte. Unweit davon, an einen Hügel geschmiegt, lag die winzige dreizehnhundert Jahre alte Kapelle des heiligen Declan, von dem einige Gelehrte glauben, dass er lange vor dem heiligen Patrick das Christentum nach Irland gebracht hat. Auf diesem gesegneten Boden fanden wir auch Überreste eines Klosters, umgeben von Gräbern, in denen Bauern, Briefträger, Barone, Seemänner und Dekane liegen sowie Tote, die in Kriegen gefallen sind, von denen die heutigen Schüler keine Kenntnisse mehr haben. An einer schönen Stelle am Meer stand eine Skulptur, die den verehrten St. Declan darstellte, geschmückt mit den Symbolen seines Vermächtnisses – Glocke, Segel, Kirchturm – samt einer Inschrift auf einem daneben platzierten Stein. Sie lautete:

> Im hohen Alter zog sich Declan in die Einsiedelei zurück, an einen Ort der Einsamkeit und des Gebets, um fern seiner Stadt und seinem Kloster zu sein.
> In der Kunst wird er oft dargestellt mit einer kleinen Glocke, die der Legende nach auf einem großen Stein von Wales (wo er auf Besuch gewesen war) über das Meer getragen wurde, nachdem sein Diener sie vergessen hatte einzupacken.
> »Folget diesem Stein«, sagte Declan, »dort, wo er an Land angespült wird, wird der Ort der Auferstehung sein.« Und das war in Ardmore.

An jenem Nachmittag gab es keinen Grund, auch nur im Geringsten daran zu zweifeln. Natürlich gab es Glocken, die auf Steinen schwimmen, Autos, die bergauf rollen, und magische Steinkreise. Und natürlich konnten wir es kaum erwarten, unsere Erlebnisse mit Dr. Michael Buckley und seiner Frau Hylda zu teilen, alten Freunden meiner Eltern, die in all der Zeit auch uns lieb geworden waren und die zufälligerweise gerade in Cork weilten. An jenem Abend hatte einer ihrer engeren Freunde eine Willkommensparty für uns organisiert. Sie übertraf wirklich alles. Immerhin waren wir bereits sieben Wochen hier, und noch immer gab unsere Ankunft Anlass zum Feiern. Also brachten wir die Kinder nach Hause und machten uns auf den Weg in das stattliche 225 Jahre alte Haus von Michael Bradley, der eine Art heimlicher Bürgermeister in unserer neuen Stadt war.

»Ausgehebelte Schwerkraft? Neptun, der deine Brille vom Meeresgrund fischt? Zufällig Brian O'Donnell getroffen und das Hi-B gefunden? Weißt du eigentlich, auf welchem Glücksstern du hier reitest?«, fragte Michael Buckley. »Ich meine, ich freue mich sehr über die Dinge, die mir passiert sind, seit ich nach Amerika gezogen bin: Hylda, die Kinder, das Haus, die Praxis und das alles. Aber das Gefühl, dass ich die unbekümmertsten Jahre meines Lebens hier in Cork verbracht habe, begleitet mich stets. Ich vermisse diesen Ort. Hier lacht man lauter und länger als irgendwo sonst auf der Welt, und das jeden Tag. Ich beneide dich.«

Wir saßen bei einem Glas Wein im vornehmen Esszimmer seines Freundes Michael Bradley, Inhaber eines florierenden Lebensmittelgeschäfts und eines Spirituosenladens in der North Main Street. Mindestens vierzig Gäste scharten sich um uns, was kein Wunder war, wo unser Gastgeber beinahe ein Drittel der Leute in der Stadt persönlich kannte und ein Meister im Organisieren von Partys war. Seine reizende Gattin, Hilary O'Sullivan, servierte auf einem Silbertablett Räucherlachs auf Vollkornschnittchen, die sie den Gästen auf unwiderstehlich charmante Weise anbot.

Michael Buckley, inzwischen fast siebzig, hatte Irland 1958 zusammen mit vierzigtausend weiteren Gefährten seiner bettelarmen, Not leidenden Generation verlassen. Er und seine aus Cork stammende Frau Hylda hatten jetzt ihre jüngste Tochter Mary dabei, die am Downsyndrom litt und die sie rührend umsorgten. Michael, der wohl die sanftesten Augen hatte, die ich mir vorstellen konnte, schaute in die fröhliche Runde und sagte noch einmal, wie zur Bestätigung: »Ihr könnt euch glücklich schätzen.«

Das konnten wir in der Tat. Der Gastgeber, Michael Bradley, trug einen Nadelstreifenanzug, eine blau-goldene Krawatte und stellte uns nach allen Regeln der Etikette ähnlich gut gekleideten Gästen vor: Anwälten, Gastwirten, Dutzenden von distinguierten Mitgliedern der Corker Oberschicht, von denen eine ganze Reihe den ortsansässigen, vornehmen Familien entstammte, die bis heute als »Merchant Princes« bezeichnet werden. Kein Einziger dieser Gesellschaft würde sich je ins Hi-B verirren, und doch versprühten sie einen Geist, der an Heiterkeit und Scharfsinn dem verschrobenen irischen Witz in diesem Pub in nichts nachstand.

Die Leckerbissen gingen nicht aus, ständig gab es Nachschub, und die Gespräche plätscherten leicht dahin. Plötzlich hob unser Gastgeber sein Glas und schlug es mit einem Löffel an.

»Lassen Sie mich einen Toast ausbringen auf unsere neuen Corker«, verkündete er mit diesem verschmitzten Blick, den halb Irland meisterlich beherrscht. »Ich weiß, dass Sie alle einstimmen, wenn ich Jamie und David eine wunderbare Zeit in dieser Stadt wünsche, auch wenn Amerikaner hier zuweilen etwas absonderlich erscheinen. Ich glaube, darüber gibt es sogar einen Song.«

Und bei diesem Stichpunkt schmetterte der weltgewandte Michael Bradley prompt drauf los: »Yankee Doodle came to town, riding on a pony …« Und fast alle Gäste fielen ein: »Stuck his finger in his hat and called it macaroni!« Und auf einmal bildeten sie eine Polonaise, gaben sich als Ponykarawane aus und zogen singend von Zimmer zu Zimmer. Willkommen in Irland!

Ein paar Tage später hatten wir uns mit den Buckleys in Kinsale verabredet, einem außerordentlich hübschen, wenn auch sehr von Touristen bevölkerten Hafenstädtchen, das bekannt ist für gute Restaurants, schön gewundene Straßen und üppige Partys in millionenschweren Villen am Meer. In Immobilienkreisen nennt man diesen Ort und seine Umgebung die irische Riviera. Spontan unternahmen wir eine Segelbootstour um die vielen kleinen verborgenen Halbinseln, die uns bilderbuchartige Ausblicke auf glitzernde, von Klippen umringte Buchten eröffneten.

Unser erster Anlaufpunkt war das nahe gelegene sternförmige Charles Fort, wo die Jungen auf dem Festungswall ein paar hundert Meter oberhalb des Hafens mit ihren Spielzeuggewehren herumtollten – sehr zum Leidwesen ihrer Schwester, einer herangereiften jungen Lady. Der Blick über das weite Grün, das in den endlos blauen Ozean überging, erfüllte mich einmal mehr mit einer großen Liebe für dieses Land. Und das fröhliche Gekreische unserer Kinder ließ mein Herz umso höher schlagen.

»Ist es nicht wunderschön«, sagte Hylda, »dass die Kinder hier so frei spielen und rennen können, ohne einen einzigen Ranger in der Nähe, der mit seiner Trillerpfeife die Touristen zu offiziellen Touren zusammenpfeift? Dem Himmel sei Dank, dass die Iren einen mit so etwas verschonen und man machen kann, wozu man Lust hat.« Sie hatte dabei einen Arm liebevoll um ihre Tochter Mary gelegt, was mich mindestens ebenso tief rührte. Eines von Irlands stillen Geheimnissen ist die selbstverständliche Liebe, mit denen man hier Behinderten begegnet. Vielleicht hat das seinen Grund darin, dass das Land, im Gegensatz zu vielen anderen Nationen, nie die Abtreibung legalisiert hat, auch nicht bei deutlich erkennbaren Erbschäden. Aber es könnte ebenso daran liegen, dass die Iren bis heute ein gesteigertes Mitgefühl für die weniger vom Glück Begünstigten haben, denen man einst überall begegnete. Oder es kommt gar daher, dass der christliche Glaube in dieser Erdenregion mit Feuereifer am Leben gehalten wird. Doch ein Neuankömmling wie ich, der ist erstaunt und berührt von der Offenheit und auch der Unkompliziertheit, mit der die Schwachen und Kranken in den allgemeinen Alltag mit einbezogen werden. Die Unterbringung in einem Heim gilt hier als moralisch verwerflich. Doch um derart gewichtige Fragen machte ich mir in diesem Moment, als ich auf dem höchsten Punkt des Forts stand und meinen Blick versonnen über das weite Meer schweifen ließ, keine tieferen Gedanken, obgleich all diese Wahrheiten wie ein Wispern im Wind um uns waren.

Ich genoss den Panoramablick und Michael Buckley, dessen Stimme so klar war wie ein irischer Apriltag. Er fing an, uns von der Geschichte des Ortes zu erzählen: Das Charles Fort wurde zusammen mit einer weiteren Bastion, dem am gegenüberliegenden Ufer befindlichen James Fort, zu Beginn des 17. Jahrhunderts erbaut. Beide Festungen sicherten die Einfahrt des Hafens von Kinsale, den die großen Dreimasterschiffe und Fregatten einst als letzten Anlaufhafen nutzten, bevor sie wieder in See stachen, um Waren aus fernen Ländern zu beschaffen: Rum aus Westindien, Seide aus China sowie allerlei andere Vorräte, die im alltäglichen Leben des britischen Weltreichs unabdingbar waren. Zudem sollten die beiden Festungen die Spanier abhalten, damit sich die Geschichte von 1601 nicht noch einmal wiederholte. In jenem Jahr nämlich entsandten die spanischen Machthaber eine Invasionsflotte, um die irische Rebellion gegen die englischen Besatzer unter Elizabeth I. weiter zu entfachen und den Iren die Herrschaft über ihre Insel zurückzugeben.

Das spanische Expeditionskorps nahm zwar erfolgreich die Burgen von Kinsale ein, landete aber weit südlicher als erwartet. In Kinsale wurden sie kurz darauf von englischen Truppen umlagert und unter Beschuss genommen, weshalb sie dort festsaßen.

Daraufhin machten sich die Anführer der Rebellen, Hugh O'Neill und Red Hugh O'Donnell, mit insgesamt sechstausend Soldaten von der noch unbesiegten nordirischen Stadt Ulster im britischen Königreich auf einen sechzehntägigen winterlichen Marsch nach Süden. Anstatt strategisch auf Zeit zu spielen, um die Stärke der britischen Armee bemessen zu können, starteten sie einen groß angelegten Frontalangriff. Ein fataler Fehler mit tragischen Folgen, der den kampferprobten Anführern eigentlich nicht hätte unterlaufen dürfen. Mit Rückendeckung der Spanier hätten sie die Truppen der Krone möglicherweise in die Zange nehmen können, und die Geschichte Irlands hätte einen ganz anderen Lauf genommen. Doch die dreitausend Mann starke Truppe von Don Juan Águila setzte sich nicht in Bewegung, weshalb die irischen Rebellen letztlich von der englischen Kavallerie überrannt wurden. Die Spanier zogen ab, und nach ein paar weiteren Feuergefechten brach der organisierte Widerstand gegen die britische Herrschaft für die folgenden zweihundert Jahre in sich zusammen.

Die restlichen irischen Rebellen zogen sich in die baumlose Mondlandschaft der Beara Halbinsel in West Cork zurück. Die Briten, unterstützt von verräterischen Einheimischen, setzten ihnen nach und hängten achtzig Gefangene auf dem Platz von Castletownbere, einem heute sehr friedlich anmutenden Fischerdörfchen. O'Neill und O'Donnell, die wehrhaften irischen Rebellenführer, verließen nacheinander ihr Vaterland in Richtung des europäischen Festlands, um einer drohenden Inhaftierung zu entgegen. Diese Begebenheit ging als Flight of the Earls (Flucht der Grafen) in die irische Geschichte ein. Die Briten hatten ihre Macht schnell konsolidiert und setzten ihren Vernichtungszug durch das Land fort, zerstörten Klöster und alte Schlösser, eroberten fruchtbares Land für entfernt verwandte Adelsgeschlechter, vertrieben Bauern von ihrem angestammten Land. Von den einheimischen Iren sprachen sie als »Fremde«, denen es verboten war, auch nur eine Kartoffel in den Straßen von Kinsale feilzubieten. Das traurige Schicksal, das sich durch die alte wie neue irische Geschichte zieht, ist überall im Südwesten für jeden, der ein Auge dafür hat, nicht zu übersehen.

Unweit von Kinsale liegt das Dorf Ballinspittle, das eigentlich nur aus einer verschlafenen Kreuzung mit etwa einhundert Häusern und drei Pubs besteht. Hierher brachten uns Michael und Hylda als Nächstes, um eine berühmte Grotte zu besichtigen, in der eine lebensgroße, blau-weiß angemalte Statue der heiligen Jungfrau steht. Mitte der Achtzigerjahre wimmelte es hier von Pilgern, die inbrünstig um ein Wunder beteten. Es hatte sich im mystischen Irland bis in den letzten Winkel herumgesprochen, dass sich die Statue immer wieder unübersehbar in schwingende Bewegung setzen würde, als wäre sie erfüllt von einem geheimnisvollen, inneren Leben. Man könnte dann förmlich sehen, wie Gottes Hand Ballinspittle berührte, hieß es.

Auch wir stellten uns vor die Statue, harrten in andächtiger Aufmerksamkeit der Dinge, die da geschehen sollten. Aber es ereignete sich nichts. Die Statue bewegte sich nicht, nicht einen Zentimeter, was vielleicht auch daran liegen mochte, dass sie vor ein paar Jahren von einem verwirrten Kalifornier mit einem Hammer traktiert (aber inzwischen wieder repariert) worden war.

Alle paar Minuten fuhr ein Auto an der Grotte vorbei. Die Fahrer nahmen den Fuß vom Gaspedal, kurbelten die Scheiben herunter, bekreuzigten sich und fuhren weiter.

»Der Reisesegen«, sagte Dr. Buckley und fügte hinzu: »Diese County hat in kurzer Zeit sämtliche Veränderungen der letzten fünfzig Jahre durchlebt. Mit Religion haben die Leute hier nichts mehr am Hut.« Aber er bekreuzigte sich ebenfalls, offenbar war er in Glaubensdingen nie selbst in Zweifel geraten. Wir fuhren anschließend über eine Landzunge, die sanft in den Atlantik abfiel, umrahmt von Klippen, die sich rechts und links wie weit geschwungene Flügel spannten. Am Ende des Landzipfels stießen wir auf eine mit Stacheldraht versehene Steinmauer und ein Tor, vor dem ein Pförtner saß, der uns misstrauisch musterte.

»Was ist das denn?«, fragte ich Michael.

»Das ist einer der exklusivsten Golfplätze der Welt und trägt den Namen Old Head of Kinsale. Diese Gegend soll eine der ersten in Irland gewesen sein, in der es Siedlungen gab. Früher kamen die Leute aus dem ganzen Land hierher, um zu fischen und zu wandern. Doch dann hat der Besitzer des Golfplatzes den Touristenströmen buchstäblich einen Riegel vorgeschoben. Der Platz soll einmalig sein, aber, wie gesagt, auch sehr teuer.«

»Und sehr ungastlich«, sagte ich und nahm mir vor, die Sache später einmal weiter zu verfolgen.

Am darauffolgenden Wochenende fuhren wir los, um Paddy und Anne Wilkinson in ihrem abgelegenen Refugium in Carlow zu besuchen. Versteckt hinter einem Wall mächtiger Kiefern, die sie vor fast zwei Jahrzehnten angepflanzt hatten, erschien mir das an einem Berghang gelegene Idyll der beiden auch dieses Mal völlig unberührt von der modernen Welt. Doch in der steilen Auffahrt stand ein nagelneuer Wagen, und auch die stets fürsorgliche Anne, die in ihrem Job im Umweltamt kürzlich erst befördert worden war, sah verändert aus, moderner und selbstbewusster, als ich das in Erinnerung hatte. Sie öffnete zusammen mit ihrer Tochter Gwen eine Flasche Sauvignon Blanc, den sie in ihren Gläsern schwenkten. Aber noch andere feine Düfte zogen durch das Zimmer – gegrillter Lachs in einer Soja-Ingwer-Soße, Wildreis mit heimischen Pilzen, dazu eine

Mischung aus frischem Gartengemüse. Köstlich! Ich sah darin kein Problem. Irland hatte lange genug gedarbt. Gwen war gerade mit ihrem südafrikanischen Freund, einer Größe im Regattarennen, vom Match Race Circuit zurückgekehrt. Sie hatte die Weltmeere durchkreuzt und Weine an Orten gekostet, die ich auf keiner Karte finden konnte. Gwen war Kind einer irischen Kultur, wie sie noch zuzeiten ihrer Geburt nicht denkbar gewesen wäre.

»Die Veränderungen haben uns gut getan. Wenn du mich fragst, ich will die alten Zeiten nicht zurück«, sagte Paddy, der auf einem Küchenstuhl saß und seine langen Gliedmaßen in alle Richtungen streckte – genau wie sein Vater. »Klar, das bringt auch Probleme. Das ganze Land hat sich erst seit ein oder zwei Jahrzehnten vom Ackerbau weg orientiert. Wir hatten also kaum Zeit, um uns auf das moderne Leben vorzubereiten. Es hat uns praktisch über Nacht ereilt.«

Paddys Blick wanderte hinaus auf ein Feld, auf dem Bauern früher mit flinker Hand und scharfem Messer blökende Schafe scherten, eine Prozedur, die heutzutage mit elektrischen Geräten erledigt wird. »Es geht uns jetzt allen viel besser, keine Frage. Noch in den Achtzigern sah es für den Einzelnen hoffnungslos aus, die Arbeitslosenquote lag bei 20 Prozent, etwa fünfmal höher als derzeit. Diese Tage haben keinem wirklich was gebracht.«

»Was würde wohl Bun zu all den Neuerungen sagen?«, fragte ich.

Paddy, der noch immer sein Wasser aus einem Schlauch bezieht, der sich aus einem Brunnen in den Bergen speist, wusste prompt eine Antwort: »Er würde sich freuen, dass all die Nöte und Abwanderungen langsam ein Ende finden. Davon bin ich überzeugt. Aber würde er dieses moderne Irland genauso lieben wie das alte? Er wüsste wohl, was wir verloren haben.«

»Aber wo in der Welt macht das Leben so viel Spaß wie hier?«, fragte ich. Paddy fasste mich am Arm. »Nun, ich für meinen Teil möchte auch nirgendwo anders leben.«

11

Verwandlungen, der Wechsel von Identitäten, sind ein Urgrund keltischer Legenden. Unsere eigene Transformation, unsere »Irischwerdung«, gestaltete sich allerdings außerordentlich schwierig. Ständig gab es mit irgendetwas Probleme. So überwies unsere überforderte amerikanische Kleinstadtbank eine größere Summe nach »Cork, Thailand«, was dazu führte, das unser dringend benötigtes Geld vier Wochen lang auf Irrwegen durch Südostasien unterwegs war. Unterdessen bekam der Verlag, dessen Aufträge zur Unterstützung unseres ungewöhnlichen Abenteuers eingeplant waren, Finanzierungsschwierigkeiten. Wie sang Roger Miller, der amerikanische Countrysänger, doch gleich? »No home, no food, no pets – ain't got no cigarettes.« Also setzte ich alle Hebel in Bewegung, klapperte die örtlichen Verlage nach Aufträgen und einer möglichen Anstellung für Jamie ab, die kürzlich einen Artikel für die *New York Times* geschrieben hatte. Doch Verlagsleiter wie Herausgeber hielten es nicht für nötig, zurückzurufen oder schriftliche Anfragen zu beantworten oder sonst in irgendeiner Weise Notiz von uns zu nehmen. Dabei sollte man meinen, dass die boomende irische Wirtschaft hoffnungsfrohe Neuankömmlinge wie uns mit offenen Armen empfängt. Aber wenn es ums Geld geht, gelten andere Regeln.

Wir waren hier *fremd*, wie die Deutschen sagen würden, was bedeutete, dass wir nicht nur *fremdartig* waren, sondern auch befremdlich – zumindest beruflich. Was unseren Status als »Außenseiter« einmal mehr herausstrich, war die Tatsache, dass die Halbwüchsigen, die auf dem Rasen vor unserem Tor herumlungerten, dieses Gefühl auf einer viel persönlicheren Ebene noch verstärkten. Sie hatten offenbar Stein und Bein geschworen, zu einem Rachefeldzug anzutreten und uns aus Irland zu vertreiben, und ließen sich zu diesem Zweck allerhand einfallen. So pinkelten sie am helllichten Tag an unser Tor, schleuderten Wasserbomben gegen unsere Haustür, bewarfen unser Auto mit Kieselsteinen, wobei sie so raffiniert waren, als Munition immer kleine Wurfobjekte zu wählen, die nur die Scheiben oder den Lack zerkratzten. Glas ging dabei nicht zu Bruch, was eine offensichtliche Straftat gewesen wäre – diese Flegel waren richtig ausgebufft.

Ihre Böswilligkeiten schienen so unvorhersagbar, dass wir uns um die Sicherheit unserer Kinder sorgten, besonders um Owen, unseren Jüngsten. Angesichts ihrer Schikanen verdrückte er sich hinter die sicheren Hecken in unserem Garten, kaum dass er eines der Bandenmitglieder herannahen sah. Entgegen unserer sehnlichsten Hoffnung hauten sie jetzt erst richtig auf den Putz.

Mehrere Male hatten wir versucht, mit ihnen zu reden, doch sie sahen uns dabei nicht einmal in die Augen. Wenn sie in unsere Richtung schauten, dann waren ihre Blicke leer und äußerst unerschrocken, als gäbe es keine allgemeingültigen Regeln – oder gar Gesetze – für ein soziales Miteinander. Wir fühlten uns wie Zielscheiben.

»Ich halte das nicht mehr länger aus!«, brach es schließlich eines Tages aus Jamie hervor, die wiederholt versucht hatte, die pubertierenden Lausebengel zur Vernunft zu bringen, sie gar anflehte.

»Ich auch nicht«, sagte ich und griff schließlich zum Telefon, um den Vater des Bandenanführers anzurufen.

»Sie wissen, wir sind nicht von Cork, gut, aber wir wollen uns hier einfügen. Dass Halbwüchsige auch mal über die Stränge schlagen, ist klar, das ist überall auf der Welt so. Aber was wir hier erleben, das grenzt an tätliche Übergriffe. Egal, wie das alles anfing, können Sie nicht dafür sorgen, dass es aufhört?«

Ja, das wolle er, versicherte der Mann, der so entnervt klang wie wohl alle Väter halbwüchsiger Rabauken.

Wenige Tage später kam abends im Pub ein fremder Mann auf mich zu. »Wie ich weiß, haben Sie sich über gewisse Personen hier beschwert. Wenn ich Sie wäre, dann würde ich solche Einschüchterungsversuche ganz schnell bleiben lassen, das könnte nämlich ziemlich unangenehm werden.«

Was in aller Herrgottsnamen hatte den mystischen Geist Irlands bloß geritten? War das der Preis, den die Jüngeren für diesen Wohlstand und diese Nachgiebigkeit zahlen mussten? Vielleicht hatte ich völlig versagt, diesen rebellischen Trotz des Landes gegen alle Vorschriften zu begreifen, diese gewollte Anarchie, die Schriftsteller wie James Joyce, Flann O'Brien und Patrick McCabe beschrieben haben.

Doch die wichtigere Frage im Moment war die, was wir tun konnten, um uns vor künftigen Übergriffen zu schützen. Anrufe bei der Polizei erwiesen sich als zwecklos – denn wo waren die Beweise? Wir überlegten hin und her, bis es buchstäblich Klick machte: Wir beschlossen, an unserer Tür eine beweissichere Überwachungskamera anzubringen. So würde die Bande jedes Mal, wenn sie sich näherte, von einem Schnappschuss-Sperrfeuer begrüßt werden. Welch herrlicher Anblick, diese Rotzlöffel davonrennen zu sehen!

Doch letztlich deprimierten uns die jugendlichen Tollheiten in Verbindung mit der Gleichgültigkeit potenzieller Arbeitgeber ziemlich, gaben uns das Gefühl, dass in unseren Träumen, aus dem Nichts ein neues irisches Leben aufbauen und »irisch werden« zu wollen, jede Menge Trugbilder lauerten. Nach den ersten Willkommensbekundungen durch Nachbarn und neue Freunde wie Owen McIntyre hatten wir jetzt das Gefühl, als ließe sich dieses Land unserer Vorfahren – von dem wir irgendwie erwarteten, dass es uns aufnehmen würde wie heimgekehrte Verwandte – alle Zeit der Welt, bis es uns seine Türen wirklich öffnete.

Und so suchte ich einer alten Gewohnheit gemäß Trost auf einsamen Angeltouren, zog an schönen Nachmittagen im frühen Oktober los, watete durch nahe gelegene Bäche und warf meine Angel aus. Eines dieser Gewässer rauschte am Fuße eines sagenhaften Wasserfalls, plätscherte durch eine grüne Lichtung dahin, so ursprünglich und unberührt, dass man sich im alten Irland wähnte, wo die Mythen lebendig sind, wo sich eine geplagte Seele im Fluss liegend auf wundersame Weise in einen Lachs verwandelt, eine von Weisheit getränkte Zaubernuss schluckt und dann als Adler hoch in die Lüfte steigt. Dieser Ort war fantastisch, aber leider fischarm, und vom Wirken übernatürlicher Kräften war auch nicht viel zu spüren.

Also versuchte ich es ein Stück weiter stromabwärts, wo ich auf aussichtsreichere Fischgründe stieß, und warf meine langen Lassos erneut aus. Und hier schließlich klappte es mit der ersehnten Transformation: Hinter mir erspähte ich eine Horde Touristen aus Amerika, die mit vielen UUhhs! und Aahhs! jede meiner Bewegungen mit dem Fotoapparat verfolgte, als wäre ich die Verkörperung des zeitlosen Ur-Iren schlechthin – des urtümlichen Postkartenkelten. Der Irrwitz hatte gesiegt und mich in einen Iren verwandelt!

Auf dem traditionellen Musikfestival in Cork erwarteten uns weitere Umbrüche. Das jedenfalls stellten Laura und ich fest, als wir an einem nieseligen Nachmittag ein Pub namens Corner House betraten. Drinnen zupften acht angegraute Musiker auf Banjos, Gitarren, Mandolinen, einem Kontrabass, einer zitherähnlichen Autoharp und einer DOBRO-Resonatorgitarre – eigentlich war so ziemlich jedes Instrument zu entdecken, das Saiten aufzuweisen hat – eine stampfende, irische Interpretation eines alten Bluegrass-Stücks aus den Appalachen. Wir setzten uns weiter nach hinten, während Kartoffelchips mampfende Kleinkinder auf dem Boden fläzten, was in irischen Pubs ganz normal ist.

Wer keltische Kultur erleben will, wird in Irland an jeder Ecke fündig. Doch dieses einmalige Musikerlebnis im Corner House bestand aus einer überaus temperamentvollen Darbietung zweier amerikanischer Countrysongs: »Yellow Rose Of Texas« und »Are You From Dixie?«. Und bei diesem eigenwilligen Mix unterschiedlichster Musikstile fühlte man sich auf höchst eigenartige Weise zu Hause, besonders als eine einsame Stimme den Song »Give Me Back The Five Dollars I Paid For My Wife« anstimmte. Alle dreißig Sekunden kreischte ein Corker in Cowboystiefeln und Riesencowboyhut »Juhoouuh!«. Natürlich kam keiner dieser Willy-Nelson-Doppelgänger aus Dixie, aber man konnte es sich zumindest einbilden, wenn man die Welt durch die hiesige Brille betrachtete. Die Provinz Cork trägt stolz den Beinamen »Rebellen-County«, wozu Charakter und Geschichte ihrer Bewohner beigetragen haben. Ein großer Teil der hiesigen Bürger hier hat eine Art Mason-Dixon-Linie (sie bildet die Grenze zwischen den Nord- und den Südstaaten der USA) so tief verinnerlicht, dass sie bei örtlichen Hurling-, irischen Fußball- und Soccer-Spielen die Flagge der irischen Konföderation schwenken. Die Bezeichnung »Konföderation« geht auf eine kurze Periode der irischen Selbstverwaltung zwischen der Irischen Rebellion von 1641 und der Eroberung Irlands durch den Briten Oliver Cromwell 1649 zurück. Während dieser Zeit regierte die Irisch-Katholische Konföderation, auch bekannt als Konföderation von Kilkenny, zwei Drittel des Landes. In unserer Wohngegend gibt es auf dem Military Hill einen Spediteur, der einen riesigen Fuhrpark betreibt. Auf sämtlichen Türen seiner Lkws sind Rebellenflaggen aufgemalt, und zwischen den Scheinwerfern prangt sein auffälliges Firmenschild – »Big Jim«. (Jener »Big Jim« hieß mit bürgerlichem Namen James Larkin. Er war sozialistischer Aktivist und Führer der irischen Gewerkschaftsunion und gründete unter anderem 1908 die Irish Transport and General Workers' Union).

Irgendwann zu vorgerückter Stunde kam Jamie vorbei und holte Laura ab. Ich blieb noch und lauschte der nachfolgenden Band mit Namen Lee Valley String Band. Der Kern der Truppe spielte bereits seit dreiunddreißig Jahren zusammen. Einer von ihnen, er hieß Mick, war in seinem Hauptberuf Metzger, er sang seine Balladen oft beim Zerteilen der Tierhälften. Der Banjo-Spieler hieß ebenfalls Mick, wurde aber auch »Black Dog« genannt, und der dritte Mick der Truppe schrieb die Songs, wenn er gerade mal nicht als Gabelstaplerfahrer beschäftigt war. Da der Name »Mick« offenbar für die Jüngeren der Gruppe reserviert war, hatten die anderen Bandspieler weniger gängige Namen wie Hal und Kevin und – in einem verhutzelten, weißbärtigen Fall – Christy. Letzterer war ein begnadeter Steelguitar-Spieler, Kettenraucher, Kettentrinker, und er sang mit der Inbrunst eines Mannes aus den Bergen, den die Wehmut gepackt hatte. Die Jungs gefielen mir, zumal sie gerade von einem Folkfestival in Dänemark zurück waren, wo sie vor siebentausend Menschen gespielt hatten.

»Die sind so gut, dass sie auch in den Staaten jederzeit Massen begeistern könnten«, sagte ich zum Inhaber des Corner House, dem rothaarigen und spitzbübischen Fergal MacGabhann (die irische Variante des Nachnamens McGowan).

»Die acht aus Dänemark wieder rauszukriegen, war eine der größten organisatorischen Herausforderungen, die Irland je zu meistern hatte, Cork's Schlacht um Dünkirchen gewissermaßen«, erwiderte Fergal, während er gekonnt einen Notenschlüssel in die weiße Schaumhaube meines dunklen Murphy's tröpfeln ließ. Er hatte die Band damit geködert, jeden Montagabend bei freiem Eintritt in seinem Pub zu spielen, indem er ihnen so viel Freibier in Aussicht stellte, wie sie während eines Auftritts trinken konnten – und sie hatten in den vergangenen zehn Jahren nur zwei Gigs abgesagt. So, wie ich das Ganze sah, wäre Fergal ganz gut beraten, sich mit seinem Bilanzbuchhalter zusammenzusetzen und sich das Arrangement noch einmal gut zu überlegen.

Sich für Geld und Ruhm ins Ausland zu verkaufen, um dort irischen Folk zu spielen? Für die Lee Valley String Band kam das nicht in Frage. »Das sind schlechte Angewohnheiten schlechter Bands«, kommentierte »Black Dog« und schüttelte bei diesem Gedanken abschätzig seinen Salz-und-Pfeffer-Bart.

»So etwas interessiert uns einen Scheißdreck«, dröhnte Christy und zupfte an seiner doppelsaitig bespannten Autoharp herum. Er behauptete von sich, Purist zu sein, und klapperdürr, wie er war, konnte man meinen, er beziehe das nicht nur auf seine Geisteshaltung, sondern auch auf die Ernährung. Er sah aus, als zehre er jetzt noch von den Kalorien, die er sich zu Schulzeiten einverleibt hatte. Aber als Purist, so sagte er mir weiter, habe er schon immer den großartigen Bill Monroe verehrt, den amerikanischen Sänger, Songschreiber und Vater des Bluegrass.

Als Bill Monroe vor ein paar Jahren auf Tournee über den Atlantik nach Cork kam, wollte er Christy kennen lernen, er kam dann auch an einem »späten Sonntagmorgen« bei ihm vorbei (um zwei Uhr mittags, was in Irland noch als spätmorgens gilt). Christy, der eine trinkfreudige Nacht hinter sich hatte, hörte zwar das Klopfen und Rufen vor seiner Haustür, weigerte sich aber, sich aus den warmen Federn zu schwingen.

»Aber das ist Bill Monroe«, rief einer der Micks aus der Band aus einem Nebenzimmer.

»Ja, und ich bin Winston Churchill«, brüllte Christy und zog sich das Kissen über den Kopf.

Egal.

»Wir werden älter, aber es interessiert uns nach wie vor einen Scheißdreck – und das kannst du ruhig wörtlich nehmen«, sagte Christy.

Also gut. Wenn diese Jungs Gabelstapler fahren und Hammelfleisch zerhacken können und dabei einen ausländischen Song im Herzen tragen, dann vermochten wir das auch – oder nicht?

Der Herbst ging langsam vorüber, doch da Laubbäume in Irland spärlich sind, weil man sie einst zum Bau von Masten für britische Schiffe gefällt hatte, sah man kaum bunte Blätter auf die Erde fallen. Eines schönen Novembernachmittags hörten wir von draußen plötzlich ein fürchterliches Grollen. Es klang, als wäre Zeus, immerhin auch Gott des Donners und des Blitzes, höchstselbst am Werk. Der Himmel wurde augenblicklich schwarz, und die Bäume in unserem friedlichen Garten bogen sich auf einmal seitwärts, als wollten sie jeden Moment durch Fenster und Türen hereinbrechen. Unser Haus auf dem Military Hill schien zu zittern und zu beben, was in Anbetracht der Tatsache, dass die Wände fast einen Meter dick waren, erstaunlich war. In null Komma nichts hatte sich ein Sturm zusammengebraut, der gut und gerne mit mehr als einhundert Stundenkilometern über der Stadt tobte, und ich eilte nach oben, um einen besseren Blick auf das Naturschauspiel zu haben. Die schwarze Gewitterfront am Himmel ließ Äste durch die Luft wirbeln, und ich meinte auch streunende Katzen erkennen zu können. Der Himmel öffnete alle Schleusen und schüttete einen wahren Kugelhagel von Abertausenden, nein, Abermillionen von Wassertropfen aus, die ohrenbetäubend gegen unsere Fenster klatschten. Es waren Szenen wie aus dem Film *Die zehn Gebote* mit Charlton Heston, eine wahre biblische Sintflut.

»Jetzt weiß ich, warum man in solchen Situationen von einem Weltuntergang spricht«, sagte Jamie.

»Es ist gruselig«, wimmerte Owen.

Anstatt mich mit der Familie zusammenzukuscheln, trieb es mich hinaus in den Sturm, wie diese Verrückten, die an den Strand laufen, um einen heranziehenden Hurrikan hautnah mitzuerleben. Knut Hamsun etwa, der norwegische Schriftsteller, reiste nach seiner Ankunft in Amerika im späten 19. Jahrhundert auf dem Dach eines Eisenbahnwaggons weiter, um die raue und wilde Natur des Kontinents am eigenen Leib zu erfahren. Und William Turner, einer der bedeutendsten britischen Maler der Romantik, ließ sich hoch oben an die Masten einer Fregatte binden, um dramatische Momente der sturmgepeitschten See auf Leinwand zu bannen.

Ich lief also stadteinwärts den Hügel hinab und kam mir vor wie Gene Kelly, der tanzend und singend den Regen überstand, all das aber nun von einem Hollywood-Regisseur als Horrorfilm neu inszeniert. Spontan musste ich daran denken, wie wir seinerzeit bei strömendem Regen an Buns Hütte in Kerry gearbeitet hatten, wie wir in jenen glücklichen Tagen bis zu den Waden im Matsch standen und uns der endlose Regen in Nase und Ohren lief.

Aber das hier war weit schlimmer. Der sturzbachartige Regen trommelte mir nicht nur auf die Schädeldecke, sondern der Sturm blies von der Seite her ganze Wasserwände über den Gehsteig. Auf seltsame Weise war all dies auch beflügelnd. Während ich mich weiter durch die Sturmböen kämpfte, riss der Wind heftig am Saum meiner Regenjacke und schlug ihn hoch bis an meine Schultern. Wenig später war meine Hose klatschnass und mit ihr meine intimsten Körperregionen.

Wie ein schiffbrüchiger Seemann platzte ich schließlich durchweicht und schlotternd ins Hi-B, wo in einer Ecke ein wärmendes Kohlefeuer loderte.

»Ich würde an deiner Stelle nicht zu lange davor sitzen bleiben«, riet mir Kieran, der Schreiner.

»Warum nicht? Ich bin durch und durch nass.«

»Weil Brian sonst denkt, du nimmst allen anderen die Wärme weg, oder schlimmer, ihm selbst. Er hat so seine eigenen Vorstellungen davon, wie viel Wärme jedem zusteht«, sagte mein Freund mit dem markanten Kinn, den glänzenden Augen, dem beißenden Witz und dem grauen, lichten Haar eines irischen Häuptlings.

»Das ist doch absurd.«

»Das sagst du. Aber du wirst schon sehen. Brian hat mal einen Typen erwischt, der genau auf diesem Stuhl hier saß und sich auch noch erdreistete, ein paar zusätzliche Kohlen ins Feuer zu legen. Und sofort hat Brian dem Typen das Bier aus der Hand geschlagen – ein schönes, schaumiges, frisch gezapftes Bier. ›He, das ist mein Bier, Brian, ich habe dafür bezahlt‹, maulte der Typ. ›Ja, und das sind meine Kohlen, die habe ich bezahlt, und du hast ab sofort Lokalverbot.‹«

Tropfnass, wie ich war, suchte ich mir einen anderen Platz.

»Der Regen wird jetzt monatelang peitschen«, stöhnte Kieran. Peitschen, hämmern, klatschen, prasseln, nieseln – die Iren haben für das, was der Regen so alles kann, mindestens genauso viele Worte wie die Eskimos für die Fähigkeiten des Schnees. Das war auch nicht weiter überraschend angesichts der Tatsache, dass jüngste Studien belegt haben, die Wolkendecke in diesem ewig durchnässten Land habe im letzten Jahrhundert um 20 Prozent zugenommen. Auch die Zahl der regenfreien Tage ist laut dieser Statistik von sechzig im Jahr 1920 – immerhin knapp mehr als einem regenfreien Tag pro Woche – auf durchschnittlich neun in den vergangenen zehn Jahren gefallen. Und so schüttete es im Jahr 2000 im Dorf Crossmolina im County Mayo dreieinhalb Monate lang jeden Tag.

»So sehen die beschissenen irischen Sommer aus«, jammerte einer der vielen »Denisse«. »Im nächsten Jahr mache ich mich endgültig vom Acker, für immer. Australien wahrscheinlich.«

»Dort ist mit Sicherheit eine dunkle Wolke weniger am Himmel.« Ich versuchte geistreich zu sein.

»Du machst wohl Witze. Das hier ist grässlich, die reinste Qual – am Meeresgrund gibt es einen Fleck, der eigens für uns reserviert ist«, unkte ein gewisser Noel Brasil, der sich als genialer Songschreiber der großartigen irischen Sängerin Mary Black herausstellte.

Am folgenden Morgen kämpfte ich mich durch noch schlimmere Zustände die Wellington Road hinunter, an jeder Hand einen meiner Jungen, die zur Schule mussten. Ich konnte nur hoffen, dass sie nicht bis Cardiff oder Liverpool davongeblasen wurden. Es war erstaunlich, wie so ein Wetterumschwung die Dinge in der Umgebung völlig anders erscheinen ließ. Alle paar Meter tauchte ein Hundehaufen auf, und zwar nicht im Rinnstein, nein, mitten auf dem Gehsteig. Und eines wurde mir klar: Cork – das Venedig des Nordens – hatte nicht nur die schnurgeradesten Straßen, die höchsten und längsten Gebäude sowie die ältesten Jachtclubs Irlands, sondern war auch der hundekotreichste Ort dieser Erde mit der höchsten Dichte willkürlich hinterlassener Hundehaufen.

Wie musste es da erst auf den Schiffen gestunken haben, die mit Tausenden von irischen Auswanderern an Bord von Cobh aus ablegten? Wir konnten uns davon ein lebhaftes Bild machen, als wir vor wenigen Wochen jene Bucht im Corker Hafen aufsuchten, in der auch die St. Colman's Cathedral steht. Cobh war früher einer der größten Transatlantikhäfen des Landes, von dem aus täglich bis zu sechshundert Handelsschiffe ausliefen. Unter den britischen Besatzern entwickelte sich hier ein Ort mit herrschaftlichen Reihenhäusern im georgianischen und viktorianischen Stil, der zu Ehren eines Besuchs von Königin Victoria in Queenstown umbenannt wurde. Später gestaltete sich das Marinestädtchen zum Auslaufhafen für drei Millionen halb verhungerter Iren, die der Großen Hungersnot und ihren Folgen zu entkommen suchten. Die Auswanderer verschwanden in den dreckigen Bäuchen der »Totenschiffe«, wo sie – bis auf die Ketten – den gleichen Bedingungen ausgesetzt waren wie die afrikanischen Sklaven auf ihrer Reise in die Neue Welt. Es grassierten Typhusepidemien, sodass rund 30 Prozent der Passagiere auf der anderen Seite des Atlantiks nicht lebend ankamen. Und entdeckungsfreudige Taucher der Neuzeit konnten von Grosse Isle bis Quebec City keinen Schritt durch den St.-Lorenz-Strom machen, ohne dort auf irische Skelette zu treten.

Die Hauptbrücke in Cobh, von wo aus auch die *Titanic* zu ihrer letzten Reise auslief, schien noch immer eine gewisse Schwere und Trauer auszustrahlen. Im Heimatmuseum kann man die Geschichte der Stadt und des irischen Südwestens sehr gut nachempfinden. »Nie wieder« – das sagen die Juden und meinen damit, dass sie die Schrecken und die Toten des Holocaust nie vergessen und sie immer mahnen werden. Ein solches Schicksal durchlebten die Iren zwar nicht, doch auch sie erfuhren einen Beinahe-Genozid. Von daher sollte Cobh ähnlich geheiligt sein wie Jerusalem, doch selbst die Museumshallen sind umgeben von Läden, die billigen Krimskrams an Touristen verkaufen. Auch die steilen Stufen, die vom Ufer aus hinauf zur Kathedrale mit dem Glockenspiel führen, sollten zur Erinnerung an die traurigen Überfahrten der Iren von Mahnmalen gesäumt sein. Stattdessen ist dieser Weg ein einziges Zeugnis der Verwahrlosung, entweiht durch unzählige weggeworfene Bierdosen und Plastikmüll. Deren Botschaft lautet: Erinnern wir uns nicht unserer tragischen Vergangenheit, sondern unserer gegenwärtigen Laster.

Ähnlich deprimierend sah es an ebenjenem Morgen auf dem Gehsteig der Wellington Road aus, als ich meine beiden Söhne den Hang hinab Richtung Schule begleitete: Chipstüten, Zigarettenschachteln, Cider-Dosen der Marke »Scrumpy Jack« und sogar verschmutzte Windeln. Die übelsten Abfälle kamen von den örtlichen Frittenbuden: halb volle Pommes-Schachteln und platt gedrückte

Hamburger, um die haufenweise Serviettenpapier gewickelt waren, lagen, vom Regen aufgeweicht, in einer fettigen Lache. Ein Autohändler in Fermoy, Tom Monaghan, hatte den Unrat auf Irlands Straßen kürzlich derart satt, dass er sich überlegte, dem viel gelobten Wettbewerb für »Irlands schönste Stadt« mit einem unter dem Motto »Irlands dreckigste Stadt« Konkurrenz zu machen. An jenem Morgen jedenfalls hätte Cork diese Auszeichnung gebührt.

Wir gingen weiter. Wie gewöhnlich hatten wir Laura bereits um 7.20 Uhr an Corks hässlichster Bushaltestelle abgesetzt, von wo aus sie ihren Stundentrip nach Bandon antrat. Sie machte das noch immer klasse. Als ich Owen zum Abschied kurz umarmte und Harris in seine Klasse brachte, wünschte ich, sie wären auch so robust wie ihre Schwester. Doch als wir vor der Tür zu Harris' Klassenzimmer standen, ertönte von drinnen plötzlich ein markerschütternder spitzer Schrei: »RUHE!« Ich fuhr zusammen. Der Schrei klang wie der einer irren keltischen Stammesfrau kurz vor einer rituellen Enthauptung. Als ich, von meiner Erstarrung erlöst, in den Schulraum blicken konnte, entdeckte ich eine eigentlich ganz nett aussehende junge Lehrerin, die nicht viel älter als dreißig war. Alle Achtung!

»Komm schon, Harris, das wird schon. Die pustet bloß ihre Lungen durch«, sagte ich und stupste meinen Zehnjährigen vorwärts in den wartenden Kreis der Stammesopfer und versuchte, der Furcht in seinen Augen auszuweichen. Ein solcher Schrei vor der Klasse, und der Lehrer steht bei seinen Schülern wohl für alle Zeiten auf der schwarzen Liste. Das ist wohl überall auf der Welt so. Doch noch waren wir nicht voll und ganz in Irland integriert, und ich wusste nicht genau, wie ich mit dieser Art von Herausforderung umgehen sollte. Schließlich hatte ich schon genug mahnende und warnende Worte gehört, mit der eigenen Meinung besser hinterm Berg zu halten. Also zog ich Harris' Krawatte zurecht, wünschte ihm viel Glück und beeilte mich, aus dieser Irrenanstalt herauszukommen.

»Ruhe!«, tönte es da erneut. Und da sage noch einer, es gebe heute keine Todesfeen mehr in Irland!

An jenem Abend fing Harris, als ich ihn ins Bett brachte, zu schluchzen an. »Warum müssen wir überhaupt in Irland wohnen? Ich hasse es. Ich hasse meine Schule, und ich hasse meine Lehrerin, und ich will sofort wieder zurück nach Hause.«

Unsere Anwesenheit auf dieser Insel kam uns plötzlich vor wie eine Schnapsidee. Was hatte es gebracht, die Kinder aus ihrem behüteten Leben herauszureißen? Wie viel weiser und tapferer erschienen uns da plötzlich all die Partygäste im heimischen Amerika mit ihrem ewigen Gerede, irgendwann mal auswandern zu wollen, nach Sidney, Richmond-Surrey, Southhampton oder Gott weiß wohin, die das Glas hoben und auf ihre exotischen Träume anstießen, um dann am nächsten Morgen wieder den gewohnten Pflichten nachzugehen, ob es einem gefiel oder nicht.

»Ich habe Angst, dass wir einen Riesenfehler begangen haben. Ich fühle mich richtig krank vor lauter Schuldgefühlen«, sagte ich zu Jamie, bevor ich zum Hörer griff und die Privatnummer von Síle Hayes wählte, der Schuldirektorin der Jungen.

»Ja, ich hörte das Schreien heute Morgen auch und war entsetzt«, fiel mir Mrs. Hayes ins Wort. »Ich werde mich darum kümmern.«

Eine Woche später kam Harris mit Tränen der Freude aus dem Klassenzimmer gestürmt und verkündete, dass seine Lehrerin gefeuert sei. Siebzehn weitere Eltern hatten sich beschwert, was insofern bemerkenswert war, als dass die Iren bis vor kurzem jede noch so brutale schulische Erziehungsmethode klaglos hinnahmen, die von den unantastbaren und ehrwürdigen Patres exerziert worden war. Doch nun begann man aufzubegehren, für seine Rechte aufzustehen, wie man in Amerika sagt. Doch dieser Prozess würde noch eine Weile dauern. Im Grunde werden Beschwerden in Irland auch heute noch nur hinter vorgehaltener Hand geäußert.

Die wilde Schönheit der Beara Halbinsel in West Cork.

Das Haus der Monagans in Connecticut. Hier wohnten sie, bevor sie nach Irland auswanderten.

Das erste Haus nach ihrer Ankunft in Cork.

Der Autor mit Sohn Owen vor der Wandtafel in der häuslichen Küche. Sie verzeichnet alles, was die Kinder aus ihrer amerikanischen Heimat am meisten vermissen: Ahornsirup, Hot Dogs, Birch Beer (eine Limonadensorte), Chicken Patty Grinders (Sandwichs mit Hühnchen und Schmelzkäse überbacken; auch als Katerfrühstück sehr zu empfehlen).

2001: Die dreizehnjährige Laura vor der Kulisse des pittoresken Hafenstädtchens Kinsale.

Irische Träume von einem Leben am Meer, 1998: der fünfjährige Owen (links) mit seinem achtjährigen Bruder Harris während der einmonatigen Familienferien im idyllischen Castlewood in West Cork.

Schattiges Waldstück im oberen Lee Valley in der County Cork: Jamie gönnt sich eine Rast.

Sommer 1994 im westlichen Hügelland: Der vierjährige Harris tollt ausgelassen mit den Schafen.

Old Head of Kinsale: Die berühmte Halbinsel, auf der heute der gleichnamige private Golfplatz liegt, einer der exklusivsten der Welt.

Valentia Island, County Kerry: Blick nach Norden auf die Halbinsel Dingle, wo der Autor 1975 beim Bau einer Steinhütte mithalf.

Hier regiert das Chaos! Betreten auf eigene Gefahr – Oliver Punkett Street in Cork.

Oktober 2004: Party in einem Corker Pub. Der Autor inmitten namhafter Bürger der Stadt: Ray Lloyd (links), Tom Harding, Carl Harding, »Shocks« (rechts neben dem Autor), Hugh McPhilips, »Doctor John«.

Am westlichen Ende Europas – Valentia Island. Von hier aus wurde 1886 das erste Transatlantikkabel nach Neufundland verlegt.

12

Autoren lieben nichts mehr, als sich selbst als Sklaven ihrer Arbeit zu betrachten, insbesondere wenn sie in einer romantischen Dachkammer in einem fernen Land sitzen. Am meisten hassen sie es jedoch, einfach nur herumzusitzen. Also ging ich hinaus, schlenderte den schattigen Weg vor unserem Haus entlang, tat so, als ob ich nachdächte, während ich mit einer Mischung aus Schwärmerei und Empörung am Haus hinauf zu meinem Mansardenfenster blickte, von wo aus ich einen fantastischen Blick hatte, der mich eigentlich mit Inspirationen nur so erfüllen sollte. Doch Cork ist nicht der Ort, der es einem einsamen Grübler erlaubt, sich selbst allzu wichtig zu nehmen, zumindest nicht jetzt, Ende Oktober, wo das alljährliche Jazzfestival vor der Tür stand.

Das viertägige Ereignis ist der Ursprung aller irischen Festivals. Die ganze Stadt gleicht einem Volksfest, zu dem fünfzigtausend Feierlustige per Zug, Flieger und Auto anreisen, um die Darbietungen Tausender von Musikern mitzuerleben.

Das Hi-B war als Veranstaltungsort nicht aufgelistet. Dennoch entdeckte ich dort eines Nachmittags einen spindeldürren, eleganten Pianisten namens »Professor« Peter O'Brien. Er spielte lässig auf einem Keyboard, das auf ominöse Weise aufgetaucht war, während seine Freundin neben ihm wild auf einer Fiedel strich. Aus allen Hotels und Pubs der Stadt schallten Bebop, Blues und Big Band Jazz vom Feinsten. »Ballhop«, sagt man hier in Cork, um besonders außergewöhnliche Kompositionen hervorzuheben. Und dieses Jazzfestival war nun insgesamt ein »Ballhop«, ein musikalischer Ausnahmezustand, trotz des unaufhörlichen Regens, der gegen sämtliche Fenster trommelte. Zu einer der besten Darbietungen gehörte eine Hommage an Jelly Roll Morton, einen der einflussreichsten Jazzmusiker überhaupt, meisterlich dargeboten von einem ergrauten Interpreten mit blauen Augen namens »Stride« O'Brien (mit dem oben genanntem »Professor« weder verwandt noch verschwägert), der bei einigen Nummern von seinem Dubliner Freund Brendan Lynch unterstützt wurde. Als ich später mit den beiden noch ein wenig plauderte, kam das Gespräch auch auf den Auftritt von Professor O'Brien im Hi-B am Abend zuvor.

»Pete hat tatsächlich dort gespielt?«, fragte mich der Musiker aus Kerry.

»Ja, er war große klasse.« Pause. Dann fuhr er fort: »Meinst du, ich könnte heute Abend auch dort auftreten?«

»Ich wüsste nicht, was dagegen spräche«, sagte ich.

Ein Anruf im Hi-B genügte – und Brian O'Donnell war Feuer und Flamme. Stride und Lynch waren engagiert. Und wo ich schon dabei war, lud ich gleich noch eine Musikerin ins Hi-B ein, eine zierliche, junge Frau, die aussah wie Audrey Hepburn und Songs von Ella Fitzgerald zum Besten gab, als gäbe es nichts Leichteres.

»Es ist wirklich beachtlich – da bist du noch gar nicht lange in Cork, und schon machst du ein paar Arrangements mit Musikern aus, als würdest du schon Jahre hier leben«, meinte Brian später, nachdem eines der mitreißendsten Konzerte des ganzen Festivals in seiner Spelunke zu hören gewesen war.

Noch beseelt von dem Erfolg, zog es mich am folgenden Nachmittag gleich wieder ins Hi-B, um möglicherweise weitere Lorbeeren einzustreichen. Selbst Jamie hatte mitbekommen, dass ich an diesem Ort wohl nun für alle Zeiten ein Stein im Brett haben würde. Doch was mich im Hi-B erwartete, war eher eine kalte Dusche. Kaum war ich zur Tür herein, hörte ich die Musik von Mahler, so laut, dass man um Gnade oder zumindest um Brahms flehen musste.

»Schade, dass du gestern Abend nicht da warst«, sagte Brian. Offenbar hatte er vergessen, dass ich ihm die Session ermöglicht hatte. »Der Jazz war einfach göttlich. Hätte dir gefallen.«

Auf einmal schien mir das Hi-B nicht mehr der tolle Club zu sein, den ich vom gestrigen Abend in Erinnerung hatte. Abrupt drehte ich mich um und verließ den Laden. Wie dem auch sei, ich sagte mir, dass man uns in Irland bis auf das Terminatorgehabe gewisser pubertierender Rotzbengel und die Hinhaltetaktiken potenzieller Arbeitgeber im Großen und Ganzen offen und freundlich begegnete. Sicher, an Harris' Schule hatte man zwar gerade einen zweiten Lehrer gefeuert, für den immerhin schnell Ersatz gefunden war, aber trotz alledem lebten sich die Jungen sehr gut ein, spielten am Wochenende Rugby oder endlose Runden »Tip the can« in unserem Garten. Laura klebte nur noch an ihrem Handy und pflegte ihre neuen Freundschaften; und Jamie, die inzwischen so ziemlich jedes Kleidungsstück beim Waschen erfolgreich auf Minigröße geschrumpft hatte, stand in den Startlöchern, kommende Jobherausforderungen zu meistern.

Als wir drei Monate Abenteuer hinter uns hatten, beschlossen wir, unser bisheriges Glück mit einem Ausflug nach Sneem zu untermauern, einem Ort in der County Kerry. Und warum ausgerechnet Sneem? Weil wir fanden, dass der Name ulkig klang. Er soll eine Ableitung des gälischen Wortes *Snaidhm na Cailli* sein, was so etwas wie »ein Knäuel alter Weiber oder Hexen« bedeutet, obgleich uns letztlich keiner sagen konnte, warum der Ort tatsächlich so hieß. Gut möglich, dass sich eine obszöne Bedeutung dahinter verbarg. Schließlich wird der Besucher von Sneem von lüsternen Blicken verfolgt, mit denen die Figuren auf den hier zahlreich vorhandenen Steinreliefs aus Irlands heidnischer Vergangenheit ausgestattet sind. Einige von diesen Reliefs, die sogenannten *sheela-na-gigs*, waren in mittelalterliche Kirchenwände eingelassen und zeigten genügend ineinander verwobene weibliche Rundungen, um das Blut lüsterner Priester in Wallung zu bringen.

Wie auch immer – Jamie und ich verbanden mit Sneem eine ganz persönliche Geschichte. In unseren damaligen Flitterwochen waren wir rein zufällig hier gelandet, nachdem wir uns im Ödland der umgebenden Berge, im MacGillicuddy's Reek, hoffnungslos verirrt hatten. Nachdem wir endlich aus dem verschlungenen Labyrinth heraus waren, erschien uns Sneem wie ein friedlicher Hafen: bunt getünchte Häuser aus Kalkstein, die sich friedlich vor zwei großflächigen Grünanlagen aneinanderreihten, die als »Plätze« bezeichnet wurden. Eigentlich stellt man sich unter einem Platz etwas Viereckiges vor, doch hier waren sie dreieckig. Zwischen ihnen rauschte unter einer schmalen Steinbrücke der Sneem River hindurch, der ein Stück weiter in den Atlantik, in der Bucht von Kenmare, mündet, die auch als Kenmare River bezeichnet wird. Mit dem Verweis auf einen Fluss hat es folgende Bewandtnis: Der Lord of Kenmare war es leid, dass die einfachen Leute in der Bucht von Kenmare fischten. Und so traf er eine Entscheidung: Das Auslegen von Netzen im Meer war jedem erlaubt, aber in den Flüssen bedurfte es der Genehmigung seiner Lordschaft. Kurzerhand benannte er die Bucht in Kenmare River um und hatte fortan seine Ruhe.

Als wir nun zum zweiten Mal hier waren und uns an jenem Abend Anfang November von Kerry her dem kleinen Dorf näherten, schien es kaum verändert. Allerdings wurden wir von einem etwas seltsamen Empfangskomitee begrüßt, das in Form einer wilden Ziege plötzlich von einer Felsplattform heruntersprang und um ein Haar auf dem Dach unseres Auto gelandet wäre.

Nachdem wir uns im Bank House B&B einquartiert hatten (wo uns der Gästehausbesitzer mit den freundlichen Worten »Willkommen in meinem Heim« in Empfang genommen hatte), zogen wir los, um den einmaligen Blick auf die spektakulären rostroten Berge zu genießen, umhüllt von zarten, schneeweißen Wolkenfetzen, während im Hintergrund ein kunstvoll drapierter Halbmond durch das Dunkel der Abenddämmerung leuchtete. Nach diesem herrlichen Spaziergang und einem ausgezeichneten Abendessen schliefen wir tief und fest in einer uns umgebenden unendlich friedlichen Stille. Am nächsten Morgen lachte die Sonne, ihre hellen Strahlen brachen sich im Fluss, und das Blau des Himmels ließ die umliegenden Bergspitzen hervorstechen, deren Namen vermutlich alle in Beziehung stehen mit der urkeltischen Göttin Brigid: Coomcallee, die Hexenhöhle; Maulcallee, der Hexenhügel; und Clouncally, die Hexenwiese.

Plötzlich tauchte zwischen zwei fernen, pyramidenförmigen Gipfeln ein Regenbogen auf, der in den nächsten Momenten in der Mitte immer mehr an Leuchtkraft gewann, während die Farben an den Enden blasser und blasser wurden, bald auch ineinander verschwammen. Kurz darauf erschien, wenige Meter vom ersten Regenbogen entfernt – zumindest sah es für uns so aus –, wie von Zauberhand ein weiterer farbenprächtiger Lichtbogen. Laura hängte sich an meinen Arm wie einst als kleines Mädchen, das sie eben noch war. Schließlich rannte sie mit mir auf die Endpunkte der Regenbögen zu, die scheinbar direkt neben unserem Pfad die Erde berührten. Völlig verblüfft sahen wir zu, wie sich über unseren Köpfen ein drittes schimmerndes Regenbogenband bildete, und Laura schrie auf vor Staunen, als sich das Schauspiel in den wolkenlosen Weiten des Himmels auflöste. Hatten wir uns das Ganze nur eingebildet?

Jamie und die Jungen waren uns gefolgt, an einer knapp fünf Meter hohen Baumskulptur aus Stahl hatten sie uns eingeholt, die der frühere israelische Präsident Chaim Herzog aus irgendeinem Grund hier 1985 »gepflanzt« hatte. Gemeinsam gingen wir weiter bergauf, um zur anderen Hälfte des Dorfes zu gelangen. Unterwegs entdeckten wir ein interessantes Schild mit der Aufschrift »Der Weg, den die Feen gingen«. Hm. Das Schild führte uns einen schmalen Weg hinunter, an dem eine kleine, wenig auffällige Kapelle aus dem 19. Jahrhundert stand. Von ihr heißt es, dass unter dem Altar die Überreste von Father Michael Walsh liegen (1866 soll er gestorben sein), dem lebenslustigsten und ungewöhnlichsten Priester, den es je in Kerry gegeben hat. Er soll Gottesdienste geschwänzt und dafür lieber nach bester Wildwestmanier in Büffellederkluft die nahen Hügel durchstreift haben. Vor der Kapelle stand eine weiße Marmorskulptur in Form eines riesigen Pandabären – ein Dankesgeschenk eines chinesischen Verbandes zur Freundschaftspflege im Ausland für einen Besuch im Reich der Mitte von Cearbhall Ó Dalaigh. Dalaigh war irischer Premierminister von 1974 bis 1976 und stolzer Sohn von Sneem, wie uns die Tafelinschrift darunter informierte.

Im Park neben der Kapelle wuchs dichtes Grün, die Vögel zwitscherten lieblich, aber die Feen konnte man nirgendwo flüstern hören. Stattdessen trafen wir auf eine ausladende Skulptur der ägyptischen Göttin Isis, die Verkörperung der sich ewig erneuernden Fruchtbarkeit. Dahinter lag eine Reihe von geheimnisvollen Pyramiden aus blaugrauem Kerry-Schiefer, die sich in einer Höhe von viereinhalb Metern geradezu unwirklich neben dem Fluss zur Hafenbucht ausmachten.

Ich spähte durch eine Öffnung in die erste Pyramide hinein und hatte plötzlich das unheimliche Gefühl von Buns Gegenwart. Das Innere der Pyramide war eng, dunkel und hatte etwas Bezwingendes an sich. Hie und da waren die Wände durchbrochen von schmalen, fensterartigen Schlitzen aus prachtvollem Buntglas, glatt geschliffen wie Muschelschalen an einsamen Stränden. Das Licht der Sonne flutete durch diese fast heiligen Prismen und fiel auf die feuchten Innenwände. Der Effekt war verwirrend, ja ergreifend wie Monets

Kapelle in St. Paul de Vence oder Mark Rothkos mysteriöse Heiligenstätte in Houston. In Letzterer fällt das Licht von oben herein, und der Erbauer dieser in Stein geschlagenen Poesie hat die Bittgebete dieser Welt zu einer göttlichen Vision vereint. Aber auch die ägyptischen Pyramiden von Kerry erzählen von einer Hingabe, die in heutigen Zeiten kaum noch verstanden wird. Sie sind vergleichbar mit dem leeren Andachtsraum der Rothko-Kapelle, mit einer prähistorischen Höhle voller keltischer Ogham-Zeichen und Tierdarstellungen, die auf das Übernatürliche verweisen. James Scanlon hat diese göttlich-mystisch inspirierten Kunstwerke geschaffen.

Ergriffen suchte ich daraufhin die drei anderen Pyramiden auf, ich kam mir vor wie ein Bittsteller an der Marienstatue von Ballinspittle. Die letzte Pyramide war absichtlich nicht vollendet worden, als ob sie den Besucher einladen wollte, das Fehlende mit der eigenen Fantasie und dem eigenen Glauben auszufüllen. Der Ort hatte etwas Heiliges, schien einen Großteil seiner Macht aus der Kapelle von nebenan zu ziehen. Aber auch umgekehrt musste die Nähe zu den Pyramiden die Gottesdienste, die in der Kapelle stattfanden, erhabener erscheinen lassen. Ich schlenderte den Fluss entlang, in dem nun Licht statt Wasser zu strömen schien, wahre Fluten von Licht, die unter dem Gewölbe der altehrwürdigen Steinbrücke auf dem Weg ins offene Meer hindurchschossen. Lachse schwammen darin, sie kamen nach einer Reise über Tausende von Meilen zurück in die Gewässer ihrer Geburt. Wo immer mein alter Freund Bun seit seinem Tod umhergewandert sein mochte, ich fühlte, dass ihn neues Leben beseelte, dass er Teil dieser Vision von James Scanlon war, einem Suchenden, der die Grenzen zwischen Stein, Glas, Licht und Gebet überwunden hatte.

Und während ich innehielt, bildete sich ein weiterer Regenbogen über den Bergen von Kerry. Der abgeschiedene Westen Irlands ist seit Jahrhunderten berühmt für Legenden und Epen. In dieser Gegend entfaltet sich der Zauber dunkler Ahnungen, Lärm und Hektik werden von der Stille verschluckt. Irische Dichter von einst wurden inspiriert, indem sie sich stundenlang mit Steinen auf dem Körper in kühle, von Quellen gespeiste Wasser legten. Hier in Kerry wäre das nicht nötig gewesen. Hier musste man nur die Erscheinungen bestaunen, die zum Greifen nahe waren. Und da auch ich nichts anderes tat, erlebte ich ein tiefes Gefühl des Glücks, war voll Freude über das Geschenk, das Bun mir gemacht hatte, hier in Irland leben zu dürfen. Und ich hatte auf einmal die Hoffnung, dass sich meine Kinder auf dieser Insel gut einfinden würden. Ohne weitere Überlegungen, ganz aus dem Bauch heraus, hoben sich vor lauter Begeisterung wie von selbst meine Arme.

Die Kinder sahen mich verwundert an, und ich kam wieder auf den Boden, und zwar buchstäblich. Ich spannte sie ein, mir beim Aufsammeln von achtlos weggeworfenem Abfall zu helfen, von dem selbst dieser heilige Ort nicht verschont geblieben war. Anschließend gingen wir in die kleine Kirche, in der wir noch das Ende der heiligen Messe miterlebten.

Owen muss von alledem sehr angetan gewesen sein, denn er wollte unbedingt noch in einen der Souvenirläden. Er verschwand in einem der Geschäfte und kam wenige Minuten später wieder zum Vorschein, eine altmodische Wollmütze auf dem blonden Schopf.

Dass heutzutage die Hälfte dieser irischen Dinger in Indonesien oder China hergestellt wird, war meinem Sohn ebenso schnuppe wie die Tatsache, dass kaum einer unter sechzig Jahren überhaupt eine solche Kopfbedeckung trug. Er hatte seinen eigenen Willen und seine ganz eigenen Vorstellungen. Mit einem breiten Grinsen, den vielen Sommersprossen und seinen blauen Augen sah uns dieser Wuschelkopf an, dem stolz das Symbol seiner »Irischwerdung« übergestülpt war. Ein leises Flüstern war zu vernehmen: »Das ist meine Paddy-Mütze.«

13

Wo war nur meine Paddy-Mütze, die ich zu meinem Schutz gebraucht hätte? Eine Fahrt in einem Golfcart sollte eigentlich ein harmloses Unterfangen sein, doch für das, was ich ein paar Wochen später erlebte, hätte ich eine Art Sturzhelm, wenn nicht gar Fallschirm und Steigeisen gebraucht. Etwa einen Meter neben mir fiel eine steile Klippe fast achthundert Meter tief in das Meer. Warum war ich hier, auf diesem einsamen abgründigen Schotterweg? Eine amerikanische Zeitschrift hatte mich beauftragt, einen Artikel über einen legendären Ort für reiche Touristen zu schreiben, und zwar über die spektakulär gelegene und vielfach ausgezeichnete Golfanlage am Old Head of Kinsale – ein irisches Xanadu sozusagen.

Jim O'Brien, der unerschütterliche Manager dieses Platzes, steuerte den Golfcart, verwies stolz auf die Aussicht, während ich so knapp vor dem Abgrund zittrige Knie bekam. Unter uns donnerte die Brandung an zerklüftete Felsen, eine Böe ließ die Wellen gefährlich tanzen, die sich dann, ein paar Meilen vor der Küste, wieder beruhigten, ungefähr dort, wo am 7. Mai 1915 der Passagierdampfer *Lusitania* von einem deutschen U-Boot versenkt wurde und 1195 Ertrunkene auf Old Head zutrieben. Der Vorfall löste eine schwere Krise zwischen dem Deutschen Reich und den USA aus.

»Sehen Sie dorthin«, sagte Jim, der plötzlich auf einen größeren Spalt in den Klippen zeigte. »Die Öffnung geht von diesem Kliff geradewegs zum nächsten und bildet dadurch eine Höhle. Noch fünfzehn weitere von diesen Felsgrotten gibt es hier.«

Die Gegend um Old Head ist ein Vogelschutzgebiet, die Heimat unzähliger nur selten vorkommender Arten, wie etwa die Antarktis-

Skuas, Sturmschwalben, Kappen- und Dunkelsturmtaucher, Spatelraubmöwen und Wiedehopfe. Die Landzunge ist von atemberaubender Schönheit, ein natürliches Kleinod, das den Blick auf eine Kulisse freigibt, die mit zu den traumhaftesten auf dieser Insel gehört und von vielen Poeten besungen wurde. Für Generationen von Einwohnern aus Cork war es ein beliebtes Ausflugsziel zum Wandern und Picknicken. Der Boss von Jim, ein kräftiger, streitlustiger Mann namens O'Connor, kaufte 1989 von einem örtlichen Farmer das gesamte Gelände mit allem Drum und Dran für rund 225 000 Pfund. Trotz anderweitiger Absprachen fing er an, den Zugang zu dem Gelände, rechtmäßig ein irischer Nationalpark, für die Öffentlichkeit zu sperren.

Jim führte mich zur verfallenen Ruine eines Leuchtturms aus dem 17. Jahrhundert – wovon es in ganz Irland nur noch drei weitere gibt –, auf dessen Dach einst offene Feuer den Seeleuten den Weg wiesen. »Er soll danach noch als Bordell gedient haben«, lachte er verschmitzt. »Einige von unseren Gästen fragen manchmal, ob man ihn nicht wieder in all seiner einstigen Pracht aufbauen könnte.« Und die gefüllten Geldbeutel, die diese Touristen mitbringen, lassen vermuten, dass sie es ernst meinen.

Zurück an der schmalen Landzunge von Old Head, konnte man weitere verfallene Überreste eines steinernen Turms aus dem 12. Jahrhundert sehen, der einst als Wachturm für das Schloss der normannischen Familie de Courcy diente, die diesen Ort seit Jahrhunderten ihre Heimat nennt. Ganz in der Nähe sollen die Reste einer Festung namens Dun Cearmna liegen. Sie stammen aus der Eisenzeit und sind mit den mythischen Ursprüngen Irlands verwoben – so jedenfalls stand es in den Broschüren, die auf dem Golfplatz erhältlich waren. Des Weiteren konnte ich dort lesen, dass das Gelände im 2. Jahrhundert v. Chr. die Heimat eines irischen Kriegervolkes aus »Vor-Golfzeiten« war, das sich Erainn nannte.

Dieser Stamm gab dem Land seinen Namen. Allerdings sind die Verweise bei dem griechischen Mathematiker und Geographen Ptolemäus auf diese Krieger mehr als vage, wie man es bei einem Mann, der nie einen Fuß an Irlands Küste gesetzt hatte und mit Eisen oder Keil bestimmt nicht umgehen konnte, auch nicht anders erwarten würde.

Jim lenkte den Cart weiter an den Rasenflächen entlang, die hervorragend gepflegt und einladend aussahen, sofern man zufällig ein Golfer oder eine Kuh war, während er munter über diverse Besuche amerikanischer Berühmtheiten erzählte, etwa Tiger Woods, Michael Jordan oder Wayne Huizenga, den milliardenschweren Herrscher über eine Müllverbrennungsanlage in Florida und eine Videokette. Angeblich existierte unter dem Putting-Green, dem Golfübungsplatz, ein magischer Kreis, was die Ursache dafür war, dass 1912 die *City of Chicago* einen Felsen gerammt haben und auseinandergebrochen sein soll. In diesem Fantasy-Land der Golfer standen verstreut Nachbildungen von stehenden Steinen des alten Irlands, mit anderen Worten: Ich befand mich im Disney-Irland.

Im Clubhaus, einem niedrigen, verglasten Gebäude mit steinerner Fassade, das aussah, als hätte es sich vom kalifornischen Malibu hierher verirrt, war das Gästebuch voll von Einträgen, die einem als wahre Offenbarungen vorkamen: »Sollte Gott als Golfer wiedergeboren werden, dann würde er hier spielen«, hatte jemand hingekritzelt. Der Schöpfer und Golf spielen? Ich wunderte mich nicht schlecht. Selbst die krudesten Stellen im Alten Testament haben das Universum nicht derart abstrus dargestellt. Ich sah hinaus zum weißen Leuchtturm, der am Ende der Landzunge schimmerte, und ich bezweifelte, dass diese Golferschnösel überhaupt eine Ahnung hatten, wie sehr sie mit ihrem privilegierten Sport bei den Einheimischen aneckten, die man von ihrer geheiligten Halbinsel verbannt und damit aufs Neue als »Fremde« gebrandmarkt hatte, so wie die

Briten erst vor zweihundert Jahren jeden, der Gälisch sprach, bezeichneten.

»Wir zielen hier vorwiegend aufs amerikanische Publikum«, hatte Jim mir beim Mittagessen erzählt, als ich mich nach den Gebühren erkundigte, die bei 250 US-Dollar pro Golfrunde lagen – oder genauer gesagt beim Zehnfachen von dem, was auf den anderen Plätzen in diesem Land verlangt wurde. Es lag auf der Hand, dass hier der Versuch vorlag, die Preise für die Einheimischen in unerschwingliche Höhen zu treiben.

»Unser Ziel ist es, die Mitglieder lebenslang an Old Head zu binden, was durch einen Beitrag von 50 000 Dollar möglich ist«, klärte Brian mich weiter auf. Übrigens sagte er »Dollar«, nicht Pfund.

Ich fragte ihn nach den unüberhörbaren Helikoptern über Kinsale, mit denen unentwegt termingestresste Topmanager zu einer vergnüglichen Auszeit einschwebten. »Amerikaner fahren nicht gerne über unsere engen Straßen«, sagte Jim. »Sie finden sie viel zu gefährlich.«

Die Zahl der Hubschrauber, die in den letzten Jahren über Irland kreuzten, war gewaltig explodiert. Waren es anfangs nur vereinzelte Helikopter, sind es jetzt bis zu vierzig pro Tag. In Zukunft hofft der Chef von Jim, weitere Golfer mit Motorschnellbooten anzulocken, dann, wenn sein geplantes 15 Millionen Pfund teures Luxushotel im Herzen von Kinsale bezugsfertig sein wird. Unterdessen planen andere Unternehmer eine 40 Millionen Pfund teure Luxusfreizeithalle, die auf einer Grünfläche außerhalb der Stadt entstehen soll und nicht nur einen großzügigen Pool-Bereich, sondern auch eine Eisbahn haben wird. Darüber hinaus bastelt der berühmte australische Profigolfer Greg Norman (Spitzname »White Shark«) mit der Unterstützung einer amerikanischen Unternehmensgruppe, zu der auch ein früherer US-Senator gehört, an seinem eigenen 30-Millionen-Dollar-Projekt, das an der Küste von der County Clare entstehen soll. Dort werden nach Realisierung ein Luxushotel und zahllose Ferienhäuser das kleine Dorf Doonbeg in einem nicht geringen Maße vergrößern, womit der einstige Zauber und Reiz der County verloren gehen dürfte. Zudem soll ein Themenpark in der Nähe von Carlton House entstehen, einer der nobelsten Besitzungen in Kildare. Das Anwesen gehörte einst Edward Fitzgerald, dem Führer der erfolglosen Rebellion der United Irishmen von 1798. Wenn dieser Held vorausgeahnt hätte, dass einmal Horden von Touristen über seinen Rasen latschen würden, wäre er wahrscheinlich bis Timbuktu davongesegelt.

Doch es gab auch einen erfreulichen Aspekt meiner Recherche über diese neue keltische Welt. Ich hatte eine provokante Story in der Tasche, wodurch mir einige neue Türen zu Insidern geöffnet wurden.

»Was ich am meisten bedauere, ist, dass wir es nicht geschafft haben, Old Head als Nationalpark aufzukaufen. Dabei hatten wir die Gelegenheit, aber es hat nicht geklappt«, vertraute mir ein Corker Planungsdirektor an, der aber namentlich nicht genannt werden wollte. Von Bürokraten, Umweltschützern und ewigen Neidern hörte ich aus erster Hand, wie O'Connors »Ashbourne Holdings« den freien Zugang zum Gelände systematisch verhindert hatte. Man hatte von den Ausflüglern erst Eintrittsgelder verlangt, als das nichts half, bestand man darauf, dass sich alle Besucher als Ornithologen, Walbeobachter oder sonstiger Wissenschaftler auszuweisen hatten. Und schließlich wurde jeder, der nicht genug Schotter in der Tasche hatte, des Geländes verwiesen.

Eines Tages saß ich mit dem Besitzer der »Ashbourne Holdings« in einem Restaurant in Cork. Es war eines der angesagten Lokale, die neuerdings in London, Manhattan und vereinzelt auch in Dublin zu finden sind. John O'Connor erinnerte mich an John Wayne – er war genauso kraftstrotzend und unverblümt, und das schüttere graue Haar hatte er unter einer amerikanischen Baseballmütze versteckt. Für einen Mann, der eine großzügige, mehrere hundert Hektar große Golfanlage direkt am Meer besaß, gab er sich völlig salopp. Mit seiner Polyester-Windjacke hätte er in den elitären amerikanischen Clubs wie Augusta Beach oder Pebble Beach kaum Eindruck geschunden. Er bestellte ein Glas Wein, orderte nach dem Probieren eine Flasche davon, während seine Gefolgschaft, eine Ansammlung von kriecherischen Höflingen, wartend am Nebentisch saß.

»Der Bau dieses Golfplatzes ist vergleichbar mit dem des Eurotunnels«, sagte er, während er mich mit stechend blauen Augen musterte. »Zunächst einmal versuchte jeder Depp in Europa uns auszubremsen«, fuhr er fort und begann einen Monolog über seinen gerichtlichen Kampf und all die Prozesse zu halten, die ihn bis vor die obersten Gerichte der Europäischen Union brachten. Nach O'Connors Meinung hatte die Öffentlichkeit nie ein verbrieftes Recht auf einen freien Zutritt nach Old Head gehabt. »Als wir hier anfingen, galten Golfplätze als landwirtschaftlich genutzte Flächen, sie waren nicht Gegenstand gemeinderechtlicher Planungsbestimmungen. Also kann man nicht einfach herkommen und die Regeln neu definieren«, fügte er nachdrücklich hinzu.

O'Connor erzählte dann, wie seine Landschaftsgestalter über eine Strecke von dreißig Meilen eine drei viertel Million Kubikmeter Muttererde herbeischafften, dazu fast dreihunderttausend salzresistente Pflanzen aus Kalifornien und Neuseeland sowie riesige isolierte Ableitungsrohre aus Skiressorts der französischen Alpen, um den Wasserabfluss zu verbessern.

»Echte Knochenarbeit war das«, sagte O'Connor. In diesem Moment klingelte sein Handy – seine vernachlässigten Vasallen vom Nachbartisch hatten eine Frage. Er verzog keine Miene bei ihrer Beantwortung, danach wandte er sich wieder mir zu. Er informierte mich nun darüber, dass »98 Prozent« der Golfer, die sein »nationales Monument«, wie er es nannte, besuchten, Ausländer seien. Die Ironie, die alledem anhaftete, nahm er dabei nicht wahr.

»Wir haben herausgefunden, dass normales Publikum und Golfer schon aus Sicherheitsgründen einfach nicht zusammenpassen«, fuhr er fort und verwies auf etliche Zwischenfälle, bei denen arglose Spaziergänger von umherschwirrenden Golfbällen verletzt worden sein sollen. Jetzt wusste ich also Bescheid: Nach achthundert Jahren Fremdherrschaft, Hungersnot und Pest waren die größte Gefahr der Republik heute Golfbälle, die aufs Geratewohl vom Himmel fielen.

Darauf gab O'Connor aber keine Antwort.

Doch die Recherche war damit noch nicht beendet. »Das ist eine bodenlose Frechheit. Mein Leben lang habe ich dieses Gelände betreten, und mit einem Mal kann man da nicht mehr hin«, empörte sich Brillenträger Brian O'Neill, der zusammen mit seiner Mutter Mary eines der urtümlichsten Pubs der Stadt führte, das Tap Tavern.

»Stacheldraht und Wachen, das erinnert doch an Nazi-Deutschland«, klagte ein Gast des Pubs mit runzligem Gesicht, der neben dem glimmenden Kohlefeuer saß. Und ein pensionierter Apotheker klagte in drastischen Worten, dass all seine Briefe an den Gemeinderat, die Landzunge der Öffentlichkeit wieder zugänglich zu machen, in den Wind »gepisst« seien. Ein angebliches »nationales Monument«, das der Nation nicht zugänglich ist, war ein Thema, das im sonst eher verdeckt argumentierenden Volk direkte Worte und offenen Widerstand provozierte. Ich hatte das Gefühl, als würde jeder zum ersten Mal seinen Blick auf den Tribut richten, den der neue und um jeden Preis gemehrte Reichtum von der Nation forderte.

»Na ja, er war auch mal hier«, sagte Mary, die resolute weißhaarige Mitinhaberin des Tap Tavern über den Tycoon von Old Head.

»Er schneite eines Abends mit ein paar seiner Stiefellecker im Gefolge herein und hat sich auf diesen Whiskey dort kapriziert«, sagte sie und deutete auf eine Flasche hoch oben im Regal hinter ihr, deren bernsteinfarbener Inhalt unter der kleinen, blauschattigen Lampe leuchtete – »Academy Whiskey«, las ich auf dem Etikett.

»Ein erlesener, sehr seltener Whiskey, der seit achtzig Jahren nicht mehr destilliert wurde«, erklärte Mary. »Doch der Typ besaß die Frechheit und sagte zu mir: ›Mary, wir möchten gerne einen Tropfen von diesem Academy Whiskey dort‹. Ich erwiderte: ›Den werden Sie nicht kriegen, der ist nämlich nicht zum Verkauf bestimmt.‹«

Ihr Sohn Brian grinste.

»Dann fing er an zu protzen und sagte: ›Ich gebe Ihnen zehn Pfund, nur um ihn zu probieren‹«, fuhr Mary fort, die Häme in ihrem Gesicht war nicht zu übersehen.

»›Sparen Sie sich das‹, antwortete ich ihm. Doch da er ein Großkotz ist, bot er 20 und schließlich 40 Pfund. ›Der ist nicht zum Verkauf‹, wiederholte ich immer und immer wieder.«

»Dann muss es ja ein wirklich guter Tropfen sein«, sagte ich und ließ mir nicht anmerken, dass ich inzwischen wusste, dass der Herr Unternehmer regelmäßig im Blue Haven Hotel um die Ecke verkehrte, wo man ihm jedes Mal eine dicke Zigarre und eine Flasche edlen Weines auf einem Silbertablett servierte.

Mary redete sich richtig in Fahrt. »All seine Freunde saßen um ihn herum, und er spielte den großen Zampano: ›Ich gebe Ihnen 500 Pfund für die ganze Flasche.‹«

Der Blick in Marys Augen hätte jede herumstreunende Katze in die Flucht geschlagen. Vor zweihundert Jahren war Kinsale, ebenso wie das nahe gelegene Bandon, vollkommen in der Hand der Engländer, die den Paddys, die außerhalb der Stadt wohnten, untersagten, sich in den hiesigen Straßen blicken zu lassen. Dem zufälligen Besucher mag Kinsale heute wie ein großer Vergnügungspark anmuten, der errichtet wurde, um Fremden zu gefallen. Doch dem ist nicht so, wenigstens noch nicht. Die Einheimischen hegen die heftigsten Gefühle gegen all jene, die ihnen vorschreiben wollen, wohin ihnen zu gehen gestattet ist und wohin nicht, selbst wenn sie aus der nahen Umgebung kommen, wie etwa aus Kerry.

»Ich sagte zu ihm: ›John O'Connor, trotz Ihres ganzen Reichtums, Ihres Golfplatzes und Ihres herrlichen Schlosses, Sie besitzen nicht genug Geld, um mir diesen Whiskey abzukaufen. Der ist nicht verkäuflich, für niemanden und schon gar nicht für Sie.‹«

Und damit verschränkte Mary entschlossen die Arme und verschwand mit einem Schrubber in einem Hinterzimmer.

14

Schnell brach die Jahreszeit an, die man in Irland am besten im Bett verbringt. Bis Dezember zeigte sich das triste Tageslicht erst gegen neun Uhr morgens, glomm vor sich hin wie Feuer unter nasser Asche, das sich dann etwa sechs Stunden später langsam selbst auslöschte. Inzwischen prasselte der Regen unaufhörlich. Irgendwie schaffte es Laura, sich in tiefster Dunkelheit, zweieinhalb Stunden vor dem Morgengrauen, aus dem Bett zu wälzen, zu frühstücken und einen von uns Erwachsenen zu wecken, der sie zur Bushaltestelle fuhr, an der oft noch Trauben von Schnapsdrosseln der vergangenen Nacht herumhingen. Wenigstens ein Mitglied unserer Familie zeigte sich zielstrebig.

Sogar das Auto spurte nicht. Sein weißes Dach glich mittlerweile einer Petrischale, in der seltsam schleimige und grüne Kulturen sich exorbitant vermehrten. Jedes Mal, wenn ich den Zündschlüssel umdrehte, soff der Vergaser ab und ließ einen Keucher vernehmen, als wäre er mit von unten eingedrungener Luft aufgebläht. Und sobald alle im Auto saßen, liefen die Scheiben vor lauter Kondenswasser derart an, dass es unmöglich war, die Straße zu sehen. Auch die Steinplatten auf unserem Gehweg und die Schaukel der Kinder waren mit einem grünstichigen Film überzogen, während neben der Dusche Schimmelpilze sprossen, ganz zu schweigen von den Ackerschnecken oder Nacktschnecken oder wie sie auch hießen, vor unserer Haustür.

Offenbar aber machten die winterliche Dunkelheit und Feuchte manch einen Irlandbesucher so wahnsinnig, dass er tatsächlich glaubt, sie seien gesundheitsförderlich. Jedenfalls bescheinigte das der akribische Historiker, Mediziner und Spinner Charles Smith 1774 in seinem Bericht über eine ausgedehnte Tour durch Irlands Südwesten:

> Der abgesonderte Schweiß im Winter, vierundzwanzig Stunden am Tag, in ruhiger Körperhaltung, im Haus bleibend, entsprach der ausgeschiedenen Urinmenge in derselben Zeit, was mindestens ein Liter war. Im Sommer lag die abgesonderte Schweißmenge doppelt so hoch wie die ausgeschiedene Urinmenge oder zumindest um ein Drittel höher; kam körperliche Anstrengung hinzu, dann lag sie, je nachdem, was gegessen und getrunken wurde, fünf- bis fast achtmal höher. Im Herbst, bei milder Luft, lag die abgesonderte Schweißmenge ein Drittel höher als die ausgeschiedene Urinmenge, ansonsten nicht höher als ein Fünftel. Im Dezember war sie ein Fünftel höher als die ausgeschiedene Urinmenge; im Januar entstand ein Verhältnis von fünf zu drei. Im Winter, wenn das Thermometer mitunter bis auf minus 18 Grad Celsius sank, ergab die abgesonderte Schweißmenge pro Tag, auch wenn diese durch körperliche Anstrengung angeregt wurde, nicht mehr als einen halben Liter, doch die abgesonderte Schweißmenge nach neun Stunden Bettruhe erbrachte eineinviertel Liter, manchmal auch mehr; insofern schaffen große körperliche Anstrengungen am Tag kaum einen Ausgleich zu zehn Stunden winterlicher Bettruhe.

Was unserer Wahrnehmung eher entsprach, war in einer Geschichte von dem amerikanischen Autor Ray Bradbury über einen Planeten festgehalten, auf dem die Sonne einmal alle sieben Jahre für nur wenige Stunden zum Vorschein kommt und wo just in diesem Moment ein Mädchen ein paar Stunden lang eingesperrt in einem Wandschrank sitzt, todunglücklich darüber, diese einmalige Chance ihrer Kindheit, das glanzvolle, sonnige Tageslicht zu sehen, zu verpassen. Diese Erzählung muss Bradbury in Irland geschrieben haben. Jamies Bruder und seine Frau bekamen auf ihrem zehntägigen Besuch, den sie uns abstatteten, die Sonne nur etwa rund fünfzehn Minuten zu sehen. Als gute Gastgeber chauffierten wir sie durch die Landschaft, hierhin und dorthin, doch durch die Scheiben war bei dem Dauerregen kein einziges Feld zu erkennen.

»Nun ist doch Irland so grün und saftig, warum aber stehen dann keine Kühe auf den Weiden?«, fragte meine extrovertierte Schwägerin Gayle, aufgewachsen auf dem Land in North Dakota, auf einer Party, die unsere Nachbarn Shaun und Breda Higgins gaben. Eine irische Feier zum Verstummen zu bringen, ist fast unmöglich, aber genau das hatte Gayle mit dieser Frage geschafft und schallendes Gelächter hervorgerufen. Immerhin ist Irland in ganz Europa das Land mit der größten Landwirtschaft.

»Von meinem Dach aus könnte ich schon einige Wiesen sehen, wenn das Wetter mal schön wäre«, sagte Shaun. »Aber ich habe keine Chance, weil man bei diesem Regen nicht mal einen Baum zu Gesicht bekommt.«

In dieser Zeit verbreitete sich auch eine besondere Krankheit: Sie erwischte vornehmlich Lehrer, die siebzehn Tage lang streikten und keinen Unterricht gaben. Ihre Forderung: eine sofortige Lohnerhöhung um 40 Prozent. Natürlich hatten sie die Streiktage vor die Winterferien gelegt, um den Eltern größtmögliche Unannehmlichkeiten zu bescheren. Eisenbahner und Flugangestellte zogen nach, brachten den öffentlichen Verkehr zum Stillstand, und auch die Taxifahrer beschlossen mitzumachen. Zu allem Unglück drohten sogar die Dubliner Barkeeper, ihre Arbeit niederzulegen. Schließlich brachen einige mit Arbeitsfragen befasste Minister ihr hartnäckiges Schweigen, sprachen ein Machtwort und gaben zu verstehen, Irlands Untergang sei vorprogrammiert, wenn nicht endlich Schluss sei mit den stetig steigenden Lohnforderungen. Und zwei Monate später genehmigten sich die Minister selber klammheimlich eine Erhöhung ihrer Diäten um 28 Prozent.

Da wir uns zu den modernen Katholiken zählen, die sich Kirchen anschauen, suchten wir immer mal wieder eine solche religiöse Stätte auf. Und so führte uns der Weg auch in eine Corker Kirche, die in der Washington Street lag. Ein etwas seltsam anmutendes Infoblatt lag neben dem Portal auf einem Tisch aus und klärte über die »Dienstleistungen« auf, die man hier in Anspruch nehmen konnte. Die Sprache erinnerte an ein Juristenkauderwelsch:

> Regeln zur Ablassgewinnung im Gedenken aller verstorbenen Seelen:
>
> 1. Vom 1. November mittags bis Mitternacht am 2. November können alle, die gebeichtet oder die heilige Kommunion empfangen oder für den Papst gebetet haben (ein Vaterunser, ein Gegrüßet seist du, Maria oder wahlweise ein anderes Gebet), Ablass gewinnen, indem sie eine Kirche oder eine Kapelle aufsuchen und dort ein Vaterunser und das Glaubensbekenntnis beten.
> Dieser Ablass ist nur anwendbar auf die von uns gegangenen Seelen. Die Beichte kann jederzeit während der Woche vor dem oder nach dem 1. November abgelegt werden. Die Heilige Kommunion kann jeden Tag vom 1. bis 8. November empfangen werden. Für jeden anderen Kirchenbesuch während dieser Zeit kann ein Teilablass für den gleichen Zweck gewährt werden.
> 2. Gläubige, die einen Friedhof besuchen und dort für die Toten beten, können einen umfassenden Ablass gewährt bekom-

men, der nur die heiligen Seelen betrifft. Unter den üblichen Bedingungen ist das einmal am Tag vom 1. bis 8. November möglich. Die oben genannten Bedingungen gelten ebenfalls.

Ähnlich amtssprachlich gestaltete sich die Messe, bei der wir aus der vorgeschriebenen Gebetsabfolge kaum schlau wurden, wohl deshalb, weil wir noch nie einen juristischen Vertreter während einer solchen Zeremonie erlebt hatten (wobei das gar keine schlechte Idee ist, sobald man seinen Fuß auf irischen Boden setzt). Dem Gottesdienst in einer anderen Kirche unserer Nachbarschaft konnten wir sehr viel leichter folgen, doch auch der erwies sich nicht als sonderlich überzeugend. Der Priester, der kürzlich erst auf offener Straße brutal überfallen worden war, blickte während der gesamten Messe stur auf irgendeinen Fleck an der Wand hinter dem Altar. Anscheinend wollte er auf diese recht mühsame Weise herausfinden, was um Himmels willen bloß aus Irland geworden war. Kein Wunder, in diesem Gotteshaus betete man einzig und allein für eine sanftmütige Herde.

Die finstere Jahreszeit hatte scheinbar auch eine anziehende Wirkung auf unsere heimlichen »Bewunderer«. Denn als wir eines düsteren Morgens aus dem Haus gingen, mussten wir feststellen, dass über Nacht die Rückscheibe unseres Autos eingeschlagen worden war. Über den ganzen Rasen zerstreut lag zudem Müll, und die Kotflügel des Opels sahen verdächtig sauber aus, als ob die Plagegeister ihre Fähigkeiten in der olympischen Disziplin Wettpinkeln stundenlang trainiert hätten. Das Maß war übervoll! Ich schmiss beinahe das Telefon gegen die Wand, während ich die Nummer der Polizei wählte und verlangte, dass die *gardaí* sich gefälligst hier blicken lassen solle.

Aber ich hätte genauso gut den erstbesten Komiker anrufen können. Erst nach geraumer Zeit erschien eine Handvoll uniformierter

Polizisten vor unserer Haustür. Sie machten einen leicht überforderten Eindruck, traten von einem Bein aufs andere, diskutierten über das Wetter, bis sie schließlich meine Aussage aufnahmen und sich mit einem Anflug von Verbindlichkeit für das Chaos in ihrem Bezirk entschuldigten. Hoch und heilig versprachen sie, unser Haus künftig besser im Auge zu behalten. Dann, etwa eine Stunde später, sah ich aus dem Fenster, und mein Herz machte einen kleinen Freudensprung, als ich nämlich beobachtete, wie einer dieser Lausebengel zu einem langsam heranfahrenden Polizeiwagen zitiert wurde und für einen kurzen Augenblick etwas beängstigt wirkte.

»Jamie, komm mal her! Sieh mal, sie haben ihn«, rief ich, ja fast jauchzte ich.

»Was meinst du mit ›Sie haben ihn‹? Die lachen sich eins ins Fäustchen«, erwiderte sie unwirsch. Jetzt sah ich es auch: Unser junger Freund hatte lässig einen Arm über die Tür des Polizeiwagens gehängt. Er sah wirklich nicht aus wie jemand, der gejagt und am Ende geschnappt worden war.

An jenem Abend beschloss ich, Nachtwache in unserem Garten zu halten. Mitten in der Nacht sah ich mich umringt von einer Horde Teenager mit jeder Menge neu rekrutierter Zöglinge im Schlepptau. Das roch gewaltig nach Testosteron, besonders in der feuchten Luft. Ich empfand das als sehr beunruhigend, denn zum einen war die irische Kunstfertigkeit, Rachefeldzüge zu führen, tief in der Bevölkerung verwurzelt. Und zum anderen hatte die Truppe Verstärkung von einem Typen, der gut einen Kopf größer war als ich und sich noch dazu »Großer Bruder« nannte.

Wahrscheinlich schwor der Große Bruder die Gang darauf ein, womöglich mit einem hämischen Grinsen, welch herrliche Jugend er in dieser Sackgasse verlebt hatte, natürlich in einer Zeit, als wir noch nicht in dieser lebten.

Die Situation erschien mir äußerst gefährlich: Eine sechsköpfige Bande von Halbstarken verhieß nichts Gutes. Um es mit diesen modernen Straßenkriegern aufnehmen zu können, preschte ich vor und knöpfte mir den Großen Bruder vor. Doch wie ich rasch bemerkte, kam er mir mit einem gewissen Anstand entgegen, hörte aufmerksam zu und zeigte Verständnis für meine Beschwerden, versprach sogar, dass die Schikanen unserer Familie gegenüber fortan aufhören würden. Wir reichten uns schließlich die Hand, und nach einem etwas längeren, nachdenklichen Moment gab ich auch jedem der anderen Jungs die Hand, sagte ihnen, ich sei schließlich auch einmal jung gewesen und wolle das Ganze vergessen, wenn wir einfach nur in Ruhe und Frieden hier wohnen könnten. Und so schlossen wir wahrlich Frieden – eine Zeit lang jedenfalls.

Nicht alle Widrigkeiten in unserem neuen Leben waren damit aus dem Weg geräumt. Wie sich bald zeigte, kam Jamie bei ihrer Suche nach einem Job nicht voran, ähnlich wie der Streik der öffentlichen Transport- und Verkehrsgesellschaften. Sie entdeckte ein Inserat des örtlichen Schlachthofs, das sich las, als hätte es jemand aus der Sadomasoszene aufgegeben: Da wurden »Guillotinebediener«, »Kühlhausfahrer«, »Ausbeiner« und »Schlächter« gesucht. Neben diesen Angeboten gab es einen immensen Bedarf an IT-Spezialisten. Anscheinend waren interessante und kreative Jobs nur in Dublin zu finden, wobei die irische Hauptstadt drei Stunden Zugfahrt entfernt lag, falls die Züge überhaupt mal wieder über die Gleise rollten. Das nützte uns nichts. Und so war Jamie an manchen Abenden völlig niedergeschlagen und entmutigt, und das ließ sie mich auch spüren.

Es war nicht einfach, noch so viele Baustellen in unserem neuen Leben zu haben. Ängste und Auseinandersetzungen nahmen zu. Nicht von ungefähr erkor Jamie für sich einen neuen Lieblingssong, eine herzzerreißende Version von »Hard Times Come Again No More« von Stephen Foster.

In einem Pub, das im Zentrum der Stadt lag, erzählte ich einem Gast von der deprimierenden Jobsuche meiner Frau und von ihren großartigen, wenn auch verkannten Talenten. Der Mann, Inhaber eines erfolgreichen örtlichen Unternehmens, hörte aufmerksam zu. Als passionierter Sozialist, so tat er mir kund, wolle er am liebsten der ganzen Menschheit helfen. Prost! Soziales Leid jeglicher Art war ihm ein Gräuel. Prost! Er hasste den Kapitalismus. Und die Religion natürlich. Prost! Er glaubte an das Gute in jedem Menschen und würde sein Leben dem Wohle selbiger opfern. Und auch darauf einen Schluck!

»Sag deiner Frau, sie soll mich morgen anrufen, dann besprechen wir die Sache«, sagte er und beschrieb kurz eine Stelle, die er bald besetzen müsse. Aber – wie nicht anders zu erwarten – er beantwortete keinen der acht Anrufversuche meiner Frau. Das unterstrich einmal mehr die oberste Regel bei dem Versuch einer Eingliederung in Irland: Verlass dich nie und nimmer auf Versprechungen, die man dir in einem Pub macht!

Die Kommunikation war in Cork wirklich alles andere als einfach. Dabei sprachen die Menschen um uns herum dieselbe Sprache – aber was zwischen den Zeilen gesagt wurde, entging uns offenbar. Freunde von uns erklärten, dass wir wohl noch keinen Zugangscode zu den irischen Beziehungsnetzen hatten, also unter einem »Vitamin-B-Problem« litten. Es stimmte: Jamie und ich waren für die Iren zwei Fremde. Sie machten ihre Geschäfte lieber mit Leuten, mit denen sie notfalls auch um tausend Ecken bekannt oder verwandt waren. Braucht man in Irland einen Installateur, einen Mechaniker oder sonst jemanden auf zwei Beinen, dann hat man sehr viel bessere Karten, wenn man sich auf jemanden berufen kann – auf einen einflussreichen Anwalt, einen entfernten Cousin, einen Freund oder eine Freundin. Ansonsten wird man wie Luft behandelt. Uns wurde bewusst, dass wir eigentlich nicht existierten, was wir in den fast fünf Lebensjahrzehnten auf diesem Planeten nur noch nicht ganz begriffen hatten – eine befremdliche Erfahrung.

Was hatte das nette Fräulein von der Bank noch gleich gesagt: »Woher sollen wir vor Ablauf von sechs Monaten denn wissen, dass Sie tatsächlich der sind, der Sie vorgeben zu sein?« Und offensichtlich hatte sie das ernst gemeint. Wir wurden langsam skeptisch, was Owen McIntyre nur bekräftigte. Er schimpfte auf das ganze Volk, das seiner Meinung nach strafrechtlich verfolgt werden sollte, und zwar wegen geheimer Absprachen zum Nachteil des freien Wettbewerbs. Immerhin würden höchst qualifizierte Personen irischer Abstammung mit einwandfreien Referenzen, die sie in Übersee sammelten, aufgrund mangelnder Kontakte von guten Jobs ausgegrenzt bleiben. Und ein exzentrischer, ortsansässiger Dichter lästerte: »Weißt du denn nicht, dass die Perestroika es nie bis nach Irland geschafft hat? Überleg doch nur mal, wie die Russen Geschäfte abwickeln. Da werden Geldscheine hin- und hergeschoben und verschleierte Drohungen ausgestoßen. Und die sind noch zehnmal offener als wir. Versuch es doch mal in Russland, dort finden sich bestimmt mehr Chancen für euch.«

Eines Tages hatten wir einen Nachbarn zum Tee zu Gast, der aus den USA stammte. Und obwohl er anfangs beteuerte, er habe nur eine Viertelstunde Zeit, blieb er gut fünf Stunden – so viel hatte er über das Wesen der Iren zu erzählen. Er fand das unzugängliche, undurchschaubare, eigensinnige, verstockte, doppelzüngige, kriecherische, heuchlerische, täuschende und naseweise Verhalten der Iren zum Verzweifeln. In den vergangenen fünf oder sechs Jahren – denn so lange war er mit seiner aus Cork stammenden Ehefrau verheiratet – hatte es ihn immer wieder vor den Kopf gestoßen. Es dauerte Ewigkeiten, bis er endlich einen gering bezahlten Job in einer

Vorschule erhielt, obgleich er jahrelange Erfahrung in diesem Bereich vorweisen konnte. Da stünden uns noch harte Zeiten bevor, meinte er warnend. Als Trost fügte er hinzu, dass es die Sache aber auch irgendwie wert sei.

Zu einem anderen Zeitpunkt trafen wir einen englischen Touristen, der uns offen gestand: »Drei Wochen bin ich jetzt hier, und jeden Abend war ich sternhagelvoll. Aber abgezockt hat man mich nicht ein einziges Mal.«

Unseren Kindern fiel es leichter als uns, sich in diesem Land einzufinden. Laura wurde übers Wochenende in stattliche Landhäuser eingeladen, während Owen und Harris alles daransetzten, sich in echte Corker Jungen zu verwandeln. Owen verfiel sogar in den typisch trällernden Corker Slang, zog die Vokale lang und klärte mich über die hier gebräuchlichen Wörter für »Abfall« und »Mülltonne« auf. Doch leider wurde er darüber immer selbstbewusster, er setzte nicht einmal mehr seine Paddy-Mütze auf.

Um diese Jahreszeit fuhren die Kinder in Connecticut Schlitten, standen auf Skiern oder glitten in Schlittschuhen über zugefrorene Weiher. In Irland hingegen drehte es sich wettermäßig nicht um Schnee oder Eis, sondern allein um Matsch. Harris, unser Schmutzfink, wie wir ihn nannten, da er schon als Kleinkind gerne im Schlamm wühlte, entwickelte eine wahre Passion zu diesem Element. Jeden, der in seine Reichweite kam, rang er im Garten nieder, nur um sicherzustellen, dass der andere binnen Sekunden von oben bis unten eine Dreckschleuder war. Eines Abends aber bekamen die Kinder dann doch noch einen Eindruck von der irischen Version eines weißen Winters. Eine fahrende Theatertruppe versprühte ihren Zauber über den ansonsten trist anmutenden Marktplatz namens Cornmarket Street. Zu dröhnenden, geradezu gruseligen Elektroklängen erschienen aus dem Schwarz der Nacht altersgraue Gestalten auf Stelzen und in Drachenkostümen, während Hunderte von

Kindern das Geschehen gebannt verfolgten. Plötzlich ließ ein riesiger, fönartiger Apparat ganze Lawinen von Styroporschneeflocken über die Menge regnen. Die Kinder streckten voll Staunen die Hände aus, während das Zeug auf ihre Haare rieselte und in die Kragen rutschte. Es war so, wie Ray Bradbury es in seiner Geschichte über die meteorologische Transformation beschrieben hat, bei der diejenigen, die die seltene Sonne zu sehen bekommen, in einen Schockzustand versetzt werden. Schließlich stieß die Schneemaschine mit einem lauten Ächzen das letzte weiße Gestöber aus, und schon trat der feuchte Nebel aus der Vergessenheit und umfing die Nacht.

Wir schlenderten anschließend am Lee entlang und genossen die märchenhaften Spiegelungen der erleuchteten Gebäude im dunklen Wasser, das schimmernde grüne Licht, das jeden Abend über die Brücken tanzte. Unsere neue Heimat – auf wackeligen Träumen erbaut.

Langsam nahte die Weihnachtszeit, was auch in Cork nicht zu übersehen war. In der Stadt ging es eher laut als besinnlich zu, gleichsam eine gigantische Veranstaltung, aufwändig inszeniert von dem amerikanischen Regisseur Cecil B. DeMille. Die Straßen füllten sich mit neuen Gesichtern, als hätte man sämtliche Leute vom Land in die Stadt befördert, um dem gemeinschaftlichen Kaufrausch zu frönen. Die Restaurants und Pubs der Stadt waren überfüllt; in den Läden der Stadt ging es drunter und drüber, so wie früher, wenn in den ländlichen Gemeinden der sonntägliche Viehmarkt stattfand. Spielwarengeschäfte wirkten, als hätte man sie absichtlich verwüstet, und in den Boutiquen lagen Klamotten wild über den Boden verstreut. Lediglich die schlaff herunterhängenden Truthähne auf dem English Market schienen sich nie von der Stelle zu rühren.

In der Zeitung gab es keinen einzigen Hinweis auf ein Weihnachtsoratorium oder ein Sternsingerfest, wie überhaupt nur wenige Zeichen auf ein kommendes religiöses Fest hindeuteten. Cork hat schöne Kirchen im Überfluss, die jeden Besucher in Bann ziehen. Die berühmteste von ihnen ist die St. Fin Barre im französisch-gotischen Stil mit schlanken, siebzig Meter hohen Türmen, die man von überall aus bestaunen kann. Diese Herrlichkeit des Protestantismus ist benannt nach dem Gründer jener Siedlung aus dem 18. Jahrhundert, aus der das moderne Cork hervorging.

Die Einkaufspassagen waren in der Vorweihnachtszeit voll von Straßenmusikanten, darunter der Barde mit seinem Sägeblatt und dem Violinbogen, der nun »Kommet, ihr Hirten« und »Stille Nacht, heilige Nacht« spielte. An jeder Ecke standen Menschen herum, die mit Sammelbüchsen klapperten, um Spenden für Alte, Arme, Waisen, eine neue Krankenstation oder die Rettungsbootstation oder sonst was zu bitten. Das also war Weihnachten.

Ich für meinen Teil blieb dem unerträglichen Einkaufswahnsinn bis zuletzt fern. Als ich schließlich am Nachmittag des Heiligabends die Geschenke für alle zusammenhatte, betrat ich erleichtert das Hi-B, in meiner Hosentasche auch ein Geschenk für Esther, eine kleine Aufmerksamkeit für ihre Liebenswürdigkeit. Trotz des ganzen Durcheinanders im Pub fand sich ein Moment, es ihr diskret zu überreichen.

Esther, eine Nikolausmütze auf dem Kopf und an jedem Ohr ein blinkender Mini-Rudolph, das rotnasige Rentier, fiel mit heiserer Stimme in den Chor eines Weihnachtslieds ein: »You better not shout, I'm telling you why.« Das halbe Pub grölte sofort mit. Die Stimmung am Nordpol hätte nicht euphorischer sein können. Doch dann tauchte Brian O'Donnell auf und schaute sich verächtlich um.

»Ihr seid alle viel zu laut, eine ungehobelte Bande, die nicht weiß, wohin sie sonst gehen soll«, blaffte er und fuhr sich dabei flink mit der Zunge über die Lippen. Verdammter Miesepeter! Doch dann kam der Geschäftsmann in ihm durch, und er setzte hinzu: »Aber mit einem begnadeten Talent zum Alkoholmissbrauch.«

Ich beobachtete einen Typen, einen Journalisten namens Denis – kam mir das nicht bekannt vor? –, der Esther half, ihren diversen Krimskrams aus der Tür zu befördern: sieben Taschen voll, wenn ich richtig mitgezählt hatte. Ein paar Tage später fragte ich sie, wie viele Geschenke sie bekommen habe.

»Einhundertvierundachtzig.«

So gut hatten es unsere Kinder nicht, zumal ihr über alles geliebter Hund fehlte und die weitläufige Verwandtschaft, die bislang jedes Jahr zu Weihnachten mit viel Liebe große Geschenkbänder um Pakete gewickelt hatte. Großeltern, Tanten und Onkel waren weit weg am 24. Dezember, an dem es endlos regnete und keine einzige Schneeflocke fiel. Doch am Weihnachtsmorgen gingen Owen, Harris und Laura nicht völlig leer aus, sondern erhielten von uns wenigstens einen kleinen Berg Geschenke. Nach der Weihnachtsmesse und den Anrufen bei unseren Müttern kamen neue Freunde der Kinder und von Jamie und mir vorbei, um ein wenig mit uns zu feiern. Jamie hatte sogar mit großem Aufwand eine Weihnachtsgans gebraten. Trotzdem spürten wir die Schatten, die auf unseren Seelen lagen. Über dem Kamin hingen traurig Rugby-Socken, unsere liebevoll bestickten Weihnachtsstrümpfe hatten wir beim Einpacken vergessen. Nichts ist für Eltern quälender, als für das Hohe Fest nicht alles bedacht zu haben.

Am folgenden Morgen brachten wir Laura zum Flughafen, denn wir hatten ihr das großzügige Geschenk gemacht, nach Paris fliegen zu dürfen, um eine Freundin zu besuchen, die sie aus Connecticut kannte. Als Fast-Teenager wagte sie ganz allein die große Reise zu Ariane Laporte-Bisquit, die in der Nähe des Eiffelturms wohnte. Von dort aus würde sie mit der Familie ihrer Freundin weiter nach Südfrankreich in ein Schloss fahren. Die Großeltern von Ariane destillierten dort Cognac. Grund zur Sorge?

15

Silvesterabend. Unser neues Lebens schien uns davonzurennen. Wir standen mit unseren Nachbarn und einer Horde von Kindern mitten im Bellevue Park und warteten auf das alljährliche Feuerwerk, das jeden Moment von der Stadt unter uns heraufsteigen würde. Einer der aufgeschossenen jugendlichen Störenfriede war auch da, doch selbst er lächelte heute. Während ich ihn so betrachtete, begann ich mir vorzustellen, wie meine eigenen Söhne vielleicht sogar schon bald ebenfalls in Schwierigkeiten geraten könnten. Und war ich nicht selbst in dieser pubertären Lebensphase unausstehlich gewesen? Aber heute, an Silvester, musste man einfach friedlich aussehen. Jeden Moment würde sich die überschwängliche Begeisterung der Corker in einem zündenden Feuerwerk entladen, das über die angestrahlten Kirchentürme hinausschießen würde. Mitternacht kam – und lautes Lachen erfüllte die Luft, Umarmungen und Küsse nahmen kein Ende.

Das einzige Problem: Es war inzwischen Viertel nach zwölf, und nicht die geringste Leuchtkugel glitt durch den leicht verhangenen Himmel. Jeder, der eine Armbanduhr trug, schaute immer häufiger auf sie, den Kopf schüttelnd. Handys kamen zum Einsatz, doch der Pyrotechniker vom Dienst hatte offenbar frei – keine Leuchtrakete funkelte am Himmel, nicht einmal ein Blindgänger.

»Verdammte Scheiße«, maulte unser Nachbar Diarmuid. Den Fluch sollten wir in den nächsten Minuten noch öfter hören. Zugegeben, ein Feuerwerk – oder wenigstens die Aussicht auf eines – war in keiner Zeitung angekündigt oder gar bestätigt gewesen, vielleicht weil die Organisatoren es versäumt hatten. Oder war es umgekehrt?

Cork, das bestätigte sich wieder einmal, war nicht zu durchschauen – entweder man erfuhr durch Zufall von einem Ereignis, oder man wurde einfach in der Kälte stehen gelassen. »Scheiße noch mal!« Am Ende waren die Kinder durchgefroren und die Champagnerflaschen leer – und der Himmel blieb dunkel.

Auch der folgende Tag zog grau und kalt herauf. Ein echtes Scheißwetter also, sofern es hier überhaupt ein Wetter gab. Aber die Dinge ändern sich, wie sie das in Irland immer tun. Plötzlich gab es ein winterliches Schauspiel, das wundersamer war als das größte Feuerwerk: Schnee! Eine Sonnenfinsternis hätte keine größere Ehrfurcht hervorrufen können. Da Schnee in Irland nicht selbstverständlich ist, kommt er einer Erscheinung gleich. Irische Schriftsteller wie James Joyce haben dieser kristallinen Substanz, die jenseits des menschlichen Fassungsvermögens beheimatet ist, ein literarisches Denkmal gesetzt, etwa in der Erzählung *Die Toten*. Wenn die Briten schlauer gewesen wären, dann hätten sie jeden Aufstand im Keim ersticken können, indem sie eine Ladung Kunstschnee über das Land geschüttet hätten.

Unsere Jungen gerieten völlig aus dem Häuschen, als die erste nasse Flocke den Boden berührte. Als der Schnee später mehr wurde, bewarfen sie sich gegenseitig mit pappigen, kleinen Schneegranaten. Unsere Nachbarin, eine Studentin aus Simbabwe und gelegentliche »Babysitterin« für unsere Kinder, kam herausgerannt, kreischte aufgeregt, da sie noch nie in ihrem Leben Schnee gesehen hatte. »Das ist ja völlig irreal! Geradezu magisch!«, rief sie. Und da hatte sie verdammt Recht.

Am folgenden Morgen wollten wir nach Dublin. Allerdings gestaltete sich die Reise in einem verschneiten Irland nicht gerade einfach. Bei Tagesanbruch war es beißend kalt, und dichte Flocken rieselten nur so vom Himmel. Es war das heftigste Schneetreiben seit 1983. So gut wie kein Auto fuhr, jedenfalls gewiss kein einziges auf unserem Hang. Und auch wir hatten nicht vor, es zu versuchen. Also stapften wir durch den Schnee, rutschten und glitten die Meile den Hügel hinab bis zum Bahnhof, wo sich unser Zug sogar ziemlich fahrplanmäßig in Richtung Hauptstadt bewegte. Während der Fahrt staunten wir nicht schlecht über das ewig grüne Land, das sich in ein geisterhaft weißes Gewand gehüllt hatte.

Ohne weitere Probleme waren wir in Dublin angekommen. Ein befreundetes Paar holte uns an der Heuston Station ab, die gegenüber Armeekasernen an der Parkgate Street lag, wo ich einst Karotten für Buns Spezialgebräu geklaut hatte. Dave und Rose Van Buren kannten wir aus einem katholischen Kloster außerhalb von New York, in das Brautleute in Klausur gehen, um sich von allen Sünden reinzuwaschen. Rose war eine dunkelhaarige, übersprudelnde Farmerstochter aus Limerick, Dave ein spaßiger, schwarzbärtiger, sanftmütiger und echter New Yorker, der für eine Kanzlei arbeitete, während er nebenbei Gedichte schrieb. Wir freundeten uns damals spontan an und hielten unsere Bekanntschaft aufrecht, auch als später unsere Kinder geboren waren und die heimwehkranke Rose vor zehn Jahren ihren Mann überredete, nach Irland zu ziehen.

Dave managte mittlerweile Paddynet, einen irischen Internetprovider mit umfassenden Irland-Infos. Diese Idee birgt das gefährliche Potenzial in sich, die globale Kommunikation zu behindern, sollte es der Inselbevölkerung je in den Sinn kommen, sich ebenso obsessiv im elektronischen Chat auszutauschen, wie sie es schon via Mobiltelefon tut. Rose plagte sich mit einer Teilzeitstelle als Krankenschwester ab und kümmerte sich ansonsten um den gemeinsamen Nachwuchs, der eben fünf Jahre alt geworden war. Es gab viel zu reden, und so setzten wir uns in ein Lokal in einem gerade neu eröffneten Einkaufszentrum. In der Lounge konnte man tief in Kissen versinken und auf den Bildschirmen, die ringsum an den Wänden angebracht waren, irische Export-Stepptänzer verfolgen, die mit den Hufen klapperten. Danach schlenderten wir die Straße hinunter, die durch Dublins weitläufigen Phoenix Park führte. In dem Menschengewühl musste ein Motorradfahrer von seiner Maschine absteigen und sie wie eine bockige Kuh durch die Menge schieben.

In einem dieser sich endlos dahinziehenden Vorortsiedlungen, die neuerdings um Irlands große Städte wuchern, besaßen die Van Burens eine typische irische Doppelhaushälfte. Spielplatz für die Kinder der Umgebung war der Park Castleknock. In diesem machte der normannische Eroberer Strongbow im Jahr 1171 der Belagerung Dublins durch irische Grafen und alliierte Nordländer ein Ende – als zufälliger Passant unterschätzt man leicht die historische Bedeutung dieses Ortes. Die Erwachsenen in diesem Viertel kannten sich alle untereinander und trafen sich regelmäßig in geselliger Runde wie Fische in einer Biegung eines schmalen Bachs. In den Augen unserer Kinder war diese Familie, die eng zusammengepfercht wie in einem Schuhkarton lebte, sehr viel reicher als unsere, denn vor der Haustür spielten hier dreimal mehr Kinder als bei uns. Politik hatte hier einen einzigen Inhalt: das Leben der Kinder, was nicht ohne eine gewisse nachbarschaftliche Kontrolle ablief, wie Rose es ausdrückte.

Zum Abendessen gab es Tiefkühlpizza und Pommes für dreizehn Personen, doch das war ganz selbstverständlich, getreu dem irischen Lebensmotto: »Je mehr Leute am Tisch, umso lustiger geht's zu.« Feine Manieren werden auch nicht erwartet, sind sogar regelrecht verpönt.

»Es gibt Momente, da will man nur schreien, und manchmal ist es sogar eine Herausforderung, vor Schulbeginn die Schuhe der Kinder zu finden, aber alles in allem haben wir hier ein wunderbares Leben«, sagte unser Gastgeber, Sohn einer wohlhabenden Familie in der Westchester County, New York, der sich inzwischen aber heillos in das »Irischsein« verliebt hatte.

»Die Hälfte unserer Freunde lebt gleich nebenan«, lächelte Dave zufrieden. »Gemeinschaftssinn in dieser Art haben wir in Amerika nie erlebt; Rose hat die Kälte unter den Menschen ganz verrückt gemacht.«

In diesem Moment läutete es an der Haustür. Und bis neun Uhr abends drängten sich vielleicht vierzig Leute in den kleinen Zimmern, darunter ein halbes Dutzend einer irischen Barbershop-Kapelle, in der Dave mitsang, hauptsächlich A-cappella-Musik. Die Baritone summten und brummten, während die Kinder zum tiefen, sonoren Klang der Stimmen ihrer Väter übermütig tanzten. Gegen Ende des Abends trällerten auch Jamie und ich fröhlich mit den anderen mit, während unsere drei Kinder das Szenario voller Erstaunen verfolgten.

Leider präsentierte sich Dublin am folgenden Morgen nicht ganz so vollkommen, wie es am Vortag noch erschienen war. Gläserne Wolkenkratzer reckten sich wie überdimensionierte Tablettenröhrchen in die Höhe und überragten die sorglose Vagabundenstadt, die ich einst kennengelernt hatte, während riesige Kräne bereitstanden, weitere gesichtslose Lego-Bausteine hochzuziehen, die Irlands neuen Wohlstand demonstrieren sollten. Bürogebäude in einem der Brownstonehäuser in Stephens Green's, Dublins In-Adresse, waren für fast 200 000 US-Dollar pro Jahr zu mieten. Und der Verkehr war geradezu unerträglich. Eine Umfrage ergab, dass Dublin – nach Kalkutta – von allen Großstädten der Welt diejenige ist, in der es am längsten dauert, ein Paket um die nächste Ecke auszuliefern – ganze fünfundvierzig Minuten.

Es war kalt. Auf der lebhaften Grafton Street trafen wir den Balladensänger, der ganz Cork mit seinem Violinbogen und dem Sägeblatt verzaubert hatte. Hier aber wirkte er inmitten der Massen, die in die glamourösen Geschäfte hinein- und wieder hinausströmten, wie ein verlorener Bettler. Auf den Pfaden der bärtigen, zerzausten

Gauner und Schlitzohren, die hier einst von einer Spelunke in die nächste gezogen waren, wandelten nun konsumhungrige Käufer auf der Suche nach Kosmetika oder italienischen Schuhen. Was war wohl aus meiner singenden Freundin von damals geworden, die eine alte Kommodenschublade als Bett hatte? Oder aus dem leidenschaftlichen, aber netten jungen Kommunisten, mit dem ich Karotten für Buns Whiskey gestohlen hatte? Hatte es ihn überhaupt je gegeben? In der Mitte meiner linken Handinnenfläche ist mir bis heute eine kleine Narbe von einem Holzspreißel geblieben, den ich mir einriss, als ich in der County Meath mit einem Freund für die »Aristos« Pferdekoppelzäune anstrich – meine einzige sichtbare Erinnerung an jene Zeit.

Auf den Straßen glitzerte Eis, und direkt vor uns rutschte eine Frau mittleren Alters, die an die gefährliche Glätte nicht gewohnt war, auf dem Pflaster aus. Sie schrie auf, offenbar hatte sie sich den Arm gebrochen. Eigenartigerweise waren wir, die Ausländer, die Einzigen, die ihr tröstend zu Hilfe kamen, bis der Krankenwagen eintraf. Dann machten wir kehrt, und da verlor an derselben Stelle die nächste Person ihr Gleichgewicht, diesmal ein älterer Herr. Steckte eine Botschaft hinter diesem Treiben? War Dublin zu einem Ort geworden, an dem Irland seine alten Sitten und Gebräuche mit einem neuen und gefährlich glatten Glanz übertüncht hatte?

Wir schlenderten durch aufgemotzte Boutiquen und etliche noch immer hervorragend sortierte Buchläden, die ich als Student so geliebt hatte. Die Pubs, in denen ich einst versumpfte, waren von quasselnden Menschen bevölkert, von denen nicht wenige unerträglich protzig und unecht wirkten, wenn sie ihre Verabredungen zum Abendessen in ihre Handys hineinposaunten, sodass alle Welt mitbekam, wohin man ging. Wo war nur das Dublin geblieben, das ich kannte, mit all den schrulligen Menschen vom Land, die ihre Hosen noch mit einem Strick festhielten? Wo waren die Marktfrauen, die in

Schals vermummt laut und unbekümmert ihr Gemüse feilboten? Warum sah niemand außer mir meinen Freund Bun, wie er unter uns saß, den ganzen Zirkus betrachtend und den Kopf schief vor Lachen?

So viel hatte sich verändert. Und alles, was mir geblieben war, waren diese Narbe in meiner Handfläche und dieser absurde irische Traum in meinem Kopf. Am Abend zuvor hatte mich jemand nach meinen »längerfristigen Plänen« gefragt. »Ich will ja nicht penetrant wirken«, sagte der Mann. Klar, natürlich nicht.

Doch die Frage über unser weiteres Leben brachte mich ins Grübeln. Ich schob den Gedanken kurz beiseite, als mir plötzlich ein anderer in den Kopf schoss, den ich erst seit kurzem ernst nahm. Bun hatte seinen Dolmen gebaut, seinen Bienenstock, seine magische Hütte. Wenn ich von ihm irgendetwas gelernt habe, dann das, dass es sich lohnt, seinen Träumen nachzugehen. Schön, mein alter Freund, dann »baue« ich eben ein magisches irisches Magazin.

16

Der Schnee schmolz rasch, der einsetzende Regen ließ ihn in der Erinnerung bald verblassen. Nachts war es frostig kalt, tagsüber nahm die Januarsonne an Stärke zu. Es folgten endlich länger werdende und glücklichere Tage. Natürlich verfluchten die Wettermärtyrer jedes Klettern des Thermometers, aber verglichen mit den Wintern in Neuengland, ging es uns hier für diese Jahreszeit noch ganz gut.

Es gab viele Zeitungsartikel zu schreiben, während ich nebenbei versuchte, den Plan meines irischen Magazins systematisch anzugehen. Und auch bei Jamie hatte sich einiges bewegt. Letztendlich hatte sie einen dieser potenziellen Arbeitgeber von ihren Talenten überzeugt, die eigentlich jedem sofort hätten auffallen müssen. Und plötzlich war sie mit anstehenden Projekten für das Opernhaus befasst, das größte Haus dieser Art in Irlands Südwesten, sowie für die Municipal Gallery of Arts in Crawford, in der sie jeden Tag Dutzende von neuen Leuten kennenlernte. Unser mehr oder weniger verborgenes Dasein schien damit ein Ende gefunden zu haben. Jamies Enthusiasmus beflügelte mich, und am Horizont erschien ein Silberstreif.

Auch wenn Irland seinem nostalgischen, abgenutzten Ruf nicht mehr gerecht werden wollte, so hatte das Ganze doch wenigstens eine positive Seite. Cork – die County zählte 430 000 Einwohner, die Stadt 220 000 – platzte vor neuen Unternehmen. Viel versprechende Verheißungen lagen in der Luft. Spanier waren dabei, das Stadtzentrum zu erneuern, und man hatte begonnen, die faulig stinkende Brühe des Flusses Lee abzuleiten. Die Stadtentwickler rieben sich die Hände und tuschelten in den Pubs von einem geplanten Ausbau des Flughafens und der Umgestaltung verfallener Schiffswerften zu einem Areal mit modernen Cafés und Boutiquen.

Ständig traf ich in Cork auf diese sich ändernde irische Welt: auf einen Unternehmer für Klimaanlagen (Klimaanlagen in Irland?), der den Zuschlag für einen Auftrag in einem verglasten Neubauprojekt im Wert von 100 000 Pfund bekam; auf einen Dreiunddreißigjährigen, der eben sein drittes pompös umgestaltetes Super-Pub eingeweiht hatte; auf einen Typen mit einem Fischladen, der in einer Garage angefangen hatte und heute Wildlachse und Makrelen nach New York verschiffte; auf Leute, die zwischen London und Cork hin- und herpendelten, als wäre es eine Entfernung zwischen zwei Dörfern.

Das Cork, das mich fesselte, war eine kleine, unbezähmbare Stadt, getrieben von großartigen Visionen. Die ganze County war darauf aus, die Zeiten der Großen Hungersnot und die verbohrten Notleider und Krämerseelen der Vergangenheit auszumerzen – genauso wie die Bilder einer Idylle, die von den irischen Touristenbehörden auf ewig beschworen werden. In Clonakilty war man eifrig dabei, irische Hausfrauen in einen Wellnesstempel zu locken. Sie sollten ihre Hemmungen abwerfen und sich für viele Pfund splitternackt in Seegrasbäder legen, sich mit irgendwelchen sonderbaren Güssen behandeln und die müden Glieder dabei von einem *Engländer* so richtig durchkneten lassen. Früher wäre ein solcher Landsmann dafür getötet worden. Doch heute schossen überall moderne Tennis- und Squashhallen aus dem Boden, um kalifornischen Träumen nachzujagen und Kreditkarten im Einsatz zu halten. Eine Autowäsche war früher etwas, das der liebe Gott in Irland mit einem Platzregen erledigte. Heute konnte man sein Gefährt an jeder Tankstelle waschen lassen, wo man mittlerweile auch Windeln, edle Kaffeesorten und auch sonst alles bekam, was eine Familie die Woche über brauchen konnte.

»Wir laufen Gefahr, der zweiundfünfzigste Bundesstaat von Amerika zu werden«, warnte ein Einheimischer, ohne dass er genau gewusst hätte, welcher der einundfünfzigste war.

Das alte Irland ist so gut wie verschwunden, ob es einem gefällt oder nicht. Die jetzige Devise lautete: Einfach irgendeine britische oder amerikanische Innovation nehmen, sie in eine neue Verpackung stecken, und schon lässt sich damit Geld in Irland machen. In diesem Land schien in der Tat ein dynamischer Unternehmergeist zu sprühen, wie ich ihn nie zuvor erlebt hatte.

Doch all dies besaß auch eine beunruhigende Kehrseite. Zerstörten die fetten Gewinne etwa die nationale Identität? Wie auch immer: Die wachsenden Müllberge, die unendlichen Verkehrsstaus und der ungebremste Bauboom forderten langsam ihren Tribut. Im blinden Eifer nach Fortschritt um jeden Preis trieb die Regierung einen Masterplan voran, der den Bau neuer Autobahnen über eine Strecke von Tausenden von Meilen vorsah. Sechstausend Farmen und das schöne Flusstal des Lee würden aufgegeben und verwüstet werden. Kostenpunkt: 6 Milliarden US-Dollar.

Mehr und mehr wurden Gesetze missachtet. Nächtliche gewalttätige Übergriffe auf Fußgänger häuften sich, und die Zahl der Vergewaltigungen und bewaffneten Überfälle – im bettelarmen Irland von einst eine Seltenheit – stieg rasant an. Die Asylbewerber aus verarmten Ländern der Dritten Welt gerieten immer öfter mit den einheimischen unteren Schichten in Konflikt. Die gesellschaftlichen Veränderungen bargen auf allen Ebenen Gefahren.

Soweit ich das erkennen konnte, kritisierte die örtliche Zeitung nur die Oberfläche dieser tief greifenden Umwandlungsprozesse. Und darin lag die Chance für meine eigene Idee – Irland aus der Perspektive eines Außenstehenden zu beschreiben. Ich wollte ein provokatives, farbiges Monatsmagazin gründen, das die Wiedergeburt von Cork zwar feierte, gleichzeitig aber all die unterschwelligen

Probleme beleuchtete, die das Land so geflissentlich ignorierte. Florierten in Amerika nicht rund vierhundertfünfzig regionale Zeitschriften? Meine Geschäftsidee musste gut sein.

»Nur zu«, rieten die meisten. »Der ganze Südwesten Irlands schreit nach Neuheiten.«

Das einzige Problem dabei: Wie sollte ich eine halbe Million Pfund für dieses Projekt auftreiben?

Unsere Kinder bemerkten sehr schnell unseren Stimmungswandel. »Wenn du diese Zeitschrift machst, Dad, müssen wir dann nicht Jahre hierbleiben?«, fragte Laura eines Abends, die es immer ganz genau wissen wollte. Versonnen bohrte sie mit einem Finger in der Zuckerdose herum. Über ihren blauen Augen hatte sie einen schwarzen Lidstrich gezogen, die Fingernägel mit silbernem Nagellack lackiert. Sie wirkte gut einen halben Kopf größer und befremdlich reifer als noch im August, als wir ins Flugzeug gestiegen und hierhergekommen waren. »Es ist doch offensichtlich, dass ihr damit rechnet.«

»Ich mag Irland, aber Amerika ist hundertmal besser«, protestierte Owen. Erst wenige Tage zuvor hatte er eine Postkarte an Myles, seinen Seelenzwilling, geschrieben: »Ich bin zwar weit weg, aber du wirst für immer mein bester Freund sein.«

Harris wirkte manchmal etwas verstört. Die Jungs von der Straße klingelten unaufhörlich an unserer Tür, um mit ihm zu spielen. Doch das arme Kind hatte mittlerweile den vierten Lehrerwechsel hinter sich, wobei die aktuelle Lehrerin nun weitaus vernünftiger wirkte als ihre Vorgänger. Seine heiß geliebten Reptilien, sein Lieblingssport, seine Sicherheit in einer ihm bekannten Umgebung – all das war ihm genommen worden von den Menschen, denen er eigentlich vertrauen wollte. Und Rugby, der einzige Wettkampfsport, der bei den Christian Brothers angeboten wurde, kam ihm wie eine deplatzierte Prügelei vor. Und so zog er sich immer weiter zurück, lebte in einer hermetisch abgeschlossenen Fantasiewelt elektronischer Spiele und träumte sich in das Reich ihrer dunklen Gestalten hinein.

»Wir müssen dafür sorgen, dass die Kinder mehr erleben«, sagte Jamie eines Tages. Und sie hatte Recht. Auch ich befürchtete, dass dieses irische Abenteuer unseren eigenen Sorgen zum Opfer fiel.

Am folgenden Abend gingen wir alle zusammen ins »Panto«, ein in Irland und Großbritannien traditionelles Slapstick- und Pantomimentheater, das anderswo weitgehend unbekannt ist. Das Stück, das wir sahen, war eine Cinderella-Posse, bei der eine rund zweihundert Frauen und Männer starke Truppe Fratzen schnitt, tanzte und sang, darunter ein paar Dutzend drei- bis sechsjähriger Mädchen, die in mit Pailletten besetzten blauen Kleidchen als Revuetänzerinnen auftraten. In guter alter »Panto«-Tradition wurden jede Menge zweideutiger Zoten gerissen, und die Einbeziehung des Publikums war obligatorisch. »Oh, nein, das will ich nicht«, zierte sich eine der hässlichen Schwestern von Cinderella, als sie zu einer schmutzig machenden Hausarbeit verdonnert wurde. »Aber klar machst du das!«, grölten fünfhundert Kinder wie aufs Stichwort zurück. Es war einfach großartig, wie die Iren sagen.

»Läuft doch alles prima. Sollten wir nicht alle ganz lange in Irland bleiben?«, tastete ich mich vor, während ich die Kinder ins Bett brachte.

»Oh, nein, das wollen wir nicht!«, brüllten sie laut zurück.

17

Mit jedem, der es hören wollte, diskutierte ich meine Idee eines irischen Magazins. Und plötzlich begann sich etwas zu bewegen. Obwohl Jamie etliche Erfahrungen mit Irlands zurückhaltender Spendenfreudigkeit gesammelt hatte, gelang es ihr schließlich, Gelder für eine größere Picasso-Ausstellung zu beschaffen, wozu sie der Direktor der Crawford Gallery, Peter Murray, beauftragt hatte. Im Rahmen dieser Tätigkeit begann er sich für meine Pläne zu interessieren. Er machte uns bekannt mit örtlichen Designern, Fotografen und Autoren und öffnete uns den Weg zu einer erstaunlichen Zahl von Multimillionären, die in Cork zur Welt kamen und nun im Ausland lebten und von denen er glaubte, dass sie zu einer Publikation über ihren heimatlichen Boden beitragen könnten.

Eine angesagte Dubliner Investmentfirma verwies mich an einflussreiche Berater und Referenten der Stadt, die ich für mich und mein Projekt gewann. Sie halfen mir beim Auftreiben von Geldern zur Gründung eines gewagten Unternehmens. Plötzlich schien Irland ein Ort zu sein, wo es sehr viel leichter war, an einflussreiche Personen zu kommen, als ich es je anderswo erlebt hatte – wenn man nur den richtigen Einstieg erwischt hatte.

Und so rief ich eines Tages einen ambitionierten Siebenundzwanzigjährigen namens Trevor White an, der gerade dabei war, ein Hochglanzmagazin mit dem Titel *Dubliner* zu starten. Als ich den Jungverleger das erste Mal traf, saß er in einer voll gestopften, unaufgeräumten Dachmansarde und starrte trostlos auf einen Stapel Rechnungen auf seinem Schreibtisch. Leichenblass – wahrscheinlich hatte er vor meinem Kommen die Rechnungen durchgesehen –

und jugendlich-dandyhaft gekleidet, erinnerte er mich ein wenig an Dorian Gray, jene viktorianische Figur, bei der sich schließlich erste Risse im bis dahin makellosen Antlitz zeigten. Oscar Wilde hatte sie in seinem Roman *Das Bildnis des Dorian Gray* so grandios geschaffen.

»Ich bin nicht sicher, ob Ihre möglichen Geldgeber da wirklich einsteigen wollen«, warnte er. »Aber nur zu, sagen Sie, was Sie vorhaben.«

Ich erzählte ihm von meinem Plan, und sein Kopf sank immer tiefer auf seinen Schreibtisch.

»Ich weiß nicht, ob Ihnen klar ist, wie schwer das werden wird«, sagte er schließlich, während er zusehends alterte. »Iren können sofort dicht machen, insbesondere wenn sie spüren, dass sie etwas unterstützen sollen. Da brauchen Sie schon eine gehörige Portion Unerschrockenheit.«

»Wollen Sie mir zu verstehen geben, ich soll die Finger davon lassen?«

»Ich gebe nur meine eigene Erfahrung weiter. Cork ist überreif für Ihre Idee, und ich denke, Sie sind auch einer, der das Zeug hat, sie umzusetzen.«

Ich entschied, mich durch Trevor ermutigt zu fühlen, umso mehr, als ich im Dschungel der Heuston Station eine Art Omen entdeckte – eine riesige Reklametafel, die eine regionale Zeitschrift namens *Galway Now* anpries.

Ich stellte mir vor, dass überall wahre Goldklumpen herumlagen, die es nur aufzusammeln galt, und machte mich am folgenden Abend auf den Weg ins Hi-B. Owen ließ sich gerade hitzig über irgendeine »wichtige« Sache aus. Und ein charmanter Immobilienmakler namens Hugh McPhillips – ein potenzieller Inserent für meine Zeitschrift? – war gerade von einer Spritztour in seinem teuren Sportwagen durch die todesverachtenden Gebiete nördlich der

Stadt zurück. Bei dem ganzen Wasser, das von seiner Kleidung triefte und eine Lache zu seinen Füßen bildete, hätte man meinen können, dass er von einem Trip auf einem Tragflügelboot käme.

»Es ist Vollmond, Jungs. Wenn ihr heute Abend noch nach Hause kommen wollt, würde ich mich an eurer Stelle langsam mal auf den Weg machen. Die Straßen stehen schon jetzt halb unter Wasser«, sagte Hugh.

Lächerlich, dachte ich, während ich in den Keller hinunterstieg, wo sich die Männertoiletten befanden. Doch plötzlich stand ich zwei Zentimeter tief im Wasser – und es stieg rapide an.

Sollte das Hi-B untergehen wie die Titanic?

Ich verweilte dann länger im Pub, als ich wollte, auch, weil ein dürrer Nordire in den Vierzigern angefangen hatte, mir mit großer Leidenschaft von den Problemen in seinem Land zu berichten. Ich erzählte ihm, wie ich im Juli 1974 mit meiner damaligen deutschen Freundin durch Derry getrampt war und wir auf britische Panzerfahrzeuge und Busse gestoßen waren, von denen zersplittertes Glas rieselte – das klassisches Nachspiel der alljährlichen Paraden zum Orange Day am 12. Juli, dem Oraniertag. Horden von Protestanten lärmten in katholischen Hochburgen herum, um lautstark zu verkünden, dass sie, die Nachfahren König Wilhelms von Oranien und Sieger der Schlacht von 1961 bei Aughrim nahe Ballinasloe gegen katholische Aufständler, noch immer den Norden regierten.

Damals hatte ich mich in der brodelnden Grenzstadt Strabane in ein Pub gewagt, um Zigaretten zu kaufen. Der Barkeeper griff nach dem Telefon, da ich mit meinem jugendlich flotten Barett auf dem Kopf wohl alle Merkmale eines verdächtigen Fremden erfüllte. Am folgenden Nachmittag streckte ein maskierter Amokschütze den örtlichen Bürgermeister und Polizeichef mit einer tödlichen Salve nieder, und zwar in jener Toilette des Pubs, das auch ich aufgesucht hatte.

Der Nordire aus Tyrone hörte aufmerksam zu, blinzelte mit glänzenden, harten Augen. Er beugte sich vor, und ich roch seinen stinkenden Atem. »Was, wenn ich dir sage, dass mein Cousin das getan hat?«

»Würde mich schockieren«, sagte ich etwas entnervt.

»Was, wenn ich dir sage, dass er es nicht getan hat und ich dich nur einfach damit aufziehen will, verfluchte Scheiße noch mal?« Seine Stimme hatte einen bedrohlichen Ton angenommen, der nahelegte, dass erstere Frage wohl näher an der Wahrheit lag.

Ich musterte sein bleiches Gesicht eingehend, sagte aber nichts.

»Ich mach nur meine Spielchen mit dir, also vergiss, dass du das je von mir gehört hast, und verpiss dich wieder in die Staaten oder wo du verflucht noch mal herkommst.« Er kippte seinen Whiskey herunter und machte sich abrupt davon. Dort, wo er gestanden hatte, blieb eine Kälte zurück, wie es oft der Fall war, wenn bestimmte Nordiren ihre Präsenz in Cork spüren ließen. Inzwischen hatte ich mit etlichen Einheimischen Bekanntschaft geschlossen, die behaupteten, in der IRA aktiv zu sein, doch soweit ich wusste, täuschten sie ihr Engagement nur vor. Für alle, die untersten sozialen Schichten ausgenommen, waren solche Sympathiebekundungen nichts als rhetorische Kämpfe. Dennoch machte man in Cork um junge Männer mit einem nordirischen Akzent im Allgemeinen einen weiten Bogen. Denn die Bürger der Republik waren der engstirnigen Haltung und des explosiven Zorns überdrüssig, der oben im Norden herangezüchtet wurde und noch immer wird. Nordirland, das hieß ein Leben lang täglichen Bedrohungen ausgesetzt zu sein, wo protestantische Bomben noch immer durch katholische Küchenfenster flogen und die IRA nach wie vor aus dem Hinterhalt ballerte, auf jeden, der ihren Weg kreuzte.

Das Wasser in der Oliver Plunkett Street stieg zusehends. Aber Owens Redefluss war nicht zu stoppen, wenn er erst einmal in Fahrt war, schon gar nicht, da er meine Unterhaltung mit dem Nordiren mitbekommen hatte.

»Dein Typ da hat gequirlte Scheiße geredet. Man sollte einfach nie – verstehst du: *niemals* – auch nur andeutungsweise etwas ausplaudern, was nur die Eingeweihten wissen sollten. Nicht den geringsten Hinweis sollte man geben, wenn einem die Sicherheit seiner Familie im Norden lieb und teuer ist«, sagte Owen, der in Donegal aufgewachsen war, sechs Meilen von der Grenze zu Derry.

»Ich habe diese Paraden miterlebt. Ich kenne sie verdammt gut«, fuhr er fort. Von den zweitausendachthundert sektiererischen Märschen, die jeden Sommer in Nordirland stattfinden, seien drei Viertel regierungstreue Tumulte, in denen es einzig darum gehe, die stetig wachsende katholische Minderheit ständig neuer roher Gewalt auszusetzen. »In den ganzen sechs Countys Nordirlands soll böses Blut fließen. Als ich in Donegal aufwuchs, da gab es auch freundliche, herzliche Gefühle zwischen Protestanten und Katholiken, wir haben uns sogar an den Paraden der jeweils anderen beteiligt, um unseren Respekt für die Traditionen unserer Nachbarn zu bekunden. Doch fährt man nur zwanzig Minuten weiter, dann wird die Welt zur Mördergrube. Jede Familie kennt jemanden, der auf der anderen Seite der Grenze verstümmelt oder getötet wurde.«

»Wahnsinn aber auch«, unterbrach Hugh und blickte hinaus auf das Wasser in der Straße, das mittlerweile mindestens dreißig Zentimeter hoch stand. »Da werden die Leute wohl bald ihr Paddelboot herausholen müssen.«

»Dann warten wir hier doch einfach die Ebbe ab«, zwinkerte Owen. Brian O'Donnell erinnerte aber schon bald, ungeachtet der vorherrschenden Wetterbedingungen, an die letzte Bestellung. »Austrinken! Last call!«

Die Stammgäste taten so, als wären sie schwerhörig. In irischen Kneipen wusste jeder, dass nach dem ersten Aufruf ein ausgedehnter Zeitraum folgen würde, der offiziell als »Austrinkzeit« bezeichnet wurde. Handfeste Schluckspechte versuchten immer wieder Schlupflöcher zu erkunden, um die Sperrstunde zu umgehen.

»Er sieht heute Abend aus wie Oisín«, flüsterte Hugh und spielte damit auf eine irische Sagengestalt an, die in Trance die magische Welt Tir na nÓg durchstreifte. Man hatte den legendären Sohn von Fionn, einem Poeten und Krieger, auf einem weißen Pferd in die Zeitenlosigkeit hineingeführt. Ihm war gesagt worden, dass er niemals von seinem Ross absteigen solle. Oisín verbrachte drei Jahrhunderte in Tir na nÓg, alterte nicht um eine Minute und umgab sich mit den schönsten Frauen. Doch Ire, der er war, schickte sich Oisín schließlich an, die weitere Gegend zu erkunden. Und dann, als er seine heimatliche Provinz erreichte, stieg er doch von seinem Pferd ab. Schon war es um seine ewige Jugend geschehen. Sein Gesicht wandelte sich auf der Stelle in das eines Mannes von dreihundertzwanzig Jahren, und damit wurde er schlagartig zu dem Greis, der er in Wirklichkeit war.

In jener verrückten Nacht hatte Brian O'Donnell seinen begehrlichen Oisín-Blick aufgesetzt, vielleicht, weil er sich eine holde Schönheit ausgeguckt hatte. Und so saßen die restlichen Stammgäste in sich zusammengesunken da, ritten auf ihren eigenen weißen Pferden, die zufällig vier Beine aus Holz hatten. Und Oisín O'Donnell schwang seinen imaginären Taktstock zu den Wagner-Crescendos, die den unergründlichen Weiten von Tir na nÓg entsprangen. Zeit war ein Problem der anderen, das Leben schien in diesem Moment ewig zu währen.

An irgendeinem Punkt ermattete Oisín. Er hatte genug von den Arien und schaltete den Kassettenrekorder aus. Die Veränderung, die bei ihm erfolgte, war grausig mitanzusehen. Binnen Sekunden spiegelte das Antlitz des Pubbesitzers die Probleme der letzten drei Jahrhunderte wider. Die noch verbliebenen menschlichen Wracks wurden hinaus auf die Straßen verbannt, in denen das Wasser noch immer knöcheltief stand und ihre Stiefel durchnässte, während sie von dannen zogen. Ein jämmerlicher Abgang.

Ob seine Frau wohl glücklich war beim Anblick dieser grauenhaft gealterten Gestalt, die an ihre Seite heimkehrte?

Schwer zu sagen.

Am folgenden Morgen stieg Jamie zu mir in den Sattel. Wir wollten in die County Kerry, um Noelle Campbell-Sharp zu besuchen, einst Herausgeberin verschiedener irischer Printobjekte und eine weitere potenzielle Unterstützerin meines Magazins. Nach mehreren scharfen Biegungen durch die Berge, bei denen es einem fast den Magen umdrehte, gelangten wir schließlich auf eine Straße, mehr ein Viehtrampelpfad, der hinunter zur Küste führte. Von dort kamen wir auf den Ring of Kerry, eine viel befahrene Touristenstrecke, auf der es nach einer weiten Schleife bald in Richtung Ballinskelligs ging. Die Route zog sich weiter an einer herrlichen Landzunge nördlich von Waterville entlang, die von hässlichen Ferienhäusern bislang verschont geblieben war. Irlands einflussreichsten Persönlichkeiten, zu denen auch unsere Gastgeberin und ihre Freunde zählten, hätten sich kaum eine bessere Gegend aussuchen können.

Das Treffen sollte in Noelles Kunstgalerie stattfinden, einem kreisförmigen, reetgedeckten Steinkomplex, der aussah wie ein Luxusbungalow in einem südafrikanischen Wildpark. Doch an den weiß gekalkten Innenwänden reihten sich Gemälde von differenziert ausgeführten Landschaften und seltsam schräge Skulpturen, die meine Neugier reizten.

Noelle Campbell-Sharp, Ende fünfzig, hatte ihre Karriere als unerschrockene Journalistin in Dublin begonnen, wurde dann zu einer einen Bentley fahrenden Verlegerin von mehreren Magazinen, die sich zum Ziel gesetzt hatten, aus der Gier der irischen Öffentlichkeit nach Klatschgeschichten und entsprechenden Hochglanzbildern, die einem modernen »52. Bundesstaat« gut zu Gesicht standen, Kapital zu schlagen. In einem Rundfunkinterview hatte sie ihre Vision als Herausgeberin in folgende Worte gefasst: »Die Leser sollen alle in Glamour baden.« Ihre erfolgreichste Publikation war der *Irish Tatler*, eine Länderausgabe des englischen Society-Blattes *Tatler*. Als sie das Magazin vor etwa zehn Jahren verkaufte, fuhr sie einen ordentlichen Gewinn ein.

Bei unserer Ankunft begrüßte sie uns völlig unprätentiös, im typischen Kerry-Stil: Eine Windjacke lag auf ihren Schultern, die blonden Haare waren zerzaust, keine Spur von Make-up. Am hinteren Ende ihrer Galerie saßen wir neben einem riesigen Kamin, in dem wohlriechende, per Hand ausgestochene Torfklumpen vor sich hinglommen.

Schwer vorstellbar, dass sie die beste Freundin der bekanntesten Klatschkolumnistin Terry Keane war, die angeblich siebenundzwanzig Jahre lang eine Liaison mit Charlie Haughey gehabt haben soll, dem berühmt-berüchtigten ehemaligen Premierminister (auf Gälisch lautete der Titel des irischen Regierungsoberhaupts: *Taoiseach*). Er soll sie des Öfteren übers Wochenende spontan nach Paris entführt haben oder in die zahlreichen Landhäuser seiner diskret amüsierten Freunde. Natürlich war das derselbe »Champagner-Charlie«, der angeblich auch versucht hatte, Waffen für die IRA zu schmuggeln und in den Achtzigerjahren jegliche Anläufe, Irlands Verhütungs- und Scheidungsverbot aufzuheben, scheitern ließ. Unentwegt belehrte er die Republik über Familienwerte, Moral und Sitte. Seither verkriecht sich Charlie auf seinem Anwesen auf einer Kerry-Insel, keine zwanzig Meilen von der Galerie entfernt, für immer verfolgt von Medien und der Justiz. Letztere ist auch damit befasst, die Korruptionsfälle zu untersuchen und aufzudecken, in die irische Politiker zu seiner Amtszeit verstrickt waren.

Unsere Gastgeberin, die mit Irlands Oberschicht wohl schon aus vielen Sektflöten genippt hatte, besaß ihre eigene Methode, um an einflussreichen Strippen zu ziehen. Sie gewährte mir etwa neunzig Sekunden, um ihr mein Vorhaben zu skizzieren. »Zeitschriften zu verlegen, ist ein brutales Geschäft«, gestand sie. »Ich weiß, wovon ich rede, denn ich selbst habe elf Magazinen zum Erfolg verholfen, als alle Welt mir sagte, dass keine Frau das zustande brächte. Was wir hier in Ballinskelligs tun, ist auch nicht einfach, aber wenn Sie genügend Visionen und Energie haben und das Ziel immer im Auge, dann ist alles möglich. So verfahren wir jedenfalls hier, denn unsere Projekte haben das Potenzial, diesen Teil von Kerry wieder aufleben zu lassen.«

Eine junge Engländerin servierte Tee. Ich wusste, dass Noelle ganz in der Nähe unlängst eine Kreativstätte für Künstler geschaffen hatte, die den Namen Cill Rialaig trug, auch »Ballsaal der Fantasien und Wünsche« genannt. Leider war es unmöglich, mein eigenes Anliegen ausführlicher vorzutragen, da sie munter weiter plauderte.

»Mehr als hundert Künstler und Autoren kommen jedes Jahr aus der ganzen Welt hierher, um in den Ateliers zu wohnen und sich von den Bergen und Seen inspirieren zu lassen. Wir verlangen nichts dafür, aber einige schenken uns Gemälde, denn was sie hier erfahren, ist für sie lebensverändernd. Wir versuchen auch, das bedeutendste öffentliche Kunstmuseum außerhalb Dublins zu schaffen, was ein Touristenmagnet für die ganze Region werden könnte. Aber glauben Sie denn, das Dubliner Kunstreferat würde sich nur einmal die Mühe machen, sich all das anzuschauen? Sehen Sie, das hier ist das letzte Schreiben, das ich erhielt. Ich bedaure, blablabla. Kürzungen der Mittel, blablabla. Nicht zu fassen! Die müssten sich nur mal Cill Rialaig ansehen, dann würden diese Leute die Bedeutung dieser Stätte verstehen. Begeben Sie sich nur mal zu den Klippen, und saugen Sie das alles ein, dann verstehen Sie, was ich meine. Und stellen Sie sich vor, Margaret Atwood wird in diesem Sommer hier sein.«

Wow, langsam, meine Dame! Noelle holte kaum Luft zwischen ihren Worten, ging aber mit keinem Wort auf mein Projekt ein, den eigentlichen Grund für unser Kommen, für den wir drei Stunden mörderische Autofahrt durch die Berge auf uns genommen hatten. Unweigerlich fielen mir die berühmten Worte von Ed Koch ein, dem schwatzhaften früheren Bürgermeister von New York City: »Genug von mir geredet. Nun zu Ihnen. Was denken Sie über mich?«

Wir stiegen in ihren goldenen Mercedes, fuhren durch das Dorf und weiter über eine gewundene Straße, die zu ihrer Künstlerstätte auf der Landzunge führte. »Sehen Sie, da«, platzte sie plötzlich heraus, als wir an einer Einfahrt vorbeikamen, die gekrönt war von fünf drei Meter hohen Steinen. »Hinter diesem Tor wohnt John O'Connor, der Mann, der den prachtvollen Golfplatz am Old Head of Kinsale geschaffen hat. Er ist Vorstandsmitglied bei uns. Kennen Sie ihn schon?«

Schluck – »Ja, bei dem Namen klingelt etwas bei mir.«

»Man sagt, jeder Stein steht für eine seiner früheren Ehefrauen und Lebensgefährtinnen. Eine Zeit lang dachte ich, er hätte mich als sein sechstes Opfer auserkoren, aber ich sagte ihm: ›John, ich lass mich von dir nicht zu einem weiteren Megalithen in deiner Sammlung machen!‹«

Es ging weiter. Die Straße verengte sich, wurde einspurig, zur Linken erodierte Steilklippen, von denen man sechzig oder achtzig Meter tief in den Atlantik blicken konnte. Verzweifelt klammerte ich mich am Türgriff fest und stieg mit den Füßen auf imaginäre Beifahrerbremsen, während Noelle fröhlich in uneinsehbare Haarnadelkurven raste, dabei ununterbrochen redete, obgleich es den sicheren Tod bedeutet hätte, wäre auch nur ein einziges Schaf aus der entgegengesetzten Richtung aufgetaucht.

Schließlich und endlich hielten wir.

»Du siehst ein bisschen grün im Gesicht aus«, sagte Jamie, als wir aus dem Auto stiegen, den pfeifenden Seewind um die Ohren, der die satten Weiden und Felsen dieser prachtvoll einsamen Landzunge polierte, die den eigenartigen Namen Bolus trug.

»Hab mich nie besser gefühlt«, keuchte ich. Und das stimmte zum Teil sogar, da die weiß glühende Nachmittagssonne ein silbriges Feuer über die weitläufige Bucht warf, umrahmt von Bergen, Stränden und entfernten Landspitzen. Spiralförmige Nebelschwaden zogen um zwei Inseln namens Scariff und Deenish; und in einiger Entfernung ragte ganz unwirklich eine dritte auf, Skellig Michael, auch Great Skellig genannt, die seit Jahrhunderten weltferne Mönche beherbergt. Selbst ein noch so begnadeter Maler würde verzweifeln, wollte er einer solchen Erhabenheit gerecht werden.

Ein einziges, weiß gekalktes Cottage, in dem es vermutlich noch immer keinen Strom gab, zeigte sich im mit Schafen betupften Tal. Dieser Anblick war für sich schon ein Kunstwerk, ein Porträt des Lebens, wie es elementarer nicht sein konnte. Hütte und Tiere befanden sich in einem völligen Einklang mit der Landschaft. Ein sehniger alter Mann erschien am Eingang des Cottage und winkte gelassen, so wie es nur jemand vermochte, der sich in seinem ganzen Leben nie mehr als wenige Meilen von diesem Ort fortbewegt hatte. In der Nähe entdeckte ich ein paar verfallene Hütten mit noch erdigem Boden, in denen sich wohl in grauer Vorzeit die Vorfahren des alten Mannes durch Frost und Kälte gebibbert hatten. Noelle rief dem alten Mann einen Gruß zu. Sie liebäugelte damit, dieses Überbleibsel aus den Zeiten der Großen Hungersnot zu erwerben.

»Ein netter Mensch«, sagte sie. »Aber ganz schön pfiffig, wenn es um den Verkauf dieses Fleckchen Erde geht.«

Wir spazierten zu ihrer Künstlerstätte, einem Ensemble aus fünf vorsichtig restaurierten Cottages, in denen helle Oberlichtfenster eine warme Atmosphäre verströmten. Bevor Noelle hier wirkte, waren diese Hütten nichts anderes als verfallene Steinhaufen. In einem davon lebte Séan Dhónail Mhuiris Ò Conail, ein Fischer, Farmer und berühmter *seanachi*, einer jener gälischen Geschichtenerzähler, die ihre Zuhörer mühelos mit überlieferten Geschichten in Bann schlugen. Ein literarisches Juwel wurde wie folgt übersetzt und niedergeschrieben:

> Es waren einmal drei Brüder, die zur See fuhren. Sie verbrachten eine lange Zeit auf dem Meer, ohne auf Land zu stoßen. Schon fürchteten sie, dass sie niemals mehr eine Küste erreichen würden; doch schließlich tauchte vor ihnen eine Insel mit bewaldeten Ufern auf. Sie vertäuten ihr Schiff an einem Baum und erkundeten die Insel. Keinem Menschen begegneten sie. So begannen sie, das Land für sich bewohnbar zu machen, und nach ganzen sieben Jahren sagte ein Bruder zu den beiden anderen:
> »Ich höre das Muhen einer Kuh!«
> Keiner antwortete darauf.
> Sieben weitere Jahre vergingen. Dann sprach der zweite Bruder:
> »Wo?«
> Und es vergingen noch einmal sieben Jahre.
> »Wenn ihr nicht ruhig seid«, sagte der Dritte, »dann wird man uns von diesem Ort noch verscheuchen.«

Es klingt wenig wahrscheinlich, dennoch soll in ebenjener Hütte noch in den Zwanzigerjahren ein weiterer berühmter *seanachi* namens Pats Ò Conaill gewohnt haben, dessen Geschichten ebenfalls ein Zauber innewohnt.

Zweifellos noch nicht mit einem dieser Fabulierkünstler vertraut, lud uns eine gerade angekommene, gertenschlanke deutsche Malerin mit hypnotisierend grünen Augen in ihr Atelier ein.

»Es ist himmlisch hier«, seufzte sie. »Nur meine Staffelei ist noch nicht eingetroffen.«

»Bleib einfach gelassen, in Ballinskelligs kommt alles zu seiner Zeit«, sagte Noelle und rauschte an ihr vorbei. Nachdem sie uns die moderne Küche gezeigt hatte, führte sie uns hinauf in das Schlafzimmer, von wo aus man eine atemberaubende Aussicht hatte. Keine Frage, diese charismatische Frau hatte die alte irische Welt in der Tat mit neuem Leben erfüllt. Und sie glich sehr der Welt, die ich damals in Dingle mit Bun erleben durfte.

Noelles eigenes Wohnhaus lag ein paar Meilen weiter hinter dem Dorf. Auch von dort bot sich ein sensationelles Panorama auf eine traumhafte Landschaft, und vor der Stirnwand des steinernen Gebäudes lehnte ein rund vierzig Meter hoher Anker aus dem 19. Jahrhundert. Der Rasenplatz davor war ein idealer Platz für sommerliche Gartenpartys. Im Innern des Hauses hatte man ein Zimmer als Pub hergerichtet, es war gemütlicher als die meisten öffentlichen. Jeder Raum hatte einen ungewöhnlichen, fast exzentrischen Charakter. In der Empfangshalle blickte man überall auf wertvolle Porträts, in der Mitte standen Skulpturen mit ausgestreckten Fingern, die auf die großartigen Bildnisse deuteten. Ein höhlenartiger Bankettsaal war ausgestattet mit einem mächtigen Eichentisch, an dem zwanzig Personen formvollendet dinieren konnten. Von dem Deckengewölbe, das einer Kathedrale nachempfunden war, hing ein bronzener Kronleuchter, und am Ende des Saals gelangte man über eine eiserne Wendeltreppe in eine Kombüse. Die Wände, an denen Wandleuchter für viele Kerzen hingen, waren in Terrakotta gehalten, mit aufgemalten Runen und einem Relief, das keltische Gottheiten erkennen ließ – eine passende Kulisse für die irischen Stammesführer von heute. Noelle hatte natürlich nicht widerstehen können, ein Wandgemälde anfertigen zu lassen, das sie selbst darstellte, auf einem Thron sitzend, mit heiterem Gesicht in einem mittelalterlich anmutenden Gewand, umringt von ähnlich gekleideten (kostümierten?) Freunden, darunter eine strahlende Terry Keane zur Linken.

Noelles Haus war ein Ort, an dem geheime Kammern hinter schweren Bücherschränken vorstellbar waren, wo Tag und Nacht Intrigen gesponnen wurden. Unsere Gastgeberin zeigte uns nun ein etwas abseits gelegenes Gästeschlafzimmer, an dessen Türen und Wänden bunte, verschnörkelte Malereien prangten – fahrende Leute verschönerten damit ihre Wohnwagen. Und ganz offensichtlich hatte sie einen dieser »Nomaden« beauftragt, seiner Fantasie in diesem Boudoir freien Lauf zu lassen. Wo man hinsah, in jeder Ecke tauchten gruselige Masken und nackte Schönheiten auf.

Nach diesem Rundgang begaben wir uns in ihr Pub. Während Noelle eine Flasche Sherry hinter dem Mahagonitresen hervorzauberte, schaute ich mir eine Reihe von Fotos an, die sie in der vollen Blüte ihrer Jugend zeigten: Noelle neben rasanten Sportwagen stehend, Arm in Arm mit lachenden Freunden.

Unterdessen sprach sie noch immer über die Kunstszene in Kerry und ihre Vorstellungen hinsichtlich ihrer weiteren Förderung. Der eigentliche Zweck unseres Besuches tat immer noch nichts zur Sache – es ging Noelle allein darum, ihre Projekte voranzubringen, nicht meine.

»Ich will ja nicht unterbrechen«, fiel ich ihr schließlich ins Wort, als die Schatten in ihrem Pub immer länger wurden. »Aber wir müssen bald zurück zu unseren Kindern und haben noch ein gutes Stück Fahrt vor uns. Es interessiert mich zuvor aber noch brennend, welche Chancen Sie für meine Zeitschriftenidee sehen.«

»Was, Sie wollen heute noch zurück nach Cork? Aber das ist doch ein Wahnsinn. Sie müssen unbedingt über Nacht bleiben«, tönte sie und sah dabei ein bisschen wie ein begossener Pudel aus. Hatte sie sich die Diskussion um unser Projekt etwa als Highlight für das Abendessen aufgehoben?

»Das ist sehr nett von Ihnen«, sagte ich vorsichtig. »Doch wir haben keinen Babysitter organisiert und müssen wirklich in der nächsten Stunde los. Also dachte ich, ich spreche Sie vorher noch auf meinen Plan an, ein Magazin herauszugeben.«

»Ach ja, Ihre Zeitschrift. Leider kümmere ich mich schon seit Jahren nicht mehr um dieses Business. Die Welt der Printmedien habe ich hinter mir gelassen«, fing Noelle mit einem Zögern an. Doch plötzlich schien sich bei ihr ein Schalter umzudrehen, und sie legte richtig los. »Ich habe Ihnen schon gesagt, dass das irische Verlagswesen ein mörderisches Geschäft ist. Sie wollen in Cork anfangen, richtig? Ich habe die Stadt in bester Erinnerung. Sie sagten etwas von einem gut durchdachten Geschäftsplan. Schön. Auf der anderen Seite können Sie genauso gut alles davon vergessen. Erfolg orientiert sich nicht an Plänen. Erfolg wird vom Willen getrieben. Aber der Markt in Cork ist äußerst klein, vielleicht dreitausend Abonnenten, wenn Sie Glück haben. Das Problem ist, dass alle, die eine Zeitschrift starten, vergessen, dass der redaktionelle Inhalt so gut wie unwichtig ist. Es geht allein um Werbung, Werbung, Werbung. Sie müssen jemanden einstellen, der Ihr Magazin im Schlaf verkaufen kann.«

»Klingt gut, wobei ich mich frage …«

Noelle aber hatte sich gerade warm geredet und tolerierte keine Unterbrechung. »Sie müssten dieser Person vielleicht auch eine Beteiligung von, sagen wir, fünf Prozent geben. Aber auch nicht mehr als zehn. Und zielen Sie auf überregionale Kunden – Guinness, Irish Distillers, Aer Lingus, Waterford Crystal …«

Hoch am Himmel konnte man durch das Fenster schon die kleine Mondsichel erkennen, und ich war gespannt, wie sich unsere bevorstehende Fahrt durch die Berge gestalten würde, immerhin mussten wir mit fliegenden Ziegen rechnen.

Noelles Botschaft war klar. Werbung, Werbung und noch mal Werbung. Immerhin sprach diese Frau aus Erfahrung. »Es war wundervoll hier, aber ich fürchte, wir müssen wirklich …«

»Unmöglich, so verrückt können Sie nicht sein.« Die Lady, die den »Ballsaal der Fantasien und Wünsche« ins Leben gerufen hatte, schenkte uns Sherry nach. »John O'Connor wird zum Abendessen hier sein. Ich bin sicher, er würde Sie beide gerne kennenlernen«, drängte sie uns. »Er schaltet vielleicht sogar eine Anzeige in Ihrem Blatt.«

Meine Füße traten unruhig auf dem Boden, meine Gedanken schossen hin und her, nach Ausflüchten suchend. Die Wahrheit musste raus. »Nun, ich habe ihn schon einmal getroffen, eine weitere Begegnung ist nicht notwendig.«

Ich sagte, wir müssten nun wirklich gehen, schubste Jamie sachte zur Tür und stellte mir vor, wie ziellos umherfliegende Golfbälle auf die Kühlerhaube unseres Kombis schlugen wie apokalyptische Hagelkörner.

18

Das Großartige an meinem Traum von einer regionalen Zeitschrift war, dass ich jede Menge Ausreden für endlose Erkundungstouren durch die Gegend hatte. Cork ist die größte County Irlands, sie umfasst eine Fläche von rund hundert Meilen an der längsten und sechzig Meilen an der breitesten Stelle und ähnelt in seinen Konturen einer Wolke. Zerklüftetes Felsgestein streckt sich im Westen in den wilden Atlantik hinein, einige arthritisch aussehende Formationen stoßen im Norden an die Hügellandschaft von Kerry und Tipperary, während sich nach Süden hin an der Küste ausgezackte Buchten entlangschlängeln, die nach Osten hin, in Richtung der County Waterford, sanft auslaufen. Kurzum, diese Gegend ist unglaublich schön.

Allein West Cork bietet dem Reisenden eine Unzahl an Attraktionen: verborgene Höhlen, in denen Whiskey aus Kartoffeln hergestellt wird, hoch gelegene Seen und Berge aus keltischen Urzeiten, vom Traktor glatt rasierte Anbauflächen, Fischerdörfer, Ferienoasen, Motorradparadiese, Hippiesiedlungen, geheimnisvoll vorgelagerte Inseln (eine davon ist nur mit der Seilbahn zu erreichen). All das und noch viel mehr macht die endlose Faszination dieser Region aus. Auf unseren Erkundungstouren durch unsere neue Heimat hatten wir inzwischen rund zwei Drittel von West Cork abgeklappert. Aber Mid Cork, das Herzstück, mit seiner alten Marktstadt Macroom, die von Macrumpianern bevölkert wird, und seinen winzigen, leicht übersehbaren Dörfern, die Namen wie Drohideenaclochduff oder Inchigeelagh tragen, lockte mich genau deshalb, weil diese Nester auf keiner Touristenkarte zu finden waren.

Ein typischer Samstag oder Sonntag lief für gewöhnlich so ab: »Aufstehen, Kinder, es ist Zeit für unseren Ausflug.«

»Wohin fahren wir diesmal? Warum bleiben wir nicht einfach da? Kann Connor mitkommen? Oder Scott? Oder Feidhlim? Nein? Dann bleibe ich lieber hier und spiele was. Warum denn nicht? Ich komme nicht mit!«

»Aber Mami hat schon Proviant eingepackt.«

Laura, die in der olympischen Disziplin »Wer zieht sich am langsamsten an?« jedes Mal die Finalistin ist, schlug dann für gewöhnlich die Hände über dem Kopf zusammen und starrte mich ungläubig an, wenn ich den Wagen mit Anglerausrüstungen, Fahrrädern, Baseballhandschuhen, Skateboards, Kameras, Regenjacken und Gummistiefeln voll stopfte. Meist rief ich ihr dann zu: »Laura! Packst du bitte auch das Doppelfernrohr ein?«

»Hast du nicht noch die Stabhochsprungutensilien und das Trampolin vergessen?«, frotzelte Jamie daraufhin.

Und so unternahmen wir eine Zeit lang Wochenendtouren, um Megalithen oder die Wasserfälle in Mid Cork zu bestaunen oder durch Wälder zu streifen, bis die Familie genug davon hatte.

Doch nach einer einwöchigen Pause kam uns die beunruhigende Einsicht, dass unsere kleine undankbare Bande ja noch gar nichts vom Norden Corks kannte. Und das schien unverzeihlich, denn dort gab es jede Menge zu entdecken, vielleicht ja auch eine Titelgeschichte für mein neues *Cork Magazine*.

Also brachen wir in den Norden von Cork auf, eine Gegend, die so großartige Sehenswürdigkeiten wie den Fluss Blackwater zu bieten hat, der durch ein üppig grünes Tal mit prachtvollen Herrenhäusern fließt und bis heute den Geldadel aus aller Welt anzieht – vor allem aus der britischen Oberschicht.

Zur unchristlichen Mittagszeit rieb sich unsere Tochter den Schlaf aus den Augen. »In den Norden von Cork? Wieso das denn?«

Aus einem ganz einfachen Grund, Laura: Weil ich früher einmal bei angloirischen Freunden auf einem weitläufigen Anwesen bei Mallow übernachtet habe, das damals über dreitausend Hektar groß war. Weil ich ihnen geholfen habe, ihre Ställe auszumisten, weil wir zufällig einen gemeinsamen lieben Freund hatten. Und weil ich anschließend mit ihnen am Küchentisch gesessen und vom allerfeinsten Whiskey gekostet habe.

»Wieso hast du davon nie was gesagt, Dad? Wieso erzählst du nie von all den tollen Leuten, die du kennengelernt hast?«, fragte Laura und begriff schließlich die tiefen irischen Bande ihres Vaters.

Ich räusperte mich. »Weil ich für diesen Whiskey damals was bezahlen musste.«

»Du bist eben ein richtiger Lord«, sagte Laura.

Als wir uns etwa eine Stunde später über die Nebenstraßen außerhalb von Kanturk schlängelten, bremste ich vor einem von Efeu umrankten Schild ab, auf dem zu lesen stand, dass auf diesem Feld tausend Iren während der Williamite Wars (1689–1691) gefallen waren. Ein schneller Abgleich mit meinem Gedächtnisprogramm ergab, dass das mehr Todesopfer waren als so ziemlich in jeder anderen Schlacht der gesamten irischen Geschichte, einschließlich der Heldentaten jenes keltischen Kriegers namens Cuchulainn, des »Hundes von Ulster«, der so viele Köpfe abschlagen konnte, wie der Tag lang ist, danach seinen Triumphwagen verließ und einen Becher Met kippte, während er am Lagerfeuer im Kreise unterwürfiger Barden große Reden schwang.

Harris, der seinen Blick von irgendeinem dämlichen Computerspiel hob, gab sein Wissen zum Besten.

»Wartet mal. Die Schlacht von Kilmichael haben wir gerade in der Schule durchgenommen. Mein Lehrer sagte, dass so etwa einundzwanzig britische Soldaten dort starben, aber dass es die bedeutendste Schlacht in der Geschichte Irlands war.«

»Stimmt.«

»Aber das alles ergibt doch gar keinen Sinn«, sagte mein Zehnjähriger in diesem Moment und blickte irritiert auf den Acker, auf dem sich eine Kohlkopfreihe an die andere schloss, ohne dass man auch nur einen einzigen Speer entdecken konnte, der sich vielleicht zum Gedenken an diese Schlacht durch einen der grünen Köpfe gebohrt hätte.

»Na ja, kein Mensch auf der Welt kennt sich mit diesen Williamite Wars aus oder weiß gar, wer die Guten und wer die Bösen waren. Also schätze ich mal, diesen Krieg kann man getrost vergessen.«

Eine weitere Woche verging, die Sonne stieg höher, und schließlich kam Firbolg, was in Irland mit dem Frühlingsanfang gleichgesetzt wird, obwohl Firbolg schon auf den ersten Tag im Februar fällt.

»Wohin geht es denn heute?«, quäkte Laura, als ich begann, Gummistiefel, Kameras, Doppelfernrohr und den ganzen Rest in Richtung unseres klaustrophobisch engen Autos zu schleifen.

»Ost-Cork«, raunte ich ihr mit einem unüberhörbaren »Jetzt-fang-bloß-nicht-an-zu-maulen« in der Stimme zu, begleitet von einen schroffen Blick über die Schulter.

Doch damit löste ich natürlich erst recht ihren Unmut aus.

»Dad, du musst langsam aufhören, jede Sekunde verplanen zu wollen«, sagte Laura.

Und damit trafen meine kleinen Besserwisser den Nagel auf den Kopf, zumal ich mit einem Hurling-Schläger, einem ferngesteuerten Spielzeugauto, einem Skateboard unter dem einen und einem riesigen Lachsfangnetz unter dem anderen Arm hilflos dastand, hatte ich doch auch noch eine Landkarte im Mund.

Wenigstens kletterte das Trio anschließend, ohne groß zu protestieren, auf ihre angestammten Autositzplätze und hielt sich mit weiteren Sticheleien zurück, während unser Opel-Kombi zunächst etwas bockte, bis er sich schließlich in Bewegung setzte und wir endlich unterwegs waren. Den ersten Halt machten wir in Middleton, einer quirligen Stadt mit netten Restaurants, einem bunten Wochenmarkt und etlichen sonderbar anmutenden Geschäften. Über einer Bar stand beispielsweise »Gutachter, Bildhauer, Bestatter«, während am anderen Ende der Hauptstraße ein weiteres sonderbares Geschäft lag: »Hydes – Bestattungsdienste und Kinderausstattung«. In Middleton verdient ein Laden also am Tod und am Leben. Aber auch eine halbe Stunde Fahrt weiter nördlich, in Fermoy, gab es eine ähnliche Institution, die den Namen »Jackie O'Brien's – Bar und Bestatter« trug. Und damit man seine gezählten Stunden mit einem letzten Mahl sinnvoll ausnutzen kann, lag gleich daneben ein Art lokaler Ersatz für McDonald's, Supermacs genannt, auf dessen Speisekarte »100 Prozent Gälisch« zu lesen war. Und wahrscheinlich hört der Kunde auch hier die für Cork typische Frage: »Geht es Ihnen gut?« Antwort: »Ja, danke, bin schon tot.«

Middleton konnte, wie Laura zu berichten wusste, mit einem weiteren altehrwürdigen, protestantischen Gymnasium aufwarten, das mit der Bandon Grammar School seit eh und je aufs Heftigste konkurrierte. Das Hauptgebäude erwies sich als dreistöckiger Klotz, der von einem Wall aus behauenem Stein umgeben war, wie es einem Schloss eines britischen Grafen nicht besser hätte zu Gesicht stehen können, obgleich die angeschlossenen Gebäude aus einem zusammengestoppelten Mischmasch aus winzigen Löchern und hellen, neuen Klassenzimmern bestanden. Die heutigen Internatsschüler mussten sich außerdem mit tristen, beengten Schlafsälen zufrieden geben, was aber mehr oder weniger freudig hingenommen wurde.

Davon abgesehen, kann sich das Middleton College des einzigen Schulfreibads in Cork rühmen und verfügt zudem über eine weitläufige Parkanlage mit interessanten Skulpturen. Diese allerdings stehen im Schatten der nahe gelegenen Fabrikschornsteine, aus denen regelmäßig qualmende Rauchwolken in Richtung Schulgelände ziehen und bei den Schülern für eine willkommene Ablenkung vom Unterricht sorgen. Über diese Schornsteine, so erklärte ich meinen Kindern, würden die Abfallprodukte, die bei der Herstellung von Whiskey anfallen, Irlands stärkster Industrie, ausgestoßen. Riesige Aluminiumtanks, in denen das Zeug lagert – Paddy, John Power, Jamesons und sogar Cork Gin (heute allesamt im Besitz des französischen Konzerns Pernod Ricard) –, ragen über das Schulgelände wie Stützen einer Apollo-Rakete. Die Touristenbroschüren werben mit weiteren ungewöhnlichen Attraktionen, etwa den Cliffs of Moher, einer Klippenformation, die fast zweihundert Meter senkrecht aus dem Atlantik ragt, oder dem Giant's Causeway, dem »Damm des Riesen«. Aber keine dieser Sehenswürdigkeiten regt die Fantasie der Schüler wohl so sehr an wie diese feuerbeständigen Schlote gleich neben dem naturwissenschaftlichen Lehrgebäude des Middleton College, der Jameson Hall of Science. Und wenn ein Vater seinen Sohn fragt: »Was habt ihr denn heute in Chemie durchgenommen, Finbarr?«, so rollt der wahrscheinlich nur versonnen die Augen und sagt: »Das weiß ich doch nicht mehr!«

Auch Flann O'Brien hat sich über die Chemie so seine Gedanken gemacht und kam auf die Idee, seine Zeitungskolumnen mit spezieller Alkoholtinte zu drucken, um das gemeine Volk mehr zum Lesen zu animieren.

Nur fünf Meilen weiter, egal, in welcher Himmelsrichtung, bekommt der Reisende einen Schock. Hier treffen grelle Modernität und Vergangenheit hart aufeinander. Allerdings deckt sich kaum etwas in dieser Gegend mit der Kulisse, die der englische Schriftsteller William Cobbett vor zweihundert Jahren in seinen Reiseaufzeichnungen beschrieben hat:

> Ich kam in einen kleinen Weiler in der Nähe der Stadt Middleton mit rund vierzig bis fünfzig armseligen Hütten … Die Wände waren aus Lehm, bedeckt mit Sparren und Stroh. Doch keine Hütte war so gut wie der Schuppen, der als Unterstand für ein kleines Pferd diente … Kein Boden. Nur nackte Erde. Keine Feuerstelle. Kein Kamin. Um Feuer zu machen, wurde vor einer Wand der Hütte Kartoffelkraut entfacht, und der Rauch zog durch ein Loch im Dach ab. Kein Tisch. Kein Stuhl … Eine Wand aus Lehm, etwa 1,20 Meter hoch, trennte den Schlafbereich ab, damit das Schwein nicht die kleinen Kinder tötete und verspeiste, wenn Vater und Mutter aushäusig waren und das Schwein in die Hütte gesperrt. Kein Bett. Keine Matratze. Nur einige große, flache Steine übereinandergelegt, um die Körper vom feuchten Fußboden fernzuhalten; etwas schmutziges Stroh und ein Haufen Lumpen waren alles an Bettzeug … Neben jeder Hütte gab es einen stinkenden Misthaufen (keinen Abort). Der Mist, den das Schwein in der Hütte produzierte, wurde sorgfältig zu einem Extrahaufen gescharrt, da er am kostbarsten war. Mist und Schwein sind die wertvollste Habe, um die Pacht (für die abwesenden englischen Grundherren) aufzutreiben und die Hütte zu befeuern. Die armen Kreaturen behalten den Mist manchmal sogar in der Hütte, wenn ihre hartherzigen Tyrannen ihn nicht vor der Tür dulden.

Südlich von Middleton liegt heute ein erschlossenes Bauareal, auf dem in naher Zukunft grässliche Wohnhauskomplexe entstehen werden, die überall in Irland aus dem Boden schießen wie rachelustige Pilze nach einem Herbstregen. Die Siedlungen tragen ausnahmslos Namen, die irgendwie nach Wald klingen, etwa Celtic Woods, obgleich ihre Bewohner schon einen gewaltigen Satz vollführen müssten, um im nächsten Hain zu landen. Jede Wohnung ist identisch: Bodenbelag aus PVC, kleiner Essbereich, Wohnzimmer mit Fernseher, moderne, praktische Küche. Und unter dem Dach verläuft die unvermeidliche Plastikregenrinne; sie verleiht dem ganzen Komplex ein stereotypes Gesicht. Der Eingangsbereich ist oft mit ein paar kitschigen Buntglasfenstern herausgeputzt, holländische Tulpenmotive sind dabei sehr beliebt oder Tudor-Verzierungen. Und zweifellos wird das winzige Rasenareal vor den Grundstücken bald mit seriengefertigten Leprechauns bestückt sein, jenen griesgrämigen, trollartigen irischen Wesen, auch Ampferwichtel genannt. All das wird eine Betonmauer umsäumen, einzig durchbrochen von einem Tor, das Säulen umrahmt. Die Einfahrt zieren natürlich Marmorfliesen und verleihen der Wohnanlage einen Hauch von Noblesse. Kostenpunkt: eine viertel Million Pfund, in etwa so viel, wie man für ein südfranzösisches Schloss aus dem 18. Jahrhundert inmitten eines Olivenhains zahlen müsste.

Doch die möglichen Käufer werden mit Sicherheit kaum ein Wort der Beschwerde über diese haarsträubende, architektonische Mittelmäßigkeit verlieren. Irgendwie ist der moderne Ire auf seltsame Weise gegen seine Umgebung abgehärtet. Vielleicht liegt das an jenen Erfahrungen, die Cobbett in seinen Reiseaufzeichnungen beschrieben hatte, oder daran, dass den Katholiken im 18. Jahrhundert untersagt war, Grundbesitz zu erwerben, und sie nur fünf Prozent ihres Heimatbodens besaßen, während sie 98,5 Prozent der Pachteinnahmen des Landes leisteten.

Wie ein Volk mit einer so visionären Kraft so blind sein kann gegenüber architektonischen Sünden, bleibt wohl eines der ewigen Rätsel Irlands. Ungeachtet der Tatsache, dass sie verwurzelt sind mit einer der schönsten Landschaften der Erde, scheren sich die Iren nicht groß um die atemberaubenden Panoramen, die durch Imitationen von dicht nebeneinanderstehenden »Landhäusern«

eingeschränkt werden. Natürlich verfügten die Menschen bis vor kurzem nicht über das Geld, um sich über ästhetische Feinheiten groß Gedanken zu machen. Doch heute bietet die irische Regierung jedem, der in eine dieser Betonmietburgen am Meer investiert, großzügige Steuernachlässe.

Ein befreundeter Architekt drückte es einmal so aus: »Dieses Land ist mitverantwortlich für die scheußlichsten Bausünden der Welt, was ich mir nur so erklären kann, dass die Leute hier früher so arm und über lange Zeit so unterdrückt waren, dass sie all ihre Fantasie in andere Dinge gesteckt haben – in Balladen etwa, in Hurling-Spiele oder Pferderennen –, denn sie wussten, dass sie nie ein eigenes schönes Haus besitzen würden. Und deshalb sind wir als Volk bis heute blind, was die Architektur anbelangt.« So konnte es sein, dass eine bauliche Geschmacksverirrung im mediterranen Stil gleich neben einem viertausend Jahre alten Steinkreis prangte. Außerhalb von Clonakilty stand eine Reklametafel, die das Bauvorhaben eines »einladenden Hotelkomplexes« anpries. Eine andere unsägliche architektonische Sünde wurde direkt neben einem Altar aus Natursteinen errichtet. An diesen Altären zelebrierten Priester vor heimlich versammelten Gläubigen die heilige Eucharistie, vor allem während der Zeit der Penal Laws im 17. und 18. Jahrhundert, als sich die katholische Bevölkerung mehr und mehr durch die englische Regierung in Irland unterdrückt fühlte. Diese ging nämlich mit harschen Strafgesetzen gegen nichtprotestantische Bevölkerungsgruppen vor, wodurch die papistischen Kirchen verriegelt werden konnten, die gälische Sprache verboten, auch konnte dadurch den Einheimischen untersagt werden, Pferde zu besitzen, die mehr als fünf Pfund wert waren.

Kein Wunder also, dass vieles in Irland scheinbar nicht zueinander passen will. Nur wenige Gehminuten von der zukünftigen Siedlung Celtic Woods entfernt liegt das Dorf Cloyne, das sich mit einer weiten, unterirdischen Höhle herumschlagen muss, in der es spukt. Cloynes Häuser kleben aneinander, als würden sie gemeinsam um himmlischen Segen beten, und der Ort ist in sich so geschlossen, dass Neuerungen keine Chance haben.

Der erste ansässige Bischof in Cloyne war St. Colman. Er soll bekehrt worden sein von St. Brendan, dem berühmten Seefahrer des 6. Jahrhunderts, von dem es heißt, er sei in einem Meer von Blumen winkend davongesegelt. Auf der Suche nach der Insel der Glücklichen kam Brendan angeblich bis Island, vielleicht auch Neufundland, und steuerte sein aus Tierhaut gefertigtes Boot dann zurück in seine doch glücklichere Heimat. Von Dingle aus, in der County Kerry gelegen, wiederholte der englische Weltenbummler und Forscher Tim Severin diese Neufundlandreise 1976 erfolgreich in einem ähnlich gebauten Schiff. Bis heute unübertroffen ist die Aktion einiger versponnener Hippies (»Crusties«) aus Toronto, die die Müllkippe der größten kanadischen Stadt nach Abfallholz und weggeworfenen Planen durchforsteten, um sich ein Boot zu zimmern, das eher einem schwimmenden Straffälligenlager glich, und damit nach Irland zu schippern. Hochseefrachter wurden auf dieses absonderliche Schrottschiff aufmerksam, das munter Richtung Cork dümpelte, und umkreisten es ungläubig und fassungslos. Und da Irland ein Ort ist, an dem man Traumwelten leicht für Wahrheiten halten kann, verkündete die Crew nach ihrer Ankunft in Cork, dass sie bald schon den restlichen Globus umrunden wolle, und zwar in einem Heißluftballon, der aus Wegwerfteilen in der surrealistischen Tradition eines Marcel Duchamp konstruiert sein würde.

Bereits 1774 erzählte Charles Smith von der offensichtlichen Eigentümlichkeit Ost-Corks:

> Im Winter 1695 und einem Gutteil des nachfolgenden Frühlings fiel an mehreren Orten dieser Provinz eine Art dicker Tau

vom Himmel, den die Leute vom Land »Butter« nannten, und zwar aufgrund seiner Farbe und Konsistenz. Er war weich, klebrig und dunkelgelb – so jedenfalls hat es der Arzt St. George Ash, damaliger Bischof von Cloyne, in seiner Schrift *Philosophical Transactions* festgehalten. Er fiel in der Nacht, hauptsächlich in einem niederen, sumpfigen Gelände, legte sich auf Grasspitzen und auf die Strohdächer der Hütten, trat aber selten zweimal am gleichen Ort auf. Für gewöhnlich blieb er zwei Wochen liegen, ohne seine Farbe zu verändern, doch anschließend trocknete er aus und wurde schwarz. Viehweiden und auch andere Felder sahen dann wie abgebrannt aus. So mancher Tautropfen waren Klumpen, so dick wie eine Fingerkuppe, andere waren auseinandergezogen; sie verströmten einen starken, üblen Geruch, wie er über Gräbern hängt. In dieser Jahreszeit herrschte ein stinkender Nebel vor, von dem der Bischof glaubte, dass er möglicherweise diesen stinkenden Tau verursacht haben könnte. Die Buttertropfen hielten sich nicht lange, in ihm wurden auch keine Würmer oder andere Insekten ausgebrütet; doch die Leute vom Land, die Wunden hatten, rieben sich mit dieser Substanz ein, die sie angeblich heilte.

Smith kam aus England, wie damals die meisten anderen Fremden in Ost-Cork. In der ganzen Gegend errichteten sie sich stattliche Häuser mit imposanten Steinfassaden und fein gearbeiteten Toren. Einige von ihnen behandelten die Einheimischen, die in ihren Diensten tätig waren, mit Milde und Wohlwollen, andere aber, darunter auch die alteingesessene Familie Wilkinson, forderten unerbittlich den Zehnten ein. Während des Unabhängigkeitskriegs setzte die IRA die sogenannten Flying Columns ein – mobile Einheiten, die aus dem Hinterhalt zuschlugen, um sich dann ins Land zurückzuziehen, das sie weitaus besser kannten als die britischen Soldaten. Die Flying Columns brannten viele dieser alten Anwesen nieder und schlugen ihre Besitzer in die Flucht, zurück nach England, was die Zahl der Protestanten unter der Einwohnerschaft Irlands rasch von zehn auf drei Prozent schrumpfen ließ. Diese Begebenheit hat der irische Schriftsteller William Trevor scharfsichtig in seinem Roman *Die Geschichte der Lucy Gault* nacherzählt.

Die britischen Landbesitzer mussten erleben, wie ihre Anwesen verfielen, weil die Dächer undicht wurden, die Balken verfaulten, die Brokattapeten sich von den Wänden lösten, während die Glühbirnen in den Kristallkronleuchtern eine nach der anderen ihren Geist aufgaben. Der unerbittliche Verfall schuf auch etliche Sonderlinge. So etwa verbrachte in einem Corker Dorf namens Castlefreke einer jener leidgeprüften Briten seinen Lebensabend damit, Whiskey zu trinken und auf Porträts seiner Vorfahren zu ballern. Und in Westmeath war Adolphus Cooke so versessen auf Heißluftballons, dass er noch zu Lebzeiten Miniaturausgaben davon an seine Esszimmerstühle band, vielleicht weil er hoffte, dass seine Gäste ihn später bei seinem Direktflug auf die Inseln der Glücklichen des St. Brendan begleiten würden. Doch daraus wurde nichts, denn seine romantischen Träume vom fröhlichen Ballonfliegen wurden von der Angst, Heckenschützen könnten ihn als Zielscheibe auserkoren haben, zerstört. Seine verbleibende Energie verwendete er fortan darauf, die hinterlistigen Bastarde, die jeden seiner Schritte beobachteten, zu bekämpfen.

Trotz all dieser verschrobenen Geschichten – am Ende konnte man die prachtvollen Landhäuser für einen Apfel und ein Ei erstehen, vorausgesetzt, man besaß ein Vermögen, um all die notwendigen Renovierungsarbeiten bezahlen zu können. In den vergangenen Jahrzehnten haben Rockidole, Bankiers und andere Neureiche in einem Akt der Rache von diesem Aufkauf regen Gebrauch gemacht. Auf einem stillen Landzipfel in Ost-Cork liegt ein schlossähnliches

Gebäude mit Türmen, das in den Neunzigerjahren von einer singenden Familie bewohnt war, die aus irgendeinem Grund den Namen Kelly Family trug. Die einzelnen Mitglieder hatten zuvor in Deutschland gelebt, die weiten Rasenflächen und ummauerten Gärten wurden deshalb von preußischen Sicherheitswachleuten kontrolliert, die in einem fort geschäftig in ihr Walkie-Talkie kläfften. Mittlerweile ist dort ein ehemaliger Wall-Street-Bonze namens Glucksman (wie der Name sagt, ein Mann des Glücks!) zusammen mit seiner irisch-amerikanischen Frau eingezogen. Der neue Schlossbesitzer gab sich anscheinend als Menschenfreund zu erkennen, denn er verkehrte bald darauf in den höchsten Regierungskreisen in Dublin und bekam über Nacht die Ehrendoktorwürde des Trinity College verliehen.

Dieses Paar hatte ich mir als nächstes Ziel für mein neues *Cork Magazine* auserkoren und machte mich in Befolgung der altbewährten Tradition daran, »Tuchfühlung aufzunehmen«. Doch leider stieß ich mit meinem Gesuch auf taube Ohren. »Ich kenne Sie nicht, Mr. Monagan, und ich bin auch nicht interessiert daran, dass Sie mir Ihr Projekt erläutern«, knurrte Glucksman gleich bei meiner ersten telefonischen Anfrage. Vielleicht floss in seinen Adern ja mehr Corker Blut, als ich wusste.

Doch kurz darauf gewannen wir einen weit freundlicheren Eindruck vom Leben auf einem noblen Landsitz in Ost-Cork, und zwar an einem Ort, in dem die alten Herrenhäuser in das entstehende moderne Gefüge des Landes sehr gut integriert sind. Vom Ballymaloe Country House, das weltberühmt ist für sein vorzügliches Restaurant und seine Gourmet-Kochschule, überschaut man weite Gärten und sanft wogende, grüne Felder.

Die Frau, die das Anwesen bewirtschaftet, heißt Darina Allen und ist eine wahre Meisterin darin, den irischen Speisen eine Renaissance zu verschaffen. Beliefert wird das Restaurant mit ökologischen Produkten von örtlichen Bauern, Schäfern, Käsern, Bäckern und Metzgern. Ihr Mandoline spielender Schwager überlegt, regelmäßig Abende mit traditionell irischer Musik anzubieten. Seine erste Idee aber bestand darin, besondere Gäste einzuladen, damit sie etwas zum Besten gäben, um für eine heitere Stimmung im Salon zu sorgen – kein schlechter Job, dachte ich bei mir, als wir ebenfalls unverhofft dazugebeten wurden. Und so mischten wir uns unter die zahlenden Gäste, nicht ganz sicher, welche Art von Unterhaltung wir beitragen konnten. Notfalls müsste Jamie noch einmal ihren »Nudel-Song« vortragen.

Elizabeth Rush, eine befreundete Amerikanerin, die ein Haus in der Nähe besaß, hatte uns diesen Kontakt vermittelt. Obwohl sie Rush hieß, kam eine Unterhaltung mit ihr eher schleppend in Gang. Da musste man eben selbst zu reden anfangen – egal, über was. Das half immer, um sich in einer irischen Runde wohlzufühlen, denn dann fügte sich alles wie von selbst, und die Gespräche schwebten so leicht und mühelos dahin wie irischer Nebel. Nebenbei lernte man diverse Leute kennen: hier einen Akkordeonspieler, der sich als Freund eines Freundes entpuppte, und dort eine hübsche australische Flötistin, die nach zehn Jahren Wien nach Irland gezogen war. Die Plaudereien flossen so leicht wie der Wein. Es war, als würden unsichtbare Ballone jedem Gesprächsthema Auftrieb geben und sie in ätherische Weiten erheben. An Abenden wie diesen kommt es einem vor, als ob selbst dem widrigen Alltag ein Zauber innewohne, auch aus dem Grund, weil man sich nicht mehr als der Langweiler fühlt, der man einst war. In jenen kurzen, glanzvollen Momenten der Gnade ist es einem vergönnt, sich mitzuteilen und zu erzählen, welche Wege einen an den Ort dieses Abends geleitet haben – und man glaubt ein pensionierter britischer Colonel zu sein, der seine ruhmreichen Tage mit Lord Gordon in Khartoum noch einmal erlebt. Lord Gordon soll übrigens 1884 in der sudanesischen Hauptstadt dreizehntausend ägyptische Soldaten und britische Offiziere vor dem Angriff des grausamen Islamistenführers Mahdi gerettet haben.

Inzwischen ertönte Kammermusik aus dem Salon, und das wollte ich mir natürlich nicht entgehen lassen. Sekunde – nur noch eben meinen Ballon klar zum Abflug machen.

Jamie und ich waren nicht das erste Mal in einem solchen Ambiente. Ebenfalls als Gäste durften wir ein Wochenende im Temple House in Sligo verbringen, einem Schloss der Freimaurerorganisation Knights Templar aus dem 13. Jahrhundert, mit einem Privatsee, eigener Farm und endlosen ummauerten Gärten sowie Räumen, die überladen waren mit unschätzbaren Erbstücken. Vorfahren des jetzigen Besitzers Sandy Perceval (er leidet an einem Chronischen Müdigkeitssyndrom, ausgelöst durch toxische Substanzen, die Schafe von Würmern befreien sollten) hatten sich seit 1665 um dieses Anwesen gekümmert.

Nach dem Abendessen im Temple House bot mir unser Gastgeber eine Zigarre an, die ich aber dankend ablehnte. »Im Keller lagern noch Hunderte davon. Früher, als ich ein kleiner Junge war, haben die Dienstmägde sie in der Sonne getrocknet und damit Feuer gemacht. Und irgendwie haben sie sich ihren guten Geschmack bewahrt«, erklärte mir Sandy von seinem Schaukelstuhl aus, in den er sich allabendlich zurückzog. Ein Jahr danach stieß ich im *Wall Street Journal* auf einen Artikel, der davon berichtete, dass man die ältesten kubanischen Zigarren der Welt im Wert von einer Million Dollar in einem perfekten Humidor entdeckt hatte – und zwar in einem Keller in Sligo, an einem Ort namens ... Temple House. Mit dem dringend benötigten Geld, das nun hereinkam, konnten der Ausbau der Farm vorangetrieben und einige der baufälligen Räume des Hauses renoviert werden. Das war wunderbar, denn immerhin sind diese Landsitze Teil der Geschichte der Insel, auch wenn kaum ein Farmbetrieb sie heute erhalten kann und auf ausländische Touristen angewiesen ist.

Auf einem unserer Ausflüge durch Ost-Cork kamen wir gleich hinter Ballymaloe zu einer Stelle, an der Seamus Wilkinson dabei war, ein riesiges Anwesen aus Backsteinen für sich und seine Frau Mary zu bauen. Jedes Detail des Gebäudes führte er in Einklang mit der Schönheit der umgebenden Landschaft aus, so wie es Bun Wilkinson ein Vierteljahrhundert vor ihm in kleinerem Maßstab an der Landspitze der Halbinsel Dingle getan hatte. Wir erlebten herrschaftliche Räume in allen möglichen Renovierungsstadien, stiegen über noch unverputzte Treppen, um einen weiten Blick über Obstgärten, Ententeiche und Gemüsebeete zu haben, die nach Seamus' Vorstellungen langsam Gestalt annahmen. Üppig grüne Felder wogten bis hinab zum fernen Leuchtturm, der gleich hinter dem Fischerdorf Ballycotton blinkte.

Doch beim Anblick all dieser Dynamik drängte sich mir unweigerlich die Frage auf: Was, wenn der keltische Tiger zum Stillstand kommt? Was wird dann aus all den Tausenden von irischen Familien, die im Eilschritt nach Wohlstand und neuem Reichtum trachteten, den sie sich – geschweige denn ihre Eltern – vor zwanzig Jahren nie und nimmer hätten erträumen lassen?

»Komm«, riss mich in diesem Moment Seamus aus meinen Gedanken, »lass uns an den Klippen spazieren gehen, damit du siehst, wie wunderschön es hier ist. Aber du sollst wissen, dass du der Erste bist, den ich dorthin mitnehme. Und ich denke, jetzt weißt du, wie tief ich mich dir verbunden fühle«, sagte er, was mich beschämte, aber auch nachdenklich stimmte – wieder einmal.

Ich machte mich daran, mein Zeitschriftenprojekt voranzutreiben, und lieh mir ein Foto von Brian O'Donnell, das ihn in seltsamer Verzückung hinter seiner Bar im Hi-B zeigte, davor die üblichen schrägen Stammgastvögel. Ich ließ das Foto bei einem Grafiker als Vorlage für ein Cover bearbeiten und mit dem werbeträchtigen Zusatz »Der schrägste Vogel in der ganzen verdammten Stadt« versehen.

Eine Woche später ging ich damit ins Hi-B, um es zusammen mit ein paar konventionelleren Alternativen herumzuzeigen.

»Wie geht es dir, mein Lieber?«, fragte Esther.

»Gar nicht übel. Und dir?«

»Fantastisch«, sagte sie, obwohl sie eine düstere Miene machte. »Aber um Brian steht es nicht so gut. Er sagt, er sei ausgeraubt worden.«

»Von diesem scheiß Finsterling neulich, da wette ich«, grölte John Burke.

»Mal langsam, wir wollen nicht vorschnell urteilen. Aber Brian ist jedenfalls so viel Farbe aus dem Gesicht gewichen, dass man ein ganzes Haus damit hätte streichen können«, wandte Esther ein.

Ich erfuhr, dass er kurz darauf ins Krankenhaus gekommen war, weil sein Nasenbluten einfach nicht aufhören wollte. »Nun, wenn man aus der Nase blutet, scheint das im ersten Moment nie aufhören zu wollen. Doch er hatte tagelang Nasenbluten. Und er rief mich mitten in der Nacht an. ›Esther‹, sagte er, ›besser, du kommst mal vorbei, mir geht es einfach nicht so gut.‹ Er brauchte wirklich Hilfe. Und so habe ich ihn einweisen lassen. Ich sag euch was, er sah wirklich hundeelend aus.«

Da ich ein bisschen Ahnung von Medizin hatte – ich hatte ja hin und wieder ein paar medizinische Artikel verfasst –, war ich sogleich zutiefst besorgt. Trotz seiner wunderlichen Launen und seines »Talents zum Alkoholmissbrauch« war Brian mir gegenüber stets nett und freundlich gewesen und immer interessiert am Wohlergehen meiner Familie. Er hatte in meinen Augen eine tiefere Seele, als so manch einer seiner Stammgäste zu glauben schien, und für diesen Respekt war Brian mir dankbar. Seine Liebe zur Musik und zur Malerei, seine emotionalen düsteren Aufwallungen jeglicher Art zeugten von enttäuschten Träumen einer höheren Berufung. Und auch seine Frau, die nun ab und an im Pub erschien, war eine Person von erstaunlicher Eleganz. Ich wünschte Brian von Herzen, dass er bald genesen würde, um seine theatralischen Inszenierungen von einem schwindenden Irland weiter aufführen zu können. Doch irgendwie standen die Zeichen auf Veränderung, für ihn und für mich und – wenn man mal hinter die Kulissen schaute – für das ganze Land. Irgendein Vorhang fiel ganz offensichtlich – vielleicht auch nur in meiner Fantasie.

19

Man kann Irland nicht verstehen, ohne seine Beziehung zum Meer zu kennen, denn die Launen der atlantischen Wogen beeinflussen nicht nur das stets wechselnde Wetter, sondern auch die Sehnsüchte, Ängste und Sorgen der einheimischen Gemüter. Allein in den vergangenen Monaten seit unserer Ankunft wurden achtundzwanzig Fischer in die Ewigkeit gespült; Kinder, die Herzmuscheln sammelten, und Angler, die ihre Netze auswarfen, waren vom Meer eingefangen und umspült worden; und immer wieder spazieren lebensmüde Teenager am Rande der Klippen dieser irischen Postkartenidylle entlang, stieren in das dunkle Wasser unter sich – und springen.

Im März bekam ich einen Auftrag, für eine Zeitschrift über den bemerkenswerten Gemeinschaftsgeist jener Männer zu recherchieren, die sich als Freiwillige auf Irlands Such- und Rettungsboote begeben und deren Aufgabe es ist, in Gefahr geratene Personen – und nicht selten aufgeschwemmte Leichen – aus dem unerbittlichen Meer zu fischen. In Courtmacsherry, einem abgelegenen Dorf in West Cork, konnte ich sogar an einer Übung teilnehmen, die von einer Mannschaft des ältesten irischen Rettungsdienstes abgehalten wurde. Und wie der Zufall so spielt, war die See am vereinbarten Tag sturmgepeitscht, eiskalt und wirkte ziemlich bedrohlich. Aber es blieb mir keine andere Wahl, ich musste da durch.

Bäume zitterten und bogen sich im heulenden Wind, als ich über die gewundene Landstraße von Bandon in Richtung einer Bucht fuhr, die sich gen Westen nach dem Old Head of Kinsale streckt und an deren Ende ein kleiner Weiler namens Timoleague wie ein rutschfester Druckverband klebte. Hoch über dem Ort und dem ewig bewegten Meer liegt eine verfallene, achthundert Jahre alte Zisterzienserabtei, unter der unzählige Skelette liegen sollen. Auf den meisten Grabsteinen, wenn sie nicht vom Regen bis zur Unkenntlichkeit zerfressen waren, standen Namen wie Hurley, O'Neill oder Deasy. Die Vorfahren meiner Mutter trugen den Namen *Deasy* – meine Vorfahren. Gut möglich also, dass sie gerade unter meinen Füßen lagen, dachte ich bei mir, als ich zwischen den Ruinen umherging und mich fragte, wie viele dieser Toten wohl der Wankelmütigkeit des Atlantiks zum Opfer gefallen waren.

Ein idyllischer Weg führte von Timoleague zum westlichen Ufer des Meeresarmes, über dem nun ein unheilvoller, dunkler Schleier lag. Nach wenigen Meilen erreichte ich Courtmacsherry, ein Nest mit einer einzigen Straße, die sich unterhalb eines Weidehügels zog. Auf der anderen Seite der Bucht konnte ich in der Ferne noch Häuser erkennen.

Das Dorf beheimatet seit 1824 eine Rettungsstation, seit einer Zeit also, da das Überleben jeder Familie mit dem Wohlwollen der wogenden See enger verbunden war als mit der Hoffnungslosigkeit der hiesigen mageren Böden. »Verfrühter Tod« – so lautete die Grabinschrift vieler Bewohner von Courtmacsherry. Noch vor wenigen Jahrzehnten kamen Ladeninhaber, Fischer und Farmer aus ihren armseligen Hütten gerannt, wenn mal wieder ein Schiff dem Untergang geweiht war, und versuchten den heftigsten Stürmen mit einem Zehn-Mann-Rettungsruderboot zu trotzen – denn das große Ungeheuer vor ihrer Haustür, das unbarmherzige Meer, konnte jeden Moment auch ihre nächsten Verwandten holen. Mit dem technischen Fortschritt hat sich das weitgehend verändert. Vor der Küste tauchte jetzt ein leistungsstarkes modernes Rettungsboot auf, schnell und wendig wie ein Ferrari. Sein orangefarbener Aufbau und der tiefblaue Rumpf leuchteten, während es im Wind auf und ab schaukelte – es war eines der klassischen Boote des RNLI, des Royal National Lifeboat Institute, jener Küstenwache, die Irlands und Großbritanniens Gestade im Auge behält.

Das Schiff sprach Bände. Ein Blick, und es war unmissverständlich klar, dass es hier draußen am Rande der Schöpfung so groß und weithin sichtbar aufragte wie ein Spaceshuttle in Cape Canaveral.

Ich parkte neben der Travera Lodge, einem Gästehaus aus dem 19. Jahrhundert, das direkt an der Hauptstraße lag.

»Wollen Sie so raus?«, fragte mich der Besitzer, selbst eine Landratte aus Dublin. Erst vor kurzem war er hierhergezogen, hatte sich aber schnell eingewöhnt. »Ich würde mir erst einen doppelten Brandy genehmigen, wenn ich Sie wäre.«

Doch mir war eher nach einem beruhigenden Bier, das ich in einem am Wasser gelegenen Pub namens Pier Inn einnahm. Ein paar verlorene Seelen saßen schweigend da, sogen die schwermütige Stimmung auf wie Wanttaue, still versunken in zeitlose Schatten, die so typisch sind für ein Irland, wie es war und wie es immer sein wird. Nach langem Schweigen stellte sich einer der Männer als Alan Locke vor, ein beleibter Süßwarenhändler und leidenschaftlicher Rettungshelfer, wann immer Not am Mann war.

»Haben Sie schon gegessen?«, fragte er besorgt, als ich ihm erzählte, dass ich an einer abendlichen Übung teilnehmen würde.

»Nicht viel.«

»An einem Abend wie diesem ist es besser, was im Magen zu haben, bevor man rausfährt«, riet mir Alan.

Etwa zwei Minuten später saß ich in seinem behaglichen Haus im Vorortstil, von wo aus man durch große Fenster einen beeindruckenden Blick auf die mittlerweile noch höher schäumende und wild wirkende Bucht hatte. Liz, Alans Frau, tischte riesige Portionen Röstkartoffeln, Gartenmöhren und süß eingelegtes Schweinefleisch auf.

Alan, der noch drei Jahre bis zum vorgeschriebenen Pensionsalter bei der RNLI hatte, blickte sehnsuchtsvoll auf das Rettungsboot, das leuchtende Lichtreflexe auf das immer dunkler werdende Wasser warf. »Wenn ich so hinausschaue und daran denke, dass meine Zeit bei der Rettungswacht dem Ende entgegengeht, wird mir das Herz schwer«, sagte er mit fester Stimme. »Jede Minute dort draußen habe ich geliebt.«

Alans Sohn hatte sich ebenfalls als Freiwilliger gemeldet. Er erzählte mir, wie er jedes Mal, wenn ein Notruf auf seinem Piepser eingeht, losrennt, den Hang hinunterprescht, dann über die Hecke des Nachbarn springt, um wertvolle Sekunden zu sparen. Er berichtete von schwierigen Rettungsaktionen, von einer französischen Jacht, die im wild tosenden Meer unterzugehen drohte, nachdem sie am Tag nach Weihnachten im Zwielicht der Dämmerung von einem norwegischen Frachter gerammt worden war.

Heute Abend war es nicht nötig, über irgendwelche Hecken zu springen. Vielmehr schlenderten wir gemächlich das kurze Stück zur Rettungsstation hinunter. Ich war aufgeregt, als Alans Sohn die Tür zum Umkleideraum aufstieß und mich Dan Dwyer vorstellte, dem drahtigen, fast glatzköpfigen siebenundvierzigjährigen Kapitän der Mannschaft – aufgeregt deshalb, weil ich mir fast ein bisschen vorkam, als würde ich per Anhalter mitten hinein in Irlands Seele fahren.

»Sie wollen also was über die Rettungsstation schreiben, richtig?« Dwyer, von Haus aus Grundschullehrer, maß mich mit einem intensiven Blick.

Ich versuchte mich zu erklären, beteuerte mein Interesse und meinen Respekt, während ich mir klein und nichtig vorkam und sehr fremd.

»Wenn daraus ein Film gemacht wird, dann will ich die Hauptrolle«, sagte der Mechaniker der Station, Mícheál (sprich: Me-hall) Hurley. Und das Eis war gebrochen.

»Was du natürlich ordentlich versemmeln wirst«, warf ein rotgesichtiger Kumpan namens Martin ein, einer der letzten drei Fischer des Dorfes.

Ölanzüge und Rettungswesten wurden herumgereicht, und wenig später kletterte ich mit sieben Freiwilligen auf die *Frederick Storey Cockburn*, ein fünf Jahre altes, 1,4 Millionen Pfund teures Boot, dessen 865 PS starke Zwillingsmotoren mit einem lauten Rumpeln ansprangen, das den Körper erzittern ließ.

Und los ging's. Dan Dwyer bellte Kommandos mit der gleichen Leidenschaft, die ich einst unter den Kampfpiloten meines verstorbenen Bruders erlebt hatte, und das Boot schoss mit einer Geschwindigkeit von fünfundzwanzig Knoten dahin (einem Tempo, mit dem ein Drittel der Rettungsboote der amerikanischen Küstenwache nicht mithalten kann), vom Hafenbecken hinaus in die tosende See. Auf der Brücke, sechzehn Fuß über den hochschlagenden Wellen, die der Wind dreitausend Seemeilen über offenes Meer gepeitscht hatte, hatte ich das Gefühl, auf einem verrückten Pferd zu reiten. Mein Innerstes wurde durchgeschüttelt, meine Beine zitterten bei jedem Tanz auf den Wellen, doch Dwyer strahlte eine unbezwingbare Sicherheit aus. Regen setzte ein, durchsetzt mit beißenden Hagelkörnern, die uns von der Seite her ins Gesicht geschlagen wurden. Der Wind hatte mittlerweile eine Stärke von vierzig Knoten erreicht und hob die Gischt von den Wellen ab. Nervenkitzel pur.

Vom Leuchtturm her flackerte ein bleiches Licht am fernen Old Head of Kinsale auf, wo die Rettungsmannschaft unlängst half, die Überreste eines Selbstmörders zu bergen. Zu unserer Rechten lagen die gespenstisch anmutenden Felsformationen namens Seven Heads. An dieser Stelle hatte das Meer im Laufe der Zeit algerische Piraten, britische Händler, ein deutsches U-Boot und zahllose Jachten verschluckt – ein kleiner Bruchteil der rund neuntausend Wracks, die bislang an Irlands Küsten zerschellten.

Dwyer erzählte von Vorfällen aus der letzten Zeit. Zwei Jahre zuvor hatte so ziemlich die gleiche Mannschaft, die nun mit mir an Bord war, während einer der dramatischeren Rettungsaktionen in den Annalen der Rettungswacht mit zehn Meter hohen Wellen und orkanartigen Winden zu kämpfen. Ein junger Farmer aus Courtmacsherry namens Colin Bateman tat sich dabei besonders hervor. Er hätte eigentlich in der Woche darauf heiraten wollen, wäre seine Verlobte nicht plötzlich bei einem Autounfall gestorben. Er stellte sein eigenes Leid hintan, meldete sich als einer der Ersten für die Rettung und gab alles.

Er wagte sich mit seiner Crew mitten hinein in den Strudel des Meeres und näherte sich einer halb zerlegten Jacht, deren Mannschaft einzig aus fast bewusstlosen oder verwundeten Männern bestand. Colin kletterte auf ein Floß und schaffte es, eine Rettungsleine an Bord anzubringen, um die gefährdeten Seemänner vom nahen Tod zu erlösen.

Heute Abend fand die Übung in der Nähe eines schützenden Ufers unterhalb der zerklüfteten Klippen statt. Ein paar Freiwillige wurden in einem aufblasbaren Beiboot über Bord geworfen und kenterten prompt.

Die Motoren wurden gedrosselt, und Dwyer blickte hinaus aufs Meer, wo sich nur etwa sechs Seemeilen weiter draußen im heulenden Atlantik eine der tragischsten Katastrophen der maritimen Geschichte überhaupt abgespielt hatte – die Versenkung der *Lusitania*. »Alle, die in der Nähe des Hügels wohnten, hörten die Explosion und kamen zur Rettungsstation gerannt, die sich nicht weit von der heutigen befand. Fünfzehn Männer ruderten drei Stunden lang abwechselnd das Rettungsboot, denn das Meer war an jenem Tag so ruhig, dass das Setzen der Segel nutzlos gewesen wäre. Aber sie fanden nichts außer auf dem Meer treibende Leichen, denn selbst im Mai tötet die eisige Kälte des Wassers einen Menschen innerhalb von etwa neunzig Minuten. Wenn man damals schon ein Boot wie das hier gehabt hätte, dann hätte man sie innerhalb weniger Minuten retten können.«

Irgendwo hinter uns kämpften zwei Freiwillige wie zwei verlorene Seehundjunge in der Brandung. Dwyer erklärte die verschiedenen Methoden, sie zu orten – mit Schallmessgeräten, GPS, Suchscheinwerfern und notfalls auch mit Leuchtgeschossen. »Und was passiert, wenn jedes dieser Geräte versagt?«, fragte ich.

»Sie haben ein Paar Ruder dabei, und wenn sie sich kräftig ins Zeug legen, dann schaffen sie es bis an die Küste. Wenn nicht, dann nicht«, erwiderte er.

Natürlich wurden sie gefunden, und zwar sehr schnell. Eine Reihe anderer Übungen folgte: das moderne Boot mit ein paar um das Ruder gewickelte Seile steuern; die Feuerwehrschläuche bedienen, Navigationsmethoden proben und so weiter. Schließlich durfte ich auf die Kontrollbrücke und fühlte mich, als hätte ich die geballte Kraft einer F-16 unter meinem Kommando – so wie einst mein Bruder, wenn er von den NATO-Stützpunkten in England aus über den Atlantik flog.

Es war beglückend, mit diesen beinharten Kerlen am Ende ein Bier zu trinken. »Diese Schiffe sind nahezu unverwüstlich«, sagte Seán O'Farrell, der zweite Steuermann, als wir in der Anchor Bar beisammensaßen, dessen Besitzer derart gleichgültig gegenüber jeglichem technologischen Fortschritt waren, dass sie nicht nur keine Kasse hatten, sondern alles Wechselgeld im Wert von etlichen Monatsgehältern einfach in einer Holzschublade aufbewahrten. »Der Rumpf besteht aus einem knapp zehn Zentimeter dicken Kunststoffverbund aus Fiberglas und Kevlar, selbst ein Vorschlaghammer schafft es nicht, ein Loch hineinzuschlagen. Viele sagen, dass 1700 PS für ein Boot dieser Größe zu viel seien, aber schließlich müssen wir damit echten Gefahren trotzen.«

Der Mechaniker, Mìcheál Hurley, klinkte sich ein. Er war ein begnadeter Geschichtenerzähler, eine Frohnatur, breitschultrig und mit übergroßen, weißen Zähnen, die er, manchmal auch mit einem kleinen Schnauben, fest zusammenpresste, wenn er geistreich seine Pointen setzte. »Man wäre schön blöd, wenn man das ganze Fachchinesisch glauben würde, von wegen selbstkorrigierende Technik und den ganzen Larifari«, meinte er, als ich nach den Risiken fragte, die mit dem Rettungsdienst einhergehen. »Denn wenn du dort draußen vor der Küste bist und ein oder zwei Motoren abschmieren, und das kann immer passieren, dann helfen dir sämtliche Antriebskräfte der Welt nichts. Maschinen sind immer noch Maschinen, und man kann sich leicht von ihrer scheinbaren Unbezwingbarkeit beeindrucken lassen. Aber wenn du auf ein Hindernis unter Wasser stößt oder mit einer Monsterwelle in Konflikt gerätst und das Boot aufjault, dann kann das Ende schneller kommen, als du denkst.«

Seán O'Farrell wollte noch mehr von der Geschichte des Dorfes erzählen. Er lebe etwas oberhalb von Courtmacsherrys, seine Frau betreibe den einzigen Laden in dem Dorf. Seán erklärte, dass es noch vor wenigen Jahrzehnten, als hier kaum ein Auto fuhr, achtzehn Geschäfte im Dorf gab, das damals dreimal so viele Einwohner hatte. Die Eisenbahnstrecke, einst Lebensader dieser Gegend – Kohle wurde gebracht, gesalzene Makrelen mitgenommen –, existiere seit vierzig Jahren nicht mehr, auch so manches Gewerbe nicht, welches einst die ländliche Wirtschaft in Cork angekurbelt hatte. Die ehemals große Flotte der Schleppnetzfischer sei mittlerweile auf drei Schiffe zusammengeschrumpft. Lediglich dreizehn der heutigen zweihundert Einwohner von Courtmacsherry seien im Dorf geboren, denn inzwischen hätten sich neue Bande mit Feriengästen, Zugezogenen oder mit durchreisenden Holländern, Deutschen und Briten, die auf der Suche nach dem irischen Seelenheil hier vorbeikamen, gebildet. Sie alle hätten aber keine Beziehung zum Meer. Statt wie früher die umliegenden Felder zu bestellen, würden die Bewohner von Courtmacsherry jetzt oft eine Stunde mit dem Auto zur Arbeit fahren, und im Gegensatz zu ihren verzweifelt auswandernden Vorfahren überlegen sie sich, ob sie sich nicht ein Wochenende in Dublin oder Paris gönnen sollen, liegen diese Städte doch nur eine Flugstunde von Cork entfernt. Doch irgendwie habe sich die Rettungsstation bis heute in die Seele des Dorfes eingebrannt und sei geblieben.

Mìcheál Hurley, der mir noch ein Pint hinschob, klärte mich weiter über die Leistungskraft der Motoren des Rettungsschiffs auf. »Als ich ein kleiner Junge war, hat man jedes Mal, wenn das Boot auslief, eine Rakete abgeschossen – eine Donnerkanone, wie wir es nannten. Das ganze Haus hat gewackelt, wir hörten auf zu spielen, sind an den Pier gelaufen, wo uns die Rettungsmänner jedes Mal anschrien: ›Wegbleiben! Los!‹, als ob sie Geheimagenten wären. Und wir sahen zu, wie das Schiff vor der Küste leuchtete, ein Anblick, den kein Kind vergisst.«

Ich staunte einmal mehr über den Zauber Irlands und sah mich lächelnd um. Und mit einem Mal wurde mir bewusst, dass jeder in diesem Pub und in diesem Dorf mich die ganze Zeit über beobachtet hatte. Da stieß mich einer der drei Fleming-Brüder, die das Pub führten, an. »Du bist Autor, stimmt's?«, fragte Padraig Fleming.

»Ja, ich denke schon.«

»Ich habe deinen letzten Artikel im *Irish Independent* gelesen. War gar nicht schlecht. Aber mal unter uns«, sagte er und zeigte auf ein paar Schwarz-Weiß-Fotografien an einer hinteren Wand, die frühere Generationen von Rettungsleuten zeigten, in abgewetzten Mänteln und Krawatten, die sie sich extra für diese feierlichen Aufnahmen angelegt hatten.

»Sehen Sie, wie diese Burschen dastehen und sich alle an den Schultern fassen? Können Sie sich vorstellen, dass die Mannschaften von heute das ebenfalls machen, den gleichen Kameradschaftsgeist haben?«

»Sind doch alles dufte Kumpel.«

»Sie sind großartig, keine Frage, aber hör mir mal zu. Die Rettungsleute heute sind von einem sehr viel weicheren Schlag als noch zu Zeiten meines Vaters. Sicher, sie haben all diese Hightech- und Schallmessgeräte und das ganze Gedöns, und sie mögen es, wenn in der Zeitung über sie berichtet wird, wenn sie mal wieder einen an Land gezogen haben, sammeln alle Artikel und schreien nach Aufmerksamkeit. Aber sie wissen nicht halb so viel über die Gefahren oder die Opfer, die einst mit dem freiwilligen Rettungsdienst verbunden waren.«

Und so machte ich hier in diesem Dorf Bekanntschaft mit einer der ältesten irischen Charaktereigenschaften – widersprechen zu wollen. Zugegeben, der Mann hatte seine Gründe, gehörte er doch zu den letzten Alteingesessenen in Courtmacsherry. Er wusste, wo seine Grenzen lagen, aber er nahm kein Blatt vor den Mund. Und diese Offenheit machte Courtmacsherry nur noch lebendiger. So hatten die Dorfbewohner überhaupt kein Problem damit, die neuen schwulen Gastwirte willkommen zu heißen, Ausländer und Städter freundlich aufzunehmen. In diesen Ort habe ich mich verliebt.

Am folgenden Morgen fuhr ich nach Seven Heads, um meinen Blick über das Wasser schweifen zu lassen, das am Abend zuvor im Dunkel verschwunden war. Doch nahezu jede Nebenstraße war mit Warnschildern versehen, die auf die Maul- und Klauenseuche hinwiesen. Unlängst hatte sie erst das ganze Land in Aufruhr versetzt. Farmen wurden zu Sperrzonen erklärt, und an fast jeder ländlichen Straßenkreuzung lagen Desinfektionsmatten aus.

Die Republik Irland reagierte mit löblicher Strenge, besorgt darum, die millionenschwere Touristen- und unverzichtbare landwirtschaftliche Exportindustrie könnten zusammenbrechen, sollte sich die Seuche innerhalb ihrer Landesgrenzen ausbreiten. Hunderte von *gárdaí* waren deshalb abgestellt, um das Einschmuggeln infizierter Tiere über die Grenze zu Nordirland durch habgierige und verantwortungslose Viehhändler zu unterbinden. Zudem wurde jedes Tier genauestens untersucht, sobald es die kleinsten Symptome zeigte. Allerdings schienen einige Maßnahmen eher Wunschvorstellungen als wissenschaftlicher Fundiertheit zu entspringen, insbesondere was die Desinfektionsmatten anging. Sie erzeugten in mir instinktiv das Gefühl, besser nicht darüberzurollen, weil vielleicht Sporen dieser Krankheit daran hafteten, die ich dann weitertrug.

An fast jeder Biegung lagen diese alten vergammelten Matten aus. Vor kurzem hatte man sie auch vor Schulen und Kirchen, in Freizeitzentren und in Pubs ausgelegt – eine lag sogar unten am Treppenaufgang zum Hi-B, wo auf den ewig verseuchten Stufen wohl kaum eine Kuh graste.

Ich fuhr weiter und fand schließlich einen kleinen Pfad, der zu einem verlassenen Pier führte: Ich hielt an und blickte hinüber zum spektakulären Old Head of Kinsale. Das Meer glänzte, die Möwen kreischten. Ich stellte mir vor, wie hier einst die fast tausendzweihundert Leichen der *Lusitania* auf den Wellen trieben; die Flotten der britischen Segelschiffe aus dem 17. Jahrhundert, die Kurs nahmen auf die Westindischen Inseln; die Kelten, die Tieropfer darbrachten, bevor sie ihre Boote zu Wasser ließen. Es gab keine Phase der irischen Geschichte, die man sich nicht lebhaft ausmalen konnte, wenn man nur lange genug in das silberne Feuer starrte, das auf den Meereswellen tanzte. Es war auch meine Geschichte und die meiner Kinder.

Deasy.
Kirby.
Butler.
Monaghan.
Donnelly.
McDermott.
McKeon.

Wie viele meiner Ahnen waren wohl von der Unberechenbarkeit des Atlantiks dahingerafft worden? Wie viele hatten mit seiner Brandung gerungen, lange bevor es moderne Schnellrettungsboote gab oder irgendwelche Schreiberlinge, die die tagtäglichen Heldentaten vor der irischen Küste aufzeichneten? Maul- und Klauenseuche – das erschien mir wie ein Nichts angesichts der Balladen über das Sterben, die das Meer leise sang.

20

Der Frühling hielt nun endgültig Einzug, und es fühlte sich an, als würde unser irisches Leben nun volle Kraft voraus laufen. Jamie war nach wie vor damit beschäftigt, die Werbetrommel für die Bühnenstücke am Opernhaus in Cork zu schlagen und Sponsoren für die bevorstehende Picasso-Ausstellung zu finden. Wenn ich nicht gerade an einem Artikel schrieb, trieb ich mein Magazinprojekt voran. Die Ausflüge am Wochenende hatten wir reduziert, wir ließen die Kinder mit den länger werdenden Tagen ihren eigenen Rhythmus zwischen Schule, Hausaufgaben und Freizeit finden. Im Garten hörte man fröhliches Johlen, und die Unruhestifter schienen sich in andere Gegenden verzogen zu haben. Unter den wachsamen Augen eines verständnisvollen Lehrers schien auch Harris mittlerweile gut voranzukommen. Ende März reiste Jamie über den Großen Teich, um ihre Mutter zu besuchen. Und diese zeitweilige Trennung hatte sogar etwas Gutes, denn Laura – die inzwischen nicht mehr ganz so unberechenbar war wie zu Beginn ihrer Pubertät – übernahm Hausarbeiten, und die Jungen kuschelten sich abends zusammen, um vor dem Schlafengehen noch zu lesen.

In der Nacht vor Jamies Rückkehr wachte ich gegen zwei Uhr auf, ging nach unten, um ein Glas Saft zu trinken. Verschlafen blickte ich auf etliche Sachen aus meiner Manteltasche, die kreuz und quer auf dem Küchentisch und über den Fußboden verstreut lagen. Im Halbschlaf nahm ich an, dass eines der Kinder die Unordnung angerichtet hatte. Nichts Neues, dachte ich bei mir und ging wieder ins Bett. Doch kurz bevor der Morgen dämmerte, läutete plötzlich das Telefon und riss mich aus dem Schlaf.

»Hier spricht die Guarannbraher *gardaí*.«

»Ja?« Einen so unwahrscheinlich klingenden Namen für ein Polizeirevier hatte ich bislang nie gehört, weder hier in Cork noch sonst wo auf der Welt. Und da dieser Name auch noch irgendwie obszön klang, kam mir das Ganze zunächst wie ein Scherz vor.

»Wissen Sie, dass Ihr Wagen – ein Opel Astra, richtig? – gestern Nacht gestohlen wurde?«

Jetzt war ich völlig verwirrt. »Was sagen Sie da?«

»Nun, wir haben ihn in einer nahe gelegenen Wohnsiedlung gefunden. Er ist noch in Ordnung. Sie können ihn jederzeit bei uns abholen«, hörte ich die Stimme am anderen Ende der Leitung sagen.

Benommen ging ich nach unten, versuchte mir im ersten Licht des Morgens sowohl einen Tee als auch einen Reim auf diese Nachricht zu machen. In jedem Zimmer waren die Schrankschubladen aufgezogen, Papiere und Klamotten lagen wild verstreut herum. Da dämmerte mir langsam, dass irgendwer durch das Küchenfenster eingestiegen sein musste, während ich und auch meine Kinder arglos in ihren Betten schlummerten. Vielleicht war der Eindringling ja noch im Haus gewesen und hatte hinter einer Tür gelauert, als ich in der Nacht meinen Saft trank. Klar, er hatte sämtliche Taschen durchwühlt, die Autoschlüssel gestohlen und sich auf und davon gemacht.

Dass mir gesagt worden war, wo man den Wagen gefunden hatte – in einer tristen Gegend namens Knocknaheeny –, half auch nicht wirklich weiter. Geschichten über dieses Viertel gab es zuhauf, etwa über ein Pub namens The Flying Bottle, in dem Gäste auf die Frage, ob ihr Auto vor dem Pub sicher sei, die Antwort bekamen: »Wen interessiert das schon, wenn du dir beim Verlassen des Pubs aus allen gestohlenen Corker Wagen eines aussuchen kannst?«

Auf der Polizeiwache bekam ich meine Autoschlüssel ausgehändigt, die unerklärlicherweise im Zündschloss steckten, sowie eine silberne Spielzeugpistole, die Owen auf dem Rücksitz hatte liegen lassen.

»Können Sie das Fahrzeug noch eine Weile entbehren, wir würden im Laufe des Vormittags gern noch ein paar Fingerabdrücke sichern«, fragte der Beamte.

»Lassen Sie mich noch schnell einen Blick in den Wagen werfen«, entgegnete ich. Doch kaum hatte ich die Autotür aufgemacht, stieg ein stechender Benzingeruch in meine Nase, und ich wich zurück. Klare Sache, die Diebe hatten vorgehabt, den Wagen in Brand zu stecken, nachdem sie an ihrem Ziel angekommen waren – einem Viertel mit lauter trostlosen Sozialbaubaracken und hoher Arbeitslosigkeit. Das Abfackeln gestohlener Autos ist inzwischen zu einem nächtlichen Ritual in irischen Städten geworden, anscheinend um Fingerabdrücke zu verwischen, aber möglicherweise auch, um irgendwelche Urtriebe zu befriedigen. Unserem netten Nachbarn, Pat O'Neill, hatte man neulich in der Nacht den Wagen aufgebrochen; und nachdem die Diebe Werkzeuge im Wert von 2000 Pfund entwendet hatten, steckten diese Vandalen das Auto keine fünfzehn Meter von unserer Haustür entfernt in Brand. Auf meinen allmorgendlichen Spaziergängen zum Zeitungsladen waren mir schon viele verkohlte Blechgehäuse begegnet, aber so nahe vor unserem Haus noch keines. Im Januar wurden bei fünf Autos die Scheiben eingeschlagen, aber kein Einziges war abhanden gekommen.

Ich nahm ein Taxi nach Hause und versuchte in meinem Kopf das Geschehene zusammenzubringen. Meine Wut auf diese Missetäter wuchs, als mir einfiel, dass sie meinen Jungen sogar ihren Fußball geklaut hatten. Daraus schloss ich, dass sie so zugedröhnt oder so durchgeknallt gewesen waren, dass sie sich in Gefahr begaben für eine Beute, die wertloser nicht sein konnte.

Kurz darauf kamen zwei *gardaí* von einer nahe gelegenen Polizeiaußenstation bei uns vorbei, kritzelten Notizen auf einen kleinen

Block und waren auch schon wieder weg. Wenig später tauchte ein weiterer Beamter aus einem anderen Revier auf, gefolgt von einem dritten aus einer weiteren Polizeistelle am anderen Ende der Stadt. Es war offensichtlich, dass keiner dieser wohlmeinenden Beamten einen Bericht zum Tathergang von einem seiner Kollegen erhalten hatte. Alle machten ellenlange Aufzeichnungen – wie in Flann O'Briens *Der dritte Polizist*. Schließlich erschien aus heiterem Himmel ein Beamter aus dem Corker Hauptquartier. Er versuchte hier und da ein paar Fingerabdrücke zu nehmen und machte sich ebenfalls wie wild Notizen. Bei einer Tasse Tee erklärte er, dass er der einzige Fingerabdruckexperte sei, der heute in Cork Dienst habe, und dass er bereits zu anderen Tatorten gerufen worden sei, bei einer Vergewaltigung und drei Einbrüchen.

»Ich glaube, ich habe einen ganz brauchbaren Abdruck gefunden«, ließ er mich wissen. »Wir werden ihn für eine Computerüberprüfung nach Dublin schicken.«

»Wie lange wird das dauern?«

»Ungefähr vier Wochen«, antwortete er, was nicht gerade beruhigend klang.

»Unser Haus liegt sehr abgeschieden. Die Einbrecher könnten es noch einmal probieren, jetzt, wo sie wissen, wie leicht man hier einsteigen kann, meinen Sie nicht?«

Der Beamte spielte mit dem Teelöffel herum. »Nicht wahrscheinlich. Auf der anderen Seite aber auch nicht auszuschließen. Ich an Ihrer Stelle würde in ein gutes Alarmsystem investieren.«

Inzwischen war Jamie wohlbehalten vom Flughafen nach Hause zurückgekehrt, und ich schaute noch einmal auf der Polizeiwache vorbei, wo unser Auto noch immer herumstand. Diesmal war ein anderer Schreibtischbeamter da, der aber ebenso geflissentlich wie seine Vorgänger Bemerkungen von mir aufschrieb. Ich begann mich zu fragen, ob irgendwer dieses Gekritzel jemals lesen würde.

Jeder Laden in Cork hatte mittlerweile einen Computer, nur Irlands Polizeistationen offenbar nicht.

Der Opel sprang nicht an, und so ließ ich einen Abschleppwagen kommen. »Sie können von Glück sagen, dass Sie diesen Gaunern nicht in die Arme gelaufen sind, das lassen Sie sich mal gesagt sein. Die hätten Ihnen sonst eins über die Rübe gezogen«, tröstete mich der Fahrer, als ich neben ihm saß.

Wir näherten uns einer Werkstatt, in die ich mein Auto hin und wieder zur Reparatur gegeben hatte, und so schlug ich vor, den Opel hier abzusetzen. Doch der Fahrer lachte nur laut.

»Sie machen wohl Witze?«

Die Werkstatt lag gleich hinter einer großen Tankstelle. »Wieso, was ist daran verkehrt?«

»Wieso? Weil diese verrückten Idioten jedes Auto, das hier steht, abfackeln werden, aus purem Jux. Deshalb.«

Mittlerweile war ich vollkommen fertig. Auf einmal war ich von der explodierenden Kriminalitätsrate in Irland, von der so oft in den Zeitungen zu lesen war, persönlich betroffen. Meine Möglichkeiten, Frau und Kinder beschützen zu können, waren damit in Frage gestellt. Es kam mir vor, als würde meine Sorge darüber, dass dieselben Einbrecher es noch einmal wagen könnten, einfach nicht ernst genommen, als würde sie mit einem gleichgültigen Schulterzucken, einem »Viel Glück« einfach abgetan. In den Pubs wurde ständig darüber gejammert, dass man die Gesetze viel zu locker auslege, dass die Polizei unterbesetzt und demoralisiert sei – die Folge straffer Einsparungen, überfüllter Gefängnisse und zu milder Gerichtsurteile. Mörder und Serienvergewaltiger, die lebenslänglich erhalten hatten, würden höchstens das gesetzliche Minimum von sieben Jahren absitzen, und ein Täter komme für einen brutalen Straßenraubüberfall mit einer Geldbuße von 100 Pfund davon.

Jede Nacht drehte ich fortan eine Runde durch das Haus, bewaffnet mit einem Baseballschläger. Beim geringsten Laut schreckte ich hoch. Die zunehmende Bedrohung beschäftigte mich mehr und mehr. Natürlich war mir auch zuvor schon aufgefallen, dass sich die Polizei aus dem Staub machte, sobald es dunkel war, aber erst jetzt spürte ich die Auswirkungen davon am eigenen Leib. Ich musste an meinen Nachbarn denken, der seinen rechten Arm in einer Schlinge trug, weil er brutal überfallen worden war, einfach so, weil ein paar Sadisten einen Heidenspaß daran hatten, ihn zusammenzuschlagen, als sie ihm zufällig auf dem Nachhauseweg von seiner Spätschicht im Restaurant begegneten. Und der Bruder eines anderen Freundes war auf eine Horde Betrunkener gestoßen, die ihm zum Spaß den Schädel eintraten, wobei sich die Netzhaut im Auge gelöst hatte. Im Gegensatz zu zwei Studenten, die wenige Monate später ähnlichen nächtlichen Übergriffen zum Opfer fielen, hatte er noch Glück, weil es bei ihm nicht ums Überleben ging.

Urbane Gewalt nimmt in vielen westlichen Ländern zu, vor allem dort, wo alte Werte die Gesellschaft nicht mehr zusammenhalten. Doch in Irland ist diese Entwicklung besonders beunruhigend, denn zuweilen geschehen diese brutalen Übergriffe aus keinem erkennbaren Motiv, auch Raubüberfälle nicht. Die einzige Erklärung, die viele Kommentatoren für diese Art von Vandalismus haben, ist der weit verbreitete Alkoholismus, wie sie mir einst dieser nervige Moralapostel von Taxifahrer nahe gelegt hatte, als er mir von den drei Wandlungen eines irischen Trinkers erzählte – Pfau, Affe, Schwein. Fast ebenso beunruhigend war die allgemeine Unbekümmertheit, mit der dieser Problematik begegnet wurde. In den Ausbau der Infrastruktur hatte man enorme Summen gesteckt, in neue Verkehrskreisel etwa oder in ein protziges Sportstadion in Dublin. Weniger glamouröse Dinge jedoch – Gesundheitswesen, öffentliche Sicherheit, horrende Todesraten im Straßenverkehr – fanden nur wenig Aufmerksamkeit. Gerade irische Politiker sind Weltmeister darin, blumige Reden zu schwingen und so wenig wie möglich zu tun, wenn es heikel und schwierig wird – eine Tatsache, die nicht allein bei ihnen zu finden ist. »Viel hat man getan, noch mehr ist zu tun« – trompetete es wenige Monate später kläglich aus dem Horn der regierenden politischen Partei (Fianna Fail). Unterdessen zeigte eine Umfrage unter rund tausendzweihundert irischen Personen, die Opfer eines Verbrechens geworden waren (durchgeführt vom Opferschutzverband Victim Support), dass mehr als ein Drittel von ihnen keinerlei weiteren Kontakt mit der Polizei nach Meldung der Tat hatte.

In Connecticut ließen wir unsere Haustüren immer unversperrt, denn wir vertrauten auf die Wachsamkeit der Sicherheitskräfte, auch wenn uns der Arm des amerikanischen Gesetzes zuweilen etwas unbeholfen erschien. Doch in einem Land zu leben, wo die Polizei es nicht einmal schafft, gewaltbereite Halbstarke unter Kontrolle zu halten, war bei weitem unheimlicher und erschreckender – ich kam mir vor wie im Wilden Westen, nach dem Motto: »Jeder muss sich alleine durchschlagen.«

Was aber war so anders in Irland? Es war Tatsache, dass die *gardaí* unterbesetzt war und die Gefängnisse aus allen Nähten platzten. Im Grunde war die Haftanstalt in Cork eine Lachnummer. Tennisbälle, die mit Drogen gefüllt waren, flogen über die Mauern mitten auf den Hof.

Irlands Justizminister, Michael McDowell, sagte einmal in einem Interview, dass mutwillige Gewalt, Überfälle und Zerstörungswut Symptome für eine Gesellschaft seien, deren Sinn für bürgerlichen Anstand und öffentliche Ordnung Amok gelaufen sei: »Sie unterminieren unser kollektives Sicherheitsempfinden; sie schüren unsere Angst; sie mindern unsere Lebensqualität, insbesondere in den städtischen Gebieten. In der Tat ist die Entwicklung der letzten

Jahre mehr als beunruhigend, die sich im blindwütigen und brutalen Verhalten junger Menschen zeigt, die sich wahllos ›Zufallsopfer‹ suchen, unschuldige, wehrlose Fremde, auf die sie einschlagen.« McDowell machte für diese Entwicklung den ungehemmten Alkoholmissbrauch verantwortlich.

Vor unseren Augen schien sich eine tief greifende Veränderung zu vollziehen. In einem Leserbrief an die *Irish Times* stand, dass 1958, in einem Jahr großer Armut und Arbeitslosigkeit, Irland (zusammen mit Spanien) die weltweit niedrigste Verbrechensrate hatte – in der Republik gab es vier Morde, zehn Vergewaltigungen, neunundsiebzig sexuelle Übergriffe, 267 Gewaltüberfälle, einundsechzig Raubüberfälle, 3315 Einbruchsfälle und/oder Einbruchsdiebstähle.

Vierzig Jahre später schnellten die Beschäftigungszahlen auf Rekordhöhe, der Lebensstandard stieg, nie zuvor existierte eine derart große wirtschaftliche, persönliche und sexuelle Freiheit. 1998 gab es bei einem nicht zu sehr ins Gewicht fallenden Bevölkerungswachstum (von 2,9 Millionen 1958 auf 3,7 Millionen) jedoch achtunddreißig Morde, 292 Vergewaltigungen, 598 sexuelle Übergriffe, 691 Gewaltüberfälle (ein Jahr später wurde die Zahl auf 8664 korrigiert), zweitausendfünfhundert Raubüberfälle, 25730 Einbruchsdelikte und/oder Einbruchsdiebstähle (was die *gardaí* als einen wesentlichen Rückgang im Gegensatz zum Vorjahr feierten, obwohl keiner mehr diese Zahlen veröffentlichte).

Die polizeiliche Statistik zählt auch die »Ordnungswidrigkeiten« auf – diese umfassen alles von öffentlicher Ruhestörung und Lärmbelästigung bis hin zu mutwilliger Sachbeschädigung und Delikten wegen Trunkenheit. Von 1995 bis 1999 zählte man insgesamt 111286 Vorfälle dieser Art, doch schon in den ersten acht Monaten des Jahres 2000 wurden 50984 Tatbestände registriert. Hochrechnungen für die nächsten Jahre kommen auf über vierhunderttausend Ordnungswidrigkeiten. Der irische Kolumnist Louis Power erörterte die Frage, wie es denn sein könne, dass die Verbrechensraten angesichts des neuen Wohlstands derart explodieren? Und warum war ein armes Irland, ein Irland vor vierzig Jahren, gesetzestreuer?

Der Journalist vertrat die Ansicht, dass Irland sich auf einen faustischen Handel eingelassen habe. Es habe seine uralten religiösen Überzeugungen und tief verwurzelten sozialen Normen, die auf dem Gedanken der Gemeinschaft basieren, für die Befriedigung uneingeschränkter Genüsse über Bord geworfen.

Ich vertrat zwar die Ansicht, dass meine Kinder nicht in die Zwänge des alten Irlands zurückgeprügelt werden sollten, wie es in vielen Schulen vor einer Generation noch geschah. Aber die Argumente von Louis Power entbehrten nicht einer gewissen Stimmigkeit.

Sämtliche Warnungen, die irischen Probleme nicht allzu direkt anzusprechen, schoss ich in Anbetracht meiner eigenen Ängste in den Wind. In einer überregionalen Zeitung veröffentlichte ich meine Meinung (ohne Nennung meines Namens) über die Gefahren eines sich rasch wandelnden Irlands.

Zufall oder nicht, jedenfalls tauchte die Horde von Halbstarken, die uns so bedrohlich schikaniert hatte, mit neu rekrutiertem Nachwuchs bald darauf wieder in unserer Straße auf: »Ah, euer Auto wurde gestohlen! Zu schade aber auch, dass es nicht in Brand gesteckt wurde«, tönten sie. Einer unserer Freunde riet, wir sollten die Bengel ein für alle Mal »fertig machen«, was nach gewissen irischen Regeln hieß, sich eine Art Bürgerwehr zu beschaffen, die dann einen dieser Rotzlöffel nachts vor dessen Haustür abpasste und ihm eine ordentliche Abreibung verabreichte. Das waren nicht unbedingt meine Methoden, dennoch hatte ich Mühe, ruhig zu bleiben. Es war absolut nervtötend zu erleben, dass unsere Familie Aggressionen hervorrief und Fremdenfeindlichkeit ausgesetzt war. Dann, eines schönen Nachmittags im April, rottete sich die Gang vor unserer Haustür zusammen und rief: »Scheiß Amerikaner«, ohne dass wir sie provoziert hätten, es sei denn, sie hatten meine Flüche gehört, die ich im Schlaf gegen sie ausstieß. Dabei wären diese Unflätigkeiten nicht einmal als Ordnungswidrigkeit durchgegangen – doch jetzt war das Maß voll.

Gemeinsam mit einem Nachbarn, der neulich ebenfalls ein Opfer dieser Jungen geworden war, erstatteten wir Anzeige bei der *gardaí*. Fortan war Ruhe – und dieses Mal, so hofften wir, für immer. Auch unsere Einbrecher hatte man geschnappt, was ich als echten Fortschritt empfand. Aber Irland, dieses gastliche Land, in das wir so voller Hoffnung gezogen waren, hatte uns in letzter Zeit nur allzu oft das Herz gebrochen.

21

Unsere Träume, so beschlossen wir, wollten wir uns von solchen Widrigkeiten nicht zerstören zu lassen. Die halbwüchsigen Bengel waren schließlich nichts mehr als halbwüchsige Bengel, und die Einbrecher hatte man immerhin »fertig gemacht«. Das Problem der Straßenkriminalität ließ sich umgehen, indem man spätnachts nicht einfach durch die Stadt lief. Wir wollten uns nicht einfach unterkriegen lassen.

Neue Chancen winkten. Ich kontaktierte den Direktor von Ulster Television in Belfast (jetzt UTV), einem Medienkonzern, der jährlich rund 30 Millionen Pfund Gewinn machte und gerade für sechs Millionen Pfund etliche Rundfunkstationen in Cork aufgekauft hatte, darunter eine mit einem schnell sprechenden amerikanischen DJ, der Stimme des »52. Bundesstaats«.

»Hätten Sie auch Interesse daran, ein neues Corker Magazin zu unterstützen?«, war meine Einstiegsfrage an einen gewissen John McCann.

Es schien, als würde sich eine Zusammenarbeit ergeben können, und wir telefonierten regelmäßig miteinander, so ungezwungen wie zwei alte Freunde. Kein freiberuflicher Autor könnte in New York oder London den Boss eines riesigen Medienunternehmens einfach so anrufen, ohne von einer Phalanx von Sekretärinnen abgewimmelt zu werden. Aber dieser irische Magnat war ohne Schwierigkeiten zu sprechen.

»Hat man die Einbrecher geschnappt, die in Ihr Haus eingedrungen waren«, begann McCann das Gespräch. »Schlafen Ihre Frau und Ihre Kinder wieder ruhig?«

Dabei hatten wir uns noch nicht einmal persönlich kennengelernt, doch das hinderte uns nicht an einer herzlichen Umgangsform. Wir machten uns Gedanken über die Aussichten eines *Cork Magazine* und wie man es präsentieren müsste – eben über das ganze Drum und Dran einer Zeitschriftenneugründung. Das gastliche Irland war zurück.

Unterdessen kam Jamie weiter voran, traf sich mit wichtigen und einflussreichen Größen der Corker Gesellschaft und halste sich mehr Arbeit auf, als sie bewältigen konnte. Es war, als hätte sie endlich Anschluss an das örtliche kulturelle und kommerzielle Leben gefunden. Und sie liebte es.

Ostern rückte näher, und die ganze Landschaft begann frisch und grün zu sprießen. Das leichte, ungezwungene Leben kehrte in die Straßen von Cork zurück. Auch unsere Nachbarn erwachten aus dem Winterschlaf, luden uns zu Kaffee oder Tee ein, was sich in Irland typischerweise Stunden ziehen konnte.

Und schließlich kam der Tag der nationalen Buße, der vierundzwanzig Stunden dauert und als Karfreitag bekannt ist. Das war der einzige Tag, außer an Weihnachten, an dem jedes einzelne der achttausend Pubs (Schottland und Wales haben zusammengenommen nur sechstausend) in einem Ritus der Selbstkasteiung geschlossen blieb. Am Abend zuvor spazierte ich an einem Spirituosengeschäft vorbei, vor dem sich bis auf den Gehsteig hinaus eine lange Schlange von Bittstellern gebildet hatte. Kein Zweifel, die standen tapfer an, um sich mit Scrumpy Jack einzudecken!

Der Karfreitagmorgen selbst war so wunderschön, dass ich mit Seamus Wilkinson nach West Cork ins Grüne fuhr. Sein neuer Mercedes tuckerte gemütlich am Bandon River entlang, in dem es inzwischen von heimkehrenden Lachsen wimmelte. Und Seamus sinnierte vor sich hin: »Ist die Geschichte von Jesus nicht erstaunlich? Wenn man sich vorstellt, dass das Leben eines einzigen Menschen bis heute einen so großen Einfluss hat, dass selbst zweitausend Jahre später jedes Pub im Land einen ganzen Tag lang ihm zu Ehren geschlossen bleibt.«

»Interessanter Aspekt«, sagte ich, denn so hatte ich die Auswirkungen des Christentums noch gar nicht betrachtet.

»Natürlich könnte man ein Pint erhalten, wenn man unbedingt eines will.«

»Wirklich?«

»Klar, wenn du unterwegs sein musst und dich mit einer Fahrkarte offiziell als Reisender ausweisen kannst, dann kriegst du eines am Bahnhof. Ich kenne Leute, die sich für diesen Tag eine Fahrkarte in die Umgebung kaufen, nur um ein Pint ausgeschenkt zu bekommen.«

Du lieber Heiland – ich konnte mir lebhaft vorstellen, wie diese Menschen still beteten, die Lippen am schaumigen Glas.

Am folgenden Tag durchkämmten etwa achtzehn Kinder unseren Garten nach versteckten Ostereiern und Geleesüßigkeiten, die Jamie aus Amerika mitgebracht hatte. Auch der Ostersonntag brach strahlend an, und himmlischer Chorgesang klang aus der aufwändig renovierten St. Mary's Dominican Church herüber, durch deren Portal wir immer häufiger schritten.

Jamie bereitete eines ihrer Festessen zu, und abends luden wir ein paar von unseren engsten Freunden auf einen Drink ein. Zehn Leute drängten sich in unserer Küche, und sogar Paddy und Anne Wilkinson, die gerade ihre Cousins in Cork besuchten, schneiten überraschend herein. Wieder einmal hatten wir das Gefühl, einen Ort gefunden zu haben, an dem wir willkommen waren, wo viel gelacht und abstruse Geschichten erzählt wurden. Schließlich neigte sich der Abend dem Ende zu, Jamie war schon im Bett, und nur Shaun Higgins saß noch am Küchentisch. Zeit für einen »Absacker«, was in Irland Whiskey bedeutete. Der gut gelaunte Shaun – er besitzt ungewöhnliche Tenorqualitäten – stimmte lauthals eine herzzerreißende alte Ballade an, die »Ballade von Maggie Day«.

»Heute, Maggie, wanderte ich zum Hügel, um das Land unter mir zu sehen, das Flüsschen und die alte rostige Mühle, Maggie, wo wir einst vor langer, langer Zeit saßen.« Shauns Blick war verzückt, die Hände ausgestreckt, um all die draußen funkelnden Sterne imaginär zu umfassen, ja, das ganze verrückte keltische Universum mit dem auferstandenen Jesus Christus irgendwo dort oben, der nur Shaun und mir in diesem Moment eine wundervolle Nacht schenkte. Shaun war Irlands Orakel, und er verkündete mit jeder ansteigenden Oktave, warum wir unser beneidenswert sicheres Leben hinter uns gelassen und ein reicheres, wenn auch unvorhersagbareres Dasein auf uns genommen hatten.

Wie gern hätte ich meine weit entfernt befindliche Mutter an diesem Moment teilhaben lassen. Ich wählte die Nummer in Connecticut, hörte ihr leises »Hallo« und hielt den Hörer so, dass sie Shauns leidenschaftlichen Gesang vernehmen konnte – und stellte mir vor, wie meiner geliebten Mum, deren Seele so irisch war, genau in diesem Augeblick eine Offenbarung aus dem Land ihrer Vorväter zuteil wurde. Ich blinzelte die Tränen aus meinen Augen.

»Und jetzt sind wir alt und grau, Maggie, die Pfade des Lebens beinahe gegangen.«

Ich hielt es nicht mehr länger aus, nahm den Hörer und rief hinein: »Ist Irland nicht wunderbar?«

Doch die Leitung war tot, und bei allen Wahlwiederholungen ertönte nur das Besetztzeichen. Schließlich, beim allerletzten Versuch, nahm meine Mutter erneut ab.

»War das nicht wunderbar?«, fragte ich.

»Wer spricht da?«, fragte sie.

»Dein Sohn. Erinnerst du dich, der in Irland? Hast du eben den Gesang gehört?«

»Ach, du meine gute Güte. Ich dachte, da erlaubt sich irgendein Irrer einen Scherz. Also habe ich aufgelegt und den Hörer schließlich beiseite gelegt.«

Nun gut – ich habe mal wieder eine weitere Erfahrung gemacht, die mit Sicherheit in keinem Reiseführer für verrückte Unruhegeister stand. Aber an tagtägliche Überraschungen hatten wir uns ja mittlerweile gewöhnt.

Eine der größten Sorgen, die ein verheirateter Mann haben kann – und besonders einer, der sich gewissermaßen im Exil befindet –, ist die, dass seine Frau plötzlich am Arm eines unvermuteten Nebenbuhlers davonspaziert. Nach Ostern fing Jamie an, genau dies zu tun, und zwar mit einem Mann, dessen Äußeres insofern mehr als sonderbar war, als er uralt aussah und zudem einen ellenlangen Bart trug, der über sein sackleinenes Gewand wallte, auf dem eine Kristallperlenkette baumelte – wie ein Zauberer. Schlimmer noch, er sprach einzig in Reimen, war er doch der Darsteller des Gandalf in einer Theaterversion von *Der kleine Hobbit*. Und meiner freiberuflich arbeitenden Frau fiel die Aufgabe zu, diesen Druiden in den Medien bekannt zu machen, um so auf die bevorstehende Tolkien-Inszenierung im Corker Opernhaus hinzuweisen. Gandalf und sie waren ein klasse Paar.

Eines Abends sah ich stolz zu, wie Jamie eine Gruppe von Lehrern animierte, mehr Schulkinder für einen Theaterbesuch zu begeistern. Sie hatte alles darangesetzt, diesen Job zu behalten – und ihr Wunsch ging in Erfüllung. »Wir haben gerade neue Zuschüsse bewilligt bekommen, und es wäre wunderbar, wenn Sie ständig für uns arbeiten könnten«, flüsterte ihr einer der Direktoren des Opernhauses nur wenige Minuten vor der Begrüßungsrede zu.

Der Zufall wollte, dass sich alles zum Besten fügte. Später am Abend, als ich Jamies Chef ein wenig von meiner Geschichte erzählte, kam wieder eine der wundersamen Verbindungen zum Vorschein. »Was, Sie waren ein Freund von Bun Wilkinson? Beachtlich. Ich habe ihm zwei Monate lang beim Bau seiner Hütte in Dingle geholfen, etwas später als Sie, aber im selben Winter!«

Der April verflog im Nu, und wir nahmen erneut unsere Wochenendausflüge auf. Courtmacsherry, das am Meer lag, wurde besichtigt und das verfallene vierhundert Jahre alte Schloss Kanturk mit seinen hohen Mauern in Nord-Cork. Zugleich machte ich mich auf, um mehr über irische Rettungsstationen zu erfahren, traf mich mit Rettungsteams in der County Kerry, auf der Insel Valentia und in Fenit, am Ende einer Halbinsel, die nördlich von Tralee in den Atlantik ragt. Ich hörte neue spannende Geschichten, entdeckte den Nervenkitzel bei weiteren Fahrten über das Meer. Auf einer der Übungen dröhnte sogar ein Helikopter sechs Meter über unseren Köpfen, zog in einer simulierten Rettungsaktion Freiwillige von Deck nach oben, so, wie es weit draußen auf dem Atlantik jederzeit Wirklichkeit werden kann. Valentia, zwischen Ballinskelligs und Dingle gelegen, war als Ausgangspunkt für das erste Transatlantikkabel gewählt worden, das 1866 verlegt wurde, und zudem ist die Insel ein Paradies für Zeugnisse frühester keltischer Kulturen. Mit anderen Worten: ein inspirierendes »Arbeits«-Ziel. Und so machte ich ein paar meiner eigenen Träume wahr, wurde für das Reisen sogar bezahlt, damit ich über das Land schrieb, das ich so lange schon liebte.

Die Rettungsmannschaft in Fenit nahm sogar Harris mit an Bord, und er durfte zu seiner größten Begeisterung auf die Kontrollbrücke, als wir ablegten. Die Landzungen und Berge an den Ufern Kerrys kamen mir vor, als würde ich sie schon Ewigkeiten kennen. Trotz anderweitiger Behauptungen von William Butler Yeats war das romantische Irland alles andere als vergangen und vergessen. Nein, es lebte weiter. In meiner Familie.

22

Zu den schönsten irischen Ereignissen im Frühling zählen die Hurling-Amateurmeisterschaften, bei denen die einzelnen Countys miteinander konkurrieren. Der keltische Mannschaftssport wird mit Stöcken gespielt, die ein bisschen aussehen wie Tomahawks, weil ihre Schlagenden breiter sind als die Griffe. Hurling begann als ein halbkriegerisches Spiel zwischen rivalisierenden Clans, ähnlich wie das indianische Spiel Lacrosse (das zur Vorbereitung auf Kriege mit anderen Stämmen gespielt wurde und auch »kleiner Bruder des Krieges« genannt wurde). Die Iren, einst ein grimmiges Volk, verwendeten anfangs Tierschädel als Bälle, die zu epischen Gedichten inspirierten. Später spielte man mit einem harten, lederummantelten Ball (*Sliotar* genannt). Zwei Mannschaften mit jeweils rund einhundert Kelten traten gegeneinander an, mit dem Ziel, das runde Ding in oder über das gegnerische Tor zu befördern. Im Handgemenge wurde unweigerlich ordentlich was ausgeteilt, aber lautes Feiern danach half, den Schmerz zu vergessen.

Die Kricket spielenden Briten mochten die Wildheit des Hurling-Spiels nie, weshalb sie diesen großartigen Sport seinerzeit schlichtweg verboten, so wie den Katholizismus, das Sprechen der gälischen Sprache und die Präsenz schuhloser Einheimischer in ihren ummauerten Städten nach Einbruch der Dunkelheit. Daraufhin verlegten die Iren, gar nicht dumm, das Spiel einfach ins Hinterland. Dort wurde Ende des 19. Jahrhunderts auch die Gaelic Athletic Association (GAA) gegründet, die das raue Spiel zu einer organisierten Sportart vorantrieb und deren örtliche Clubs zu Brutstätten aufständischer Aktivitäten gegen die britische Krone wurden.

Mit diesem Wissen im Hinterkopf ergriff ich die Chance, mir ein Spiel zwischen Cork und Tipperary anzusehen, zu dem mich John Burke eingeladen hatte, jener ortsansässige Bildhauer aus dem Hi-B mit der unnachahmlich kratzigen Stimme. Die Tatsache, dass Burkies Vater ein verschrienes IRA-Mitglied in Tipperary war, verlieh der ganzen Sache eine zusätzliche Authentizität, weil bei einem echten Hurling-Wettkampf bis heute ein gewisser unterschwelliger Nationalismus dazugehört. Kein Ire kann je den Vorfall von 1921 vergessen, als die Briten – sehr wohl wissend, was die GAA (oft nur »GAH« ausgesprochen) für die Iren verkörperte – mitten in ein Hurling-Spiel zwischen Tipperary und Dublin im Dubliner Nationalstadion Croke Park mit einem Panzerfahrzeug hineinrollten, in die entsetzte Menge schossen, achtzehn unschuldige Fans töteten und viermal so viele verletzten. Dieser unrühmliche »Blutige Sonntag« war die britische Antwort auf Michael Collins' Aktion, der am Abend zuvor ein Dutzend britische Geheimagenten niedermetzeln ließ.

Das heutige »Aufwärmtraining« vor dem Spiel war hingegen geprägt von einem freundschaftlichen Geplauder bei einigen Bieren in einer kleinen Bar namens Corrigan's, in der aus irgendeinem unerfindlichen Grund Fotos von Small Dennis und Michael Jackson nebeneinander hingen. Aber vielleicht deutete das ja auf ein künftiges kulturelles Austauschprojekt.

»Irland ist nicht halb so seltsam wie euer Land«, meinte Burkie versonnen. »Was auch mit seiner Größe zu tun hat, es ist so unglaublich riesig. Ich war mal mit Frances, meiner Freundin, in Las Vergas, wo all unser Geld von den Spielautomaten geschluckt wurde und wir schon dachten, eine richtige Pechsträhne zu haben. In diesem Moment kam ein Texaner in Cowboystiefeln auf uns zu, und ich erzählte ihm, dass wir gerade achtzig Dollar verloren hätten. Er sagte: ›Na ja, ich habe gerade achtzigtausend verspielt.‹ Und dein

Landsmann steckte sich eine Zigarette an und lachte. ›Das ist eben Vegas‹, meinte er.«

Das Hurling-Spiel schien in zweifelhafte Ferne zu rücken.

»Also fuhren wir am nächsten Abend weiter nach Phoenix, weil Frances dort in einem reichen Vorort jemanden kannte«, fuhr Burkie fort. »Jeder Baum dort konnte kaum die Last der vielen Orangen tragen. ›Halt mal an, Frances, ich pflück uns mal eben welche‹, sagte ich. Ich kletterte also rauf auf den nächsten Baum, schüttelte die Äste, die Orangen fielen haufenweise zu Boden, als plötzlich ein Polizeiauto aufkreuzte. Ich klammerte mich an den Ästen fest wie ein Kapuzineraffe, als die Bullen ihre Pistolen zogen und riefen: ›Was machen Sie dort oben?‹ Ich antwortete: ›Ich bin Ire. Ich pflücke nur ein paar Orangen.‹ Da fragte der eine: ›Haben Sie Alkohol getrunken?‹ Und ich sagte: ›Sehen Sie das nicht, ich bin besoffen wie eine Schnapsdrossel. Sonst würde ich ja nicht hier oben im Baum hocken, oder?‹ Und die Typen fingen an, sich scheckig zu lachen. Keine Ahnung, warum, aber sie haben uns noch zu den Bekannten begleitet.«

Corks Hurling-Stadion lag am Ende einer schmalen Sackgasse, mit Parkmöglichkeiten für etwa zweihundert Autos, obwohl mindestens Zehntausende von Menschen die Spiele sehen wollten. Mein ortskundiger Bildhauer, der für einen strahlenden Aprilsonntag in einen ungemein dicken Mantel gekleidet war, löste das Parkproblem auf eine Weise, wie sie jedem anarchischen Iren einfallen könnte, indem er die polizeilichen Markierungspfeiler beiseite warf, sodass wir auf einem illegalen Platz nahe am Eingang den Wagen abstellen konnten.

»Ja, alter Knabe, wir sind hier in Irland!«, sagte er.

Die langen Schlangen vor den Ticketschaltern nervten Burkie, und so mimte er kurzerhand einen hinkenden alten Mann, um die Warterei abzukürzen und sich vorzudrängen. Ich schlich verlegen hinterher und stellte mir vor, wie rüde und ungehobelt es da drinnen im Stadion gleich zugehen würde – handfeste Exzesse, wie sie von Hooligans bekannt sind, um Fußballspiele zu stören. Weit gefehlt!

Das einzige ungehörige Verhalten, das ich mitbekam, war das von Burkie. »Komm, mir nach«, bellte er heiser, während wir uns humpelnd an Hunderten von weniger dreisten Fans vorbeimogelten.

Vor uns lag ein riesiges Spielfeld, von der Sonne in bronzenes Licht getaucht. Keiner im Stadion hatte einen Becher mit Bier in der Hand, da sich die einzigen Zapfhähne vor Ort in einer aufgestellten Bar befanden, die so weit entfernt lag, dass man in einem zwanzigminütigen Fußmarsch um das ganze Stadion hätte herumgehen müssen, nur um dann noch einmal zwanzig Minuten für ein Pint anzustehen. Außerdem gehörte es sich nicht, Alkohol zu trinken, wenn man ein geheiligtes GAA-Spiel sehen wollte. In den USA würde man in einem Stadion vergleichbarer Größe alle zweihundert Meter Zapfhähne finden, vor denen sich Mengen von wüsten Grölern und Krakeelern versammelten, kaum dass ein Spiel begonnen hatte.

Als die jeweils fünfzehn Spieler der beiden Mannschaften in hellen Hemden und dunklen Shorts das Feld betraten, fragte ich Burkie nach der Bedeutung des eigenartigen Stadionnamens – Pairc Ui Caoimh. »Um Himmels willen, das interessiert doch keinen wirklich«, stöhnte er. »Die sind hier alle nach irgendwelchen dämlichen Bischöfen oder IRA-Männern benannt.«

An den beiden Torpfosten fanden sich jeweils zwei Männer in langen, weißen »Metzgerkitteln« ein. Sie sollten anzeigen, ob der Sliotar sauber zwischen die Torpfosten geschlagen (ein Punkt) oder ob er über die Torlinie unterhalb der drei Meter hohen und sechs Meter langen Querstange gespielt wurde (drei Punkte). Fern des

Spielfelds stand eine Punktetafel. Mitten in der Anzeige gab es ein Fenster, das gerade von dem Schiedsrichter geöffnet wurde. Gut sichtbar für uns war sein polierter Kopf, auf dem anscheinend kein einziges Haar spross. Fast hätte er damit in Konkurrenz zur Sonne treten können. Im nächsten Augenblick ertönte die Nationalhymne, die Menge erhob sich. Dann ein Pfiff, und ein wildes Gerenne und Gehaue mit den Stöcken um eine heiße Kartoffel brach los. Die Spieler fingen den fliegenden Dämon mit den Händen, warfen ihn auf Tennisspielhöhe und schlugen ihn dann in hohem Bogen über das Feld, mal in die eine, mal in die andere Richtung. Sobald der Sliotar nach unten fiel, rempelten drei, vier oder fünf Spieler aufeinander, sprangen für den nächsten Schlag unglaublich hoch in die Luft, wirbelten zuweilen rückwärts herum und trieben den Ball unter den unmöglichsten Verrenkungen durch die Torpfosten hindurch, wo den »Metzgern« nichts entging. Mit jedem Tor öffnete der kleine Mann mit der Glatze in der Mitte der Punktetafel sein Fenster, klärte den Punkt oder die Punkte noch einmal mit einem Kollegen ab, der unter ihm auf dem Rasen stand, und zeichnete dann mit Kreide den neuen Stand auf.

Das Ganze erschien mir herrlich chaotisch, ein großartiges Schauspiel meisterlicher Amateurkunst, wobei der Ball gekickt, gelupft, geschlagen, verfolgt, abgefangen, geschwungen und auf dem Stockende im Eilschritt nach vorn balanciert wurde – um dann in einem fantastischen Bogen mitten hinein in das Tor des Gegners geschossen zu werden. Die Spieler trugen keinerlei Schutzpolster, nur vereinzelte Mannschaftsmitglieder hatten Helme aufgesetzt, doch irgendwie schafften sie es immer wieder, etwaigen Verletzungen zu entkommen, wenn ein gegnerischer Stock links und rechts von ihnen niederfuhr wie Schwertschläge mörderischer Samurai-Kämpfer. Die Spieler machten Tore, prallten aufeinander, zerquetschten sich und steckten heftige Schläge ein, trugen ihren Jubel oder Schmerz aber nie so theatralisch und um Aufmerksamkeit heischend zur Schau, wie es im europäischen Fußball und amerikanischen Football gang und gäbe ist. Das Spiel war atemlos – gleichsam ein physisches Äquivalent zur irischen Redelust.

»Wie Eishockey auf dem Rasen«, sagte ich. »Einfach toll.«

»Ist heute eher ein verzärtelter Balletttanz«, maulte Burkie. »Weiße Kleidchen mit Puffärmeln würden ihnen besser stehen.«

Siebzig Minuten lang rannten und schlugen die Hurling-Spieler was das Zeug hielt (bis auf die Halbzeitpause, in der es einen Dudelsackauftritt gab). Die Tore fielen nur so, mal lag das eine Team, mal das andere vorn, bis am Ende Tipperary den Sieg davontrug. Ein umwerfendes Spiel!

»Schön, dass es dir gefällt. Denn Hurling ist Teil der irischen Seele. Es gehört dazu«, meinte Burkie.

Wir ließen den Nachmittag im Hi-B ausklingen, wo wir auf einige der üblichen Stammgäste trafen: einen Dichter, »Alter Seemann« genannt, weil er einst als Erster Offizier auf dem Nachbau eines einst ruhmreichen Schiffes angeheuert hatte, das sein Trockendock anscheinend aber nie verlassen hatte; dann einen wortkargen Elektrounternehmer, einen sprichwörtlichen Stockfisch. Auch Kieran O'Connor war da, und er eröffnete, dass er in seiner Jugend beim Hurling seinen Schädel so lange hingehalten habe, bis er mit zweihundert Stichen genäht werden musste. »Das hat mich gestählt, und du hättest mal die anderen sehen sollen«, lachte er. Kieran gehört zu den Iren, die berühmt dafür sind, dass sie sich selbst dann noch wehren, wenn man sie in eine Ecke treibt und die Chancen zehn zu eins stehen, davonzukommen. »Immerhin habe ich sie dahin gebracht, wo ich sie haben wollte.«

Der ortsansässige Oisín und Pubinhaber, Brian O'Donnell, war jedoch weit und breit nicht in Sicht, und eigentlich, wenn man es genau überlegte, ließ er sich so gut wie kaum noch im Hi-B blicken.

Im hinteren Teil des Raums lärmten ein paar Kerle und spritzten mit ihrem Bier durch die Gegend; sie waren die Art von Gästen, die Brian ohne langes Zögern rausgeschmissen hätte. Ich sah mich noch weiter um, als die Tür zum Pub aufging und ein stadtbekannter Typ hereinkam, mit einer Miene wie ein Ungeheuer, das an Kirchen Wasser ausspie. Sein linkes Auge war so gut wie zugeschwollen, und sein Gesicht wies alle Farben auf – Blau, Schwarz, Dunkellila.

»Was ist denn mit dir passiert?«, fragte ich neugierig.

»Bin gestern Abend völlig abgestürzt.«

»Aha, verstehe.«

Und in der Tat konnte ich ihn vor mir sehen, wie er Tische übersah, die Whiskeyflasche fallen ließ, wie ihm eine Lampe auf den Schädel knallte, während er noch ein letztes Glas hinunterstürzte und von dannen torkelte – Pub-Hurling für Solisten. Ein weiterer Stammgast erschien, auf einen Stock gestützt. Bei ihm wusste ich, was passiert war – vor ein paar Abenden hatte ich beobachtet, wie er einen Arm ausstreckte, um irgendwem etwas gestenreich verständlich zu machen, nur um dabei zu Boden zu stürzen.

Um mich herum wurde angeregt erzählt, doch ich blieb still. Die irische Liebe zum Alkohol offenbarte nach und nach ihre dunklen Seiten. Wie aus einer Studie hervorging, hatten die Bürger der Grünen Insel die Luxemburger als einstmals weltweit größte Konsumenten von Hochprozentigem längst übertroffen. Experten schlagen Alarm, aber größtenteils wird darüber gelacht. Angesichts von Zeitungsanzeigen, auf denen zwölf Pints in einer Reihe stehen, versehen mit dem Slogan: »Lebe dein Leben mit der Power von Guinness«, ist das kein Wunder. Und so steigt die Zahl der Alkoholabhängigen weiter. Die Iren schlagen das Klischee, als eine Nation von Trinkern zu gelten, verständlicherweise in den Wind. Denn die große Mehrheit frönt einem mäßigen Genuss von Alkohol – wie überall auf der Welt.

Aber heute Abend kreuzten einfach zu viele Trunkenbolde meinen Blick, die mit ihren leeren, glasigen Augen irgendwie bedrohlich wirkten und sich gebärdeten, als wäre ein sonniger Nachmittag Grund genug, sich am Abend die Kante zu geben. Laut Statistik ist der Weinkonsum in Irland im letzten Jahrzehnt um 300 Prozent pro Kopf gestiegen, der von Cider um 500 Prozent, der Bierverbrauch um 26 Prozent, wobei Letzterer sich wohl nur deshalb so bescheiden ausnimmt, weil er nicht mehr viel höher ausfallen konnte.

Jeder Ire schafft durchschnittlich 150 Liter Bier pro Jahr, wobei Frauen in dieser Liga kaum eine Rolle spielen. Selbst die Hopfen- und Malzgetränke liebenden Deutschen bringen es nur auf 127 Liter; einzig die Tschechen liegen mit 163 Litern pro Kopf noch immer vorne. Doch etliche Seelen, die ich über den Kopf von Burkie hinweg erblickte, sahen so aus, als wollten sie die Tschechen in den Schatten stellen.

Natürlich birgt die Zuneigung zu Bier & Co. Stoff für die schönsten Geschichten, wie sich bei einer polizeilichen Überprüfung um halb vier Uhr morgens in einem Pub in der County Mayo zeigte, aus dem die *gardaí* lautes Singen und heiseres Gegröle nach Sperrstunde vernahmen. Der Inhaber beteuerte, er sei lediglich am Saubermachen, konnte aber die Anwesenheit seiner Tochter, der zwei Bedienungen hinter der Bar sowie jener fünf Gäste, die dicht gedrängt im Klo zusammenstanden, nicht erklären. Sein Anwalt half ihm aus der Patsche: »Mein Klient teilte mir mit, er habe einem der Gäste eine Mitfahrgelegenheit versprochen, während die anderen auf ein Taxi warteten.«

Doch als ein paar Tage später davon berichtet wurde, dass man eine betrunkene einundzwanzig Jahre alte Mutter aus Cobh verhaftet hatte, nachdem man ihren zweijährigen Sohn mit einem Glas Wein in der einen und einer Zigarette in der anderen Hand aufgefunden hatte, fanden das viele Iren ganz und gar nicht lustig. Erzbischof Sean Brady, römisch-katholischer Primas von ganz Irland, fand folgende Worte:

> Getrunken wird nicht nur bei gesellschaftlichen oder sportlichen Ereignissen, auch bei religiösen. Von der Taufe bis zur Firmung, von der Heirat bis zur Beisetzung – wir haben eine Kultur des Trinkens entwickelt, die bisweilen schockierend ist. Manchmal fürchte ich, dass wir eine weitere verlorene Generation erleben werden, eine Generation junger Menschen, die, anstatt ins Ausland zu emigrieren, die Ufer der Mäßigung, Verantwortung und Spiritualität verlassen.

Ich fing an, mir Gedanken darüber zu machen, dass diese besondere und auch ansteigende Flut sämtliche Boote ins Wanken bringen könnte, einschließlich meines eigenen ... und damit auch das meiner Kinder ein paar Jahre später. Wenn ich Laura morgens zur Bushaltestelle fuhr, dann sahen wir Jugendliche, nur wenig älter als meine Tochter, die auf den Straße herumtorkelten, Mädchen, deren kurze Partyröcke verrutscht waren, neben ihnen die Freunde, denen man die durchzechte Nacht eindeutig ansah. Vielleicht hatten sie gerade eine wichtige Prüfung bestanden oder versiebt, vielleicht war es aber auch schon zur Gewohnheit geworden. Oscar Wilde hatte solche Rituale als »die ersten wackeligen Schritte im Tanz der Verdammten« bezeichnet.

Erschreckend ist auch die Tatsache, dass 20 Prozent der irischen Kinder im Alter von neun Jahren bereits das erste Mal Alkohol konsumiert haben und dass das Land die höchste Rate beim *Binge Drinking* hat, bei dem erhebliche Mengen von Alkohol im Spiel sind, was nicht selten mit Bewusstlosigkeit einhergeht. Unzweifelhaft geht damit die hohe Zahl von tödlichen Autounfällen unter Jugendlichen einher.

Würde man eine Strichliste über tobsuchtsartige Schimpfattacken führen, die in den Pubs nach exzessiven Gelagen Standard sind – das Janusgesicht des irischen Trinkers käme zum Vorschein. Vor ein paar Jahrzehnten hatte das Wort »britisch« – zur vorgerückten Stunde brauchte es nur geflüstert zu werden – zur Folge, dass sich sofort alle im Gehirn vorhandenen Schalter und Regler umlegten und die scheinbar abgestumpften Gestalten zu Hochtouren aufliefen und eine Hasstirade auf die vergangenen achthundert Jahre von sich gaben.

Werfen Sie einmal abends in einem irischen Pub das Wort »nigerianisch« in die Runde – wenn es auf falsche Ohren trifft, dann werden Sie eine ähnliche Zurschaustellung eines Gift speienden Dauerwortergusses erleben, so sehr verachten ein paar schwierige Gemüter diese Minderheit verarmter Einwanderer. Die Iren haben eben nie viel mit Farbigen zu tun gehabt, die an ihren Küsten landeten.

Irischstämmige Amerikaner haben sich stets als Brüder ihrer Vorfahren auf der anderen Seite des Atlantiks gesehen. Doch leider müssen viele, die nach Irland reisen, schon bald feststellen, dass sie bei denjenigen, die einen solchen gemeinen Schalter in ihren Köpfen haben, gar nicht gern gesehen sind – mit Ausnahme von Burkie.

»Ah, du bist Amerikaner?«, fängt eine typische Unterhaltung an.

»Ja, warum auch nicht«, erwidert der Besucher stolz, nicht im Mindesten ahnend, dass er in die Falle getappt war.

»Aus welchem Teil?«

»Nordosten.«

»Klar, es ist ein großes Land, aus dem du da kommst.« Dann schinden die triefigen Augen erst einmal Zeit, schätzen ihr Opfer ab, der Ire probt gedanklich seine Schimpfkanonade, wetzt seine verbalen Messer und vergewissert sich seiner Raffinesse.

»Schon mal da gewesen?«, fragt der Amerikaner.

Der angesprochene Ire, wenn er so gestrickt ist wie oben dargelegt, wird kein Wort über seine sechs erfolgreich ausgewanderten Metzger-, Bäcker- oder Anwaltscousins verlieren. Stattdessen kommt die Frage: »Was denkst du über Kambodscha?«

Wer klug ist, stürmt an dieser Stelle aus dem Pub.

»Über dieses Land denke ich nicht gerade häufig nach.«

»Ach, nein?« Und da zeigt sich ein erstauntes, aber gefährliches Grinsen. »Und wie steht's mit Vietnam?«

Antworten wie »Zum Glück habe ich nie gedient« werden einen da nicht retten. Nichts wird einen retten.

»Nicaragua?«

»Granada?«

»Guatemala?«

»Panama?«

»Palästina?«

»Chile?«

Der bierselige Ire hat die ganze Welt in seiner Hosentasche und brennt nur darauf, sie Ihnen vor die Füße zu werfen. Und weil Sie naiv und unbedarft sind, könnten Sie der Idee verfallen, ihn mit irgendwelchen Gegenworten zu besänftigen. Bloß nicht!

»Ich sag dir mal was: Du stammst aus einem Land voller Despoten. Ihr habt die ganze Welt tyrannisiert, aber bei uns wird euch das nie gelingen, weil wir ein stolzes und unabhängiges Volk sind, wir brauchen euch nicht. Ihr habt die Schwarzen tyrannisiert, die Indianer, die Mexikaner, ihr habt eure Flagge sogar auf dem Mond gehisst.«

Wagen Sie es nun bloß nicht zu bemerken, dass er in diesem Moment *Sie* tyrannisiert – obwohl Sie das stillschweigende Taktieren ebenfalls teuer zu stehen kommt.

»Blasiert und selbstgefällig hockst du nun da und trinkst dein Pint auf unserem Boden und findest dich auch noch ziemlich schlau. Dabei seid ihr das arroganteste Volk überhaupt.«

Und der angetrunkene Redelöwe ist überzeugt, dass er Sie in die Ecke gedrängt hat. Hat er aber nicht.

»Noch ein Bier?«

Nein, denn jetzt spätestens stehen Sie auf und gehen.

Da ich so etwas schon Dutzende von Malen erlebt hatte, konnte mich das nicht mehr annähernd so kratzen, wie der Typ das gerne gewollt hätte. Zehn zu eins, dass er mich am nächsten Morgen auf der Straße wieder freundlich anlächeln wird, den Januskopf wieder zurechtgerückt, als wären wir beste Freunde. Natürlich war ich auch nicht begeistert von der gerade vorherrschenden Kanonendiplomatie meines Heimatlandes, und ich hatte auch keinerlei Vorstellung, wo das Ganze noch enden sollte. Und bis der Irakkrieg letztendlich begann, hätte ich locker auch die eine oder andere Schimpfkanonade loslassen können. Aber nun gut.

23

In Amerika konzentrierte sich unser Leben vornehmlich darauf, die Kinder großzuziehen. Aber hier in Irland hatten plötzliche Kursänderungen unseres Daseins überhandgenommen, sodass uns manchmal das Gefühl beschlich, wir würden Owen, Harris und Laura etwas vernachlässigen. In Connecticut waren wir von Oktober bis April jeden Samstagmorgen zeitig aus den Federn, um unsere Dreierbande zu Eishockeyspielen zu kutschieren, bei denen alle Eltern die kleinsten Fortschritte ihrer Sprösslinge genauestens beobachteten und beklatschten, und das trotz der Tatsache, dass mit der Fahrerei zum Training zusätzlich zwei Abende in der Woche draufgingen. Das gemeinsame Skifahren nach der Schule oder die Schlittenfahrten in den verschneiten Wäldern bereicherten das Leben unserer Kinder außerdem. Im Frühjahr spielten wir Baseball oder Tennis, im Sommer veranstalteten wir Schwimmwettkämpfe, angelten oder fuhren Kanu auf dem See, der nicht weit von unserem Haus entfernt lag. Aber in Irland gab es kein Eis, keinen Schnee, kein Baseball, und das Wasser war so kalt, dass jeder Badende sofort wieder schreiend herauskam: »Verdammter Mist!«

Jamie und ich hatten mehr als genug mit uns selbst zu tun – der Start meines Zeitschriftenprojekts schien mit einem wahren Goldfisch von Förderer in greifbare Nähe zu rücken, und auch John McCann von Ulster Television schien kurz davor anzubeißen. Jamie war mittlerweile völlig vernarrt in ihre Aufgabe, die zuweilen kulturell verarmten Kinder für den Zauber des Theaterspiels zu begeistern. Aber gerade deswegen hatten wir gelegentlich Bedenken, was das abwechslungslose Stadtleben unserer Kinder anging, da zumindest die Jungen den Großteil ihrer Freizeit mit Kicken auf dem harten Asphalt unserer baumlosen Straße verbrachten. Der einzige Sport, der in der Schule der Christian Brothers angeboten wurde, war Rugby, und Harris und Owen gingen nach wie vor jeden Samstagmorgen auf die Wettkämpfe dieser Football-Variante. In Irland wohnten aber nur wenige Eltern den Spielen bei, wohl deshalb, weil sie sich nicht dem strömenden Regen – der eben nicht selten war – aussetzen wollten. Den Kontrast zwischen den sportlichen, wenn auch oft überorganisierten Freizeitaktivitäten, die Kinder in den USA geboten bekommen, und den irischen Gepflogenheiten, wo die Kindern in ihrer Freizeit sich eher selbst überlassen bleiben, empfand ich manchmal als kaum zumutbar.

Trotzdem schienen die irischen Kinder, unsere eingeschlossen, flexibel und ausgeglichen zu sein, wie es Kinder überall auf der Welt sind. Laura, deren Schulfreundinnen weiter weg wohnten, war an manchen Wochenenden etwas einsam. Sie lud sich aber des Öfteren eine Klassenkameradin zum Übernachten ein, was stets eine wahre Cookie- und Chips-Orgie und ein saumäßig verkrümeltes Zimmer zur Folge hatte. Aber es gab kaum irgendwelche Grünflächen in der Nähe, auf denen die Jungs bolzen konnten, außer denen, die den örtlichen GAA-Clubs gehörten und die Hurling, Rugby und gälischen Fußball anboten. Das Problem war, dass es uns in den Clubs in unserer Nähe ein bisschen zu ruppig zuging.

An einem Samstag fand das Rugby-Turnier der Christian-Brothers-Schule in einem »GAH«-Club etwa vier Meilen von unserem Haus entfernt statt. Kaum angekommen, hieß man die Jungen, sich in der Umkleidekabine umzuziehen.

»Wo soll die denn sein?«, fragte Owen verwirrt.

»Dort drinnen«, sagte sein Trainer und zeigte auf etwas, das aussah wie ein Stahlcontainer, der vom Heck eines Hochseefrachters gefallen war.

Unterdessen setzten sintflutartige Regenfälle ein.

»Ich will mich da drin nicht umziehen, Dad«, protestierte Owen.

»Komm schon, du bist doch ein Rugby-Spieler«, drängte ich ihn.

»Das Ding sieht aber aus, als hätte es jemand mit einer Axt traktiert. Und außerdem regnet es durch.«

Nun, da hatte Owen Recht. Die »Umkleidekabine« sah aus, als hätte sie irgendein Wahnsinniger mit einem Spieß demoliert. Sie hatte Löcher im Dach und lange Risse in den Wänden, von denen rostige, scharfkantige, tetanusverdächtige Spitzen abstanden. Leere Scrumpy-Jack-Dosen lugten unter den verschrammten und mit Graffitis versehenen Bänken hervor.

Das schlammige Spielfeld erinnerte eher an einen Schweinesuhlplatz. Im nächsten Moment pfiff jemand auf der Trillerpfeife, und jeder gab alles, um den anderen in die Jauche zu stoßen. Ich versuchte mit einem neben mir stehenden Vater etwas zu plaudern, aber durch den strömenden Regen, der an unseren scheibenwischerlosen Brillengläsern herunterrann, konnten wir einander nicht einmal sehen.

Mit der Zeit bekam ich das Gefühl, dass irische Eltern die mangelnden Freizeitaktivitäten für ihre Kinder anderweitig ausgleichen, etwa mit den mal mehr, mal weniger lose gepflegten Bindungen zur katholischen Kirche. Ein anschauliches Beispiel dafür war Owens bevorstehende Erstkommunion, auf welche die Christian Brothers ihre Zöglinge monatelang vorbereitet hatten. Uns war aber nicht klar, welch pompöses Zeremoniell uns da erwartete. Im Grunde ist die erste heilige Kommunion ein Fest der Hoffnung. Allerdings ist es mit ein paar Haken verbunden. Zunächst geht der Kommunion eine Reinigung durch die Erstbeichte voraus, bei welcher von den Eltern, auch den frevelhaftesten, erwartet wird, dass sie sich von den Kirchenbänken erheben und als reumütiges Beispiel vorangehen – diese Aussicht ließ einen nahezu versteinern.

Dennoch war die Kirche am Tag der Erstbuße erfüllt von einem eindrucksvollen Gesang. Owen schien in tiefste Zwiesprache mit dem Herrn versunken zu sein, als er und seine Klassenkameraden zum Altar schritten, um ihrer geheiligten Reue Ausdruck zu verleihen. Ihnen folgten die gleichaltrigen Mädchen aus den Nachbarschulen, die diesen Festtag ebenfalls begingen. Vor dem Altar stand ein Priester, er war in den Vierzigern, und strahlte angesichts dieser versammelten Unschuld. Links der heiligen Bühne verfolgte ein sehr viel älterer Priester das Geschehen mit ausdruckslosem Blick. Der Mittvierziger wirkte ganz nett, der Alte eher ernst und streng, und man mochte meinen, dass die beiden eine Art geistlichen Balanceakt ausbaldowert hatten. Der Freundliche bat die Eltern nach vorn, damit sie ihrer Rolle als Bußbegleiter gerecht werden konnten. »Ich weiß, dass viele von Ihnen keine regelmäßigen Beichtgänger sind, aber Sie wären ein Vorbild, wenn Sie die Kraft Ihres erlösenden Glaubens vor Ihren Kindern bezeugten. Alles, was Sie sagen müssen, sind folgende Worte: ›Ich bereue meine Sünden‹ – nichts weiter.«

»Ein guter Handel«, dachte ich, denn ich musste daran denken, wie ich als kleiner Junge in düsteren Beichtstühlen regelmäßig erschauderte, wenn hinter Vorhängen unsichtbare Wesen einem mit ewiger Verdammung drohten. Und wenn man sich an keine Sünden erinnern konnte, dachte man sich welche aus, um die auferlegte Anzahl der zu betenden »Gegrüßet seist du, Maria« und »Vaterunser« möglichst rasch herunterzuleiern und die Prozedur hinter sich zu bringen. Und in der Pubertät, als die Stimme mit jedem Ton einbrach, war alles noch viel schlimmer. Insofern fand ich diese reduzierte Beichtversion ganz in Ordnung. Nur der ältere Priester machte keinen glücklichen Eindruck. Die Liturgie ging weiter, und die sieben- bis achtjährigen Jungen und Mädchen fuhren fort, ihre Verfehlungen vor sich hinzuflüstern. Sehr ergreifend war das.

Nun waren die Erwachsenen an der Reihe. Eine merkwürdige Bewegungslosigkeit erfasste die Versammelten. In Lourdes konnten die Lahmen auf wundersame Weise plötzlich wieder gehen, hier war es genau umgekehrt. Die Eltern schienen in der Blüte ihres Lebens einer kollektiven Lähmung anheimzufallen. Der junge Priester lächelte geduldig, der ältere aber schaute noch düsterer drein. Nach einer sich endlos ziehenden Pause schritten zaghaft ein paar Erwachsene nach vorn, und in den Kirchenbänken setzte ein Gemurmel ein.

»Geh nicht zu dem Älteren. Er hat die Bedingungen geändert«, flüsterte eine attraktive Brünette ihrem Ehemann zu, als sie wieder zu ihrem Platz zurückkehrte. »Ich habe wie befohlen gesagt: ›Ich bereue meine Sünden‹, doch damit gab er sich nicht zufrieden. ›Sie müssen mir schon Genaueres erzählen‹, beharrte er.«

Derart vorgewarnt, scherte ich aus meiner Bank nach vorn zu dem netten Priester und kam ganz gut weg.

Die eigentliche Erstkommunion fand ein paar Wochen später statt: Die Kinder waren ganz aus dem Häuschen, die Jungen trugen Krawatten zu makellos gebügelten Anzügen, und die kunstvoll herausgeputzten Mädchen steckten in weißen Kleidern, um den Kopf der kleinen Bräute Gottes legte sich ein Schleier. Vier Priester in prunkvollem Brokatornat leiteten den Gottesdienst, und die ebenfalls festlich gekleideten Mütter waren hingerissen, hatten feuchte Augen, in denen Güte leuchtete. Jamies Mutter und ihre an den Rollstuhl gefesselte Schwester, die extra aus den Staaten angereist waren, stießen unentwegt Schreie des Entzückens aus.

Keine Frage, auch wir waren ergriffen. Kinder brauchen einen Glauben, wir alle brauchen das – zumindest etwas, das unserer Selbstsucht Kontra geben kann. Unser kleiner Owen hatte diesem Ereignis wochenlang entgegengefiebert, bei jedem Gottesdienst die betenden Hände hoch zum Himmel gestreckt und aus irgendeinem

Grund plötzlich verkündet, dass er sich immer dienstags besonders anstrengen wolle, brav zu sein. Ich fragte Owen, welche Fürbitten er gesprochen habe. »Dass Tante Martha wieder gehen kann«, flüsterte er mir zu.

Ein in der Tat frommer Wunsch! An amerikanischen Schulen hat die religiöse Erziehung zum Teil derart absurde Züge angenommen, dass das bloße Erwähnen von Gott als Kardinalsünde erachtet wird, zuweilen sogar als sträfliches Vergehen, das zur Entlassung eines Lehrers führen kann. Religion wird verknüpft mit Individualismus, darüber ist der so wichtige Gemeinschaftssinn abhandengekommen. Auf diese Weise wurde und wird etwas herangezüchtet, das vielleicht sogar zerstörerischer ist als die Gewalt auf Irlands Straßen. Selbstbezogenheit ist die oberste Norm, egal, ob es um Kleidung, Umgang oder Glauben geht. Einer von Lauras Klassenkameraden in Connecticut hatte einmal verkündet, dass er es nicht als seine Pflicht erachte, den Fahneneid auf die amerikanische Flagge abzulegen. Der Vater des Jungen blies daraufhin ins gleiche Horn und verkündete den Lehrern seines Jungen: »Mein Sohn wird Ihnen Respekt erweisen, wenn Sie es verdient haben.«

Insofern waren wir glücklich, Owen diesen Moment der ungestörten Hingabe genießen zu sehen. Ähnliches erlebte er in der Schule. Für amerikanische Lehrer ist es jeden Tag ein Kampf, eine Klasse mit fünfzehn Schülern unter Kontrolle zu halten – in den normalerweise mucksmäuschenstillen irischen Klassen sind es doppelt so viele. Doch nicht ein einziges Mal haben wir an irischen Schulen «Ordnungswidrigkeiten« erlebt, wie sie an pädagogischen Einrichtungen in den Staaten gang und gäbe sind. Die arbeitsame Ruhe wird nicht etwa durch Schreien oder körperliche Züchtigung erlangt – die Lehrerin in der Schule der Jungen, die sich etwas Derartiges leistete, ist schließlich kurzerhand gefeuert worden –, sondern durch den unterstützenden Respekt für den Erziehungsprozess seitens der Eltern. Insofern erschien uns die andächtige Versunkenheit, mit welcher die Erstkommunikanten das Sakrament empfingen, erhebend – als ein Ausdruck reifer Pflichterfüllung und liebender Anteilnahme.

Wie lange diese jugendliche Frömmigkeit anhalten würde, war eine andere Frage. Henry Sidney, im 16. Jahrhundert zum Lord Deputy in Irland ernannt und Vater des englischen Dichters Philip Sidney, tat den irischen Katholizismus als eine aufgesetzte Fassade ab, mit der die Einheimischen ihre ihnen zugrunde liegende Boshaftigkeit bemänteln. »Sie achten einander nicht, sie lästern Gott, sie morden, sie betreiben Hurerei, halten die Ehe nicht, vergewaltigen, stehlen und hängen sämtlichen Lastern ohne Gewissensbisse an«, schrieb er nach Hause. »Man würde sie eher für Atheisten oder Ungläubige halten.«

Sein Zeitgenosse Barnaby Rich pflichtete ihm da bei, sagte, dass die Iren lebten »wie Bestien, ohne jegliches Gesetz und Gebot«, dass sie »unzivilisierter, unreinlicher, barbarischer und brutaler in ihren Sitten und ihrem Benehmen seien als die Menschen in irgendeinem anderen Teil der bekannten Welt«.

Das Vermächtnis der britischen Unterdrückung, das hervorging aus solcher Bigotterie, genügte mir, um meine Kinder allein aus politischen Gründen heraus im katholischen Glauben zu erziehen. Aber die tiefen Widersprüchlichkeiten des irischen Lebens sorgten immer wieder für überraschende Wendungen. Kaum war die Erstkommunion unseres kleinen Owen vorbei, wurden die profanen Aspekte dieses Tages offenkundig. In Irland sind die katholischen Festtage im Leben eines Kindes verknüpft mit einem gewaltigen Geldregen. Die Kinder heben inbrünstig die Hände hinauf zu Gott – und halten sie dann weit auf.

Kaum hatte sich Owen mit Gott verbunden, flatterten ihm die Geldumschläge nur so entgegen, von Nachbarn und Freunden.

Innerhalb zwei Stunden hatte der Junge 400 Pfund in der Tasche. Burkie jedoch frotzelte ihn wegen seiner scheinbar mageren Ausbeute: »Ist das alles? Das Kind von einem Freund von mir hat neulich 1500 Pfund eingesackt.«

Die ersten Gäste auf unserer Erstkommunionsfeier verabschiedeten sich gegen sieben Uhr am Abend. Sehr höflich. Doch schon strömten die Nächsten durch die Tür, Shaun Higgins sang seinen »Maggie«-Song, und so schoben wir die letzten, bis dahin sehr manierlichen Nachbarn irgendwann kurz nach drei Uhr morgens sachte aus der Tür.

»So langsam gehört ihr zu uns, auf Gedeih und Verderb«, flachste der nie um einen Spruch verlegene Shaun am folgenden Nachmittag.

Wir hielten Fäden in den Händen, die sich zu etwas Wunderbarem spinnen ließen. Wir hatten eine großartige Zeit, was uns in ruhigen Minuten immer wieder bewusst wurde. Jeder Tag war ein neues Webmuster aus Entdeckungen, glücklichen Zufällen und Überraschungen, für das unsere Freunde in den USA Tausende von Dollar bezahlten, nur um die Sommerferien mit uns zu verbringen und den Rest ihres Lebens davon schwärmen zu können. Immer öfter hörten wir von Einheimischen, sie hätten allmählich vergessen, dass wir eigentlich gar nicht aus Cork kommen. Musste uns das erschrecken? Immerhin: Wir hatten die gefährlichste Krise unseres bisherigen Lebens gemeistert.

Aber ... die Schuldgefühle nagten noch immer, besonders wenn es mal nicht so rund lief. Wir versuchten unseren Kindern einen sorglosen Alltag zu bieten, so wie sie es aus Connecticut kannten, sodass uns hin und wieder die Tatsache aus dem Blick rückte, wie sehr diese irische Safari uns alle ein gutes Stück vorangebracht hatte. Ein Jahr war vorbei, und es war Zeit, weitere Pläne zu schmieden.

»Klingt, als hättet ihr dort drüben ein großartiges Leben, egal, welche Krisen ihr überstehen musstet. Und darüber würde ich mir mal an eurer Stelle Gedanken machen, denn schließlich habt ihr beide ständig herumlamentiert, bevor ihr euch endlich nach Irland aufgemacht habt. Wenn ihr als Eltern nicht glücklich seid, dann bekommen das eure Kinder zu spüren, und das ist schlimmer, als an irgendeinen anderen Ort verpflanzt zu werden«, schrieb ein weiser Freund aus den Staaten.

Mmh. Unsere Kinder sahen kaum danach aus, als würden sie leiden. Jeden Tag schleiften sie Freunde durch unser Haus und den Garten, und Laura verabredete sich jedes zweite Wochenende mit Töchtern von Jachtkonstrukteuren und Pferdezüchtern, britischen Botschaftern, neuseeländischen und amerikanischen Romantikern und Geschäftsführern, die alle aus irgendeinem Grund in Cork gelandet waren und ebenfalls ihren Träumen nachgingen.

Unser Leben war ausgefüllt. Stimmt. Was gab es also zu klagen? Wann immer es möglich war, ging ich los, um Forellen zu angeln. Und wir beide, Jamie und ich, konnten uns über mangelnde Arbeit nicht mehr beschweren.

Mitte Mai reiste ich nach Belfast, um John McCann von Ulster Television mein *Cork Magazine* zu präsentieren. Vor wenigen Jahren noch wäre eine solche Geschäftsverbindung völlig undenkbar gewesen, wo jede Kooperation mit den Briten verschmäht war. Es war aber eine neue Zeit angebrochen. John McCann entschied, mich mit meinem Konzept an die Medienagentur von Ulster Television zu verweisen, die von Leuten aus Cork geführt wird. Sicher ein guter Einfall, bei dem ich mir allerdings vorkam wie eine ausbruchslustige Biene, die zurück in ihren heimischen Bienenstock gescheucht wird.

Ein paar Wochen später bekam ich einen Anruf von dem Leiter der Medienagentur. Er teilte mir mit, dass er meine Idee zwar ganz großartig finde, aber keine Möglichkeit sehe, sie zu unterstützen. Mist!

Die Medienagenten berieten sich dann doch noch auf einer weiteren Sitzung, auf noch einer und noch einer – während der Honorarzähler im Stundentakt tickte. Wenige Tage später hatten sie eine Präsentation mit dem Geschäftsführer des größten Zeitungskonsortiums in Irland ausgehandelt, den in Cork ansässigen Thomas Crosbie Holdings. Deren Chef bekundete Interesse, obgleich er dabei etwas wortkarg war und eine Pokermiene aufgesetzt hatte. Er würde uns am Montag Bescheid geben – an welchem Montag, das sagte er nicht.

24

Die Montage vergingen, die milden Abende wurden länger, und Anfang Juni ging für die Kinder das Schuljahr zu Ende. Es ist immer ein bewegender Moment, die Kinder an ihrem letzten Schultag abzuholen, besonders nach einem Jahr in der Fremde. Unsere drei waren kaum mehr wiederzuerkennen, wenn ich daran zurückdachte, wie wir sie in ihrem ersten Eifer im vergangenen September, der Tausende von Schuluniformflecken weit zurücklag, hier abgesetzt hatten. Sie waren um einiges gewachsen, standen umringt von Freunden, die nun so vertraut waren wie die, die sie in Connecticut zurückgelassen hatten. Bei all diesen Gedanken kamen mir fast die Tränen. Nun würden wir sie zu Hause haben – *ganze drei Monate lang*.

Die Sommerferien begannen wir in einem Segelcamp in der Nähe von Kinsale. Stolz sahen wir Laura zu, wie sie vor der juwelblauen Bucht kreuzte, die Herausforderungen ohne Probleme meisterte, was mir wie eine Metapher der ungleich größeren Reise schien, auf die sie und ihre Brüder sich begeben hatten. Abends spielten wir Schach, ein Spiel, das viele irische Kinder beherrschen und in dem auch die unsrigen mittlerweile ganz schön raffiniert waren. Ob das mit der irischen Neigung zu berechnendem Verhalten jeglicher Art zusammenhing?

Schließlich stand ein weiteres Treffen mit den Thomas Crosbie Holdings bevor, diesmal mit einem anderen Geschäftsführer. An den meisten Orten der Welt wäre ein Gespräch von ähnlicher Wichtigkeit ein einziger Fragenkatalog, um auf diese Weise seinem Gegenüber zu entlocken, warum er sich gerade für diesen bestimmten Job qualifiziert fühlt. Doch nichts in Bezug auf den Verlauf dieser Zusammenkunft entsprach meinen Erwartungen. Der Geschäftsführer hatte langes, in der Mitte gescheiteltes Haar, trug eine Hornbrille, seine Finger spielten am Knoten einer schicken Seidenkrawatte, das Hemd wies Karos auf – seine ganze Erscheinung wirkte akademisch, als ob es während des Termins darum ginge, über Joyce oder Yeats zu diskutieren. Was zusätzlich zu meiner Verwirrung beitrug, war die Tatsache, dass der Mann früher der Herausgeber des *Evening Echo* war – Zeitungsjungen krakeelten den Namen noch immer in den Abendstunden durch Corks Straßen. »Ich nehme an, Sie sind mit den kulturellen Dingen in Cork inzwischen sehr gut vertraut«, hob er an. Das war zwar nicht als Frage formuliert, dennoch überlegte ich, ob er nun von mir erwartete, dass ich ihm zustimmte oder nicht doch vielleicht eine individuelle Interpretation von der »Maggie«-Ballade zum Besten geben sollte.

»Ich kenne hier inzwischen jede Menge Leute«, fing ich an. »Ich liebe Cork, und diese Zeitschrift soll ein Tribut an die Stadt und an die Dynamik der County sein.«

»Ihr Enthusiasmus ist nicht zu übersehen. Aber wie stellen Sie sich die Eigentümerstrukturen vor?«

Moment! Ich war noch gar nicht mit meinen Ausführungen fertig, und schon galoppierten wir auf einen neuen Aspekt zu.

Doch ich lächelte nur und legte ihm meine Pläne für mein großes Verlegerprojekt vor. Meine bezahlten Werbestrategen, die mitgekommen waren, nickten und lehnten sich in ihren Stühlen zurück.

»Wir denken, dass die Idee weitere Überlegungen wert ist«, gab der Geschäftsführer mir zu verstehen und verschwand, noch ehe ich meine sorgfältig ausgearbeitete Mappe mit Probetitelblättern und -artikeln präsentieren konnte.

Alle Versuche, mich anschließend noch einmal zum Mittagessen mit ihm zu verabreden, schlugen fehl. Und so überraschte es mich nicht, als eine Mitarbeiterin aus dem Marketingteam, June, die Sitzung mit einem Kommentar schloss, der andeutete, dass aus unerklärlichen Gründen ein glücklicher Geldregen wohl nicht auf mich niedergehen würde. Und die feinen Töne zwischen den Zeilen schienen zu sagen, dass ich noch nicht lange genug in Cork war, um eine »sichere Bank« zu sein. Es fühlte sich an, als ob meine neue irische Identität noch immer schmerzlich provisorisch sei. In den USA konnte ich bei einer geschäftlichen Präsentation jede Nuance des Verhandlungsablaufs vorausahnen. In Irland aber bewegte ich mich noch immer auf unsicherem Parkett, als ob ein Teil von mir bislang nicht angekommen war. Ob ich überhaupt ausreichend für meine Familie sorgen konnte, mit diesem oder einem anderen Projekt, war eine Frage, die an mir nagte. War ich etwa die ganze Zeit einem irischen Hirngespinst nachgejagt? War unsere Reise hierher nichts weiter als ein vergnüglicher Spaß, der nun ein Ende haben musste, um in die Sicherheit unseres früheren Lebens zurückzukehren? Nacht für Nacht lagen Jamie und ich wach, grübelten, überlegten und redeten. Ich hatte Sorge, dass Irland uns das antat, was es jedem Eindringling, jedem Seefahrer und jedem Farmer, die in all den Jahrhunderten die hiesigen Küsten erreichen wollten, angetan hatte – uns vom Kurs abzubringen.

»Es gibt Wichtigeres im Leben. Du musst den Dingen ihre Zeit lassen«, sagte Jamie. »Wir stehen in diesem Land erst am Anfang.«

Und sie hatte Recht.

Wir machten Ferienpläne für die USA, während wir auf Partys bei irischen Freunden eingeladen waren, die alle kluge Worte für uns parat hatten: »Ihr müsst unbedingt bleiben, wir lernen euch doch gerade erst kennen«, sagte die schwarzhaarige Mary Lynch, die mit ihren warmherzigen Worten vielen aus der Seele sprach.

Um uns ein wenig aufzuheitern, nahm die Rettungsmannschaft von Courtmacsherry die ganze Familie mit auf eine Fahrt entlang der Küste von West Cork – vorbei an Seven Heads, wo hungernde Einheimische einst zu den felsigen Ufern eilten, um Fässer mit Welschkorn und Rum an Land zu ziehen, die zur Zeit der großen Hungernot aus den Schiffswracks an die Küste gespült worden waren. Heute waren die Ufer in helles Sonnenlicht getaucht. Wir glitten vorbei an Galley Head mit seinen glänzenden Klippen, an Glandore mit seiner hübschen Bucht, in der viele Jachten lagen und nur noch wenige Fischer ihrem alten Metier nachgingen. Das Licht auf dem Wasser schien vom Göttern gesandt, die Reise wie ein Tagtraum durch das alte und neue Irland.

An jenem Abend drängten sich Unmengen von Menschen auf der Hauptstraße von Courtmacsherry zusammen. Anlass war das alljährliche Pferderennen im Küstenbereich – und zwar bei Ebbe. Silberstreifen durchzogen den Himmel, während die Reiter in grüngoldenen Jacketts ihre Pferde an den Start führten. Wie aus dem Nichts erschienen Landbewohner mit Tweedmützen und vom Leben gekennzeichneten Gesichtern, während gnomenhafte Buchmacher Schiefertafeln aufstellten, auf denen die Wetteinsätze festgehalten wurden. Sommersprossige Kinder tollten herum, die Hände voller Süßigkeiten, und plötzlich sah Irland aus, als hätte es sich nie verändert. Die ersten Jockeys versammelten sich im nassen Sand. »Da ist Gavin! Er ist auf meiner Schule!«, rief Laura.

Also setzten wir eine Fünf-Pfund-Note auf diesen jungen Jockey, kurz bevor der Startschuss ertönte. Was sich jetzt abspielte, war packend: Die galoppierenden Pferde schossen übers Wasser, Sand wirbelte auf, ein Regenbogen explodierte am Himmel und schuf eine Atmosphäre wie im Traum. Den Wetteinsatz verloren wir zwar, dafür aber hatten wir etwas anderes gewonnen.

Als der Mond langsam aufstieg, suchte ich noch einmal den Strand auf, dachte über unser erstes Jahr in Irland nach. Unweigerlich musste ich an Bun denken, konnte seine Gegenwart beinahe spüren, wie ein Schatten, der im Zwielicht der Abenddämmerung munter neben mir herschritt und auf die großen und kleinen Dinge deutete, die wir erreicht hatten. »Mein Guter, du hast deine Sache doch gar nicht so schlecht gemacht«, konnte ich ihn fast flüstern hören. Ohne Bun hätte ich Irland damals nie so sehr ins Herz geschlossen, ohne ihn hätte ich wohl nie dieses Abenteuer verfolgt. Ich ging diesen einsamen Strand entlang und war meinem alten Freund zutiefst dankbar dafür.

»Ich wachse an jedem Menschen, den ich treffe«, hatte Bun einmal gesagt. Ich jedenfalls bin gerade ins Unermessliche gewachsen, da ich ihn kennenlernen durfte. Und gewachsen waren auch meine Frau und meine Kinder dank der vielen neuen Freunde, die wir in Irland gefunden hatten. Wann immer sie uns mit ihrer lebhaften Fantasie und ihrem übersprudelnden Frohsinn ins Staunen versetzten, dann waren dies Geschenke, die ich ursprünglich von Bun empfangen hatte.

Was hatte er noch gleich von seinem magischen Karottenelixier gesagt? »Das bringt den härtesten Sünder um.« Und damit meinte er natürlich den personifizierten Geist Irlands, der inzwischen auch zu unserer Wirklichkeit gehörte.

Ich schlenderte zurück ins Dorf, wo meine Familie gerade mit Gavin, seinen Eltern und vielen Geschwistern plauderte. Rückblickend konnte ich getrost sagen, dass wir das Richtige getan hatten.

Mit unserer Rückkehr in die USA Ende Juli wurden unweigerlich Vergleiche gezogen, alles musste ich abwägen. Zugegeben, der Trubel, mit dem wir bei Jamie zu Hause in New Jersey empfangen wurden, unserer ersten Station, war ganz schön nervend. Am liebsten hätten wir uns Ohrstöpsel besorgt, wenn wir vor lauter Hitze nur nicht so benommen gewesen wären. Man fühlte sich nicht einmal mehr in der Lage, ins Nebenzimmer auszuweichen. Einen Iren hätte diese brüllende Hitze austrocknen lassen, und ich lechzte geradezu nach dem gemäßigteren, wenn auch wechselhaften und launischen Wetter unserer Wahlheimat. Immerhin aber konnte man im Meer vor New Jerseys Küste, die nicht im Geringsten so schön war wie die von Cork, schwimmen, so lange wie man wollte, ohne vor Kälte kreischend ans wärmende Ufer zu rennen. Hamburger, Steaks, Muscheln, Zuckermais, Eiscreme, Pizza, Bagels, Nachos und was weiß ich noch alles waren ein wahrer Hochgenuss, obgleich die Stadtviertel, in denen sich die Fast-Food-Ketten aneinanderreihten, ein Albtraum waren gegen das, was in Irland gebaut wurde. Jamies Familie umgab uns mit Wärme und Herzlichkeit, und selbst unser junger Deutscher Schäferhund, den die angeheiratete Verwandtschaft während unserer Abwesenheit in Pflege genommen hatte, begrüßte uns, als wären wir nur eine Woche weg gewesen.

Unser Haus in Connecticut, Station Nummer zwei, erschien wie eine Oase. Wir fragten uns, wie ein vernünftiger Mensch eine solche Stätte überhaupt verlassen konnte. Tagsüber schwammen die Kinder im See, und abends saßen wir beim Barbecue zusammen, von Moskitos umschwärmt, wie es sich für einen echten amerikanischen Sommer gehört – sechzehn Abende hintereinander kamen Freunde sowie Angehörige meiner Familie zu diesen Grillfesten. Unser kleiner Owen, der in Irland nie Appetit zu haben schien, futterte plötzlich wie ein Scheunendrescher. »Ich wachse eben nur in Amerika«, erklärte er.

Doch vieles war nach wie vor desillusionierend. Am Strand lagen die Menschen auf ihren angestammten Plätzen, jeder spürte die unsichtbaren, in den Sand gezogenen Trennlinien. Einheimische und Wochenendbesucher aus New York tauschten kein Lächeln aus. Mit einer einzigen abweisenden Kopfbewegung gibt man dem anderen unmissverständlich zu verstehen, dass man nichts von ihm wissen will. Von Tag zu Tag wurde ich nachdenklicher.

Eines Abends fuhren wir dreizehn Meilen in ein gemütliches Lokal nach Neuengland, für uns war es das nächstgelegene – auf einer so weiten Strecke hätten wir in Cork Dutzende mit fröhlichem Lärm erfüllte Kneipen passiert. Etliche der Gäste und Kellner in diesem Restaurant wussten, dass wir gerade von einer ungewöhnlichen Reise zurückgekehrt waren, übergingen uns aber betont gleichgültig – eine Art, in unserem Teil der Staaten die eigene Überlegenheit zur Schau zu stellen. Ein eigentlich redseliger irischstämmiger Amerikaner, der an der Wall Street viel Geld gemacht hatte, warf nur ein mattes Lächeln in unsere Richtung, bis er sich schließlich zu der Frage durchrang: »Wie geht's?«

»Prima. Wir sind nach einem Jahr gerade aus Irland gekommen.«

»Wirklich? War bestimmt interessant«, murmelte er, um sich gleich wieder an den Tisch zu seinen supertollen Freunden zu verziehen.

»Buch schnell den nächsten Flug«, sagte ich zu Jamie. In Irland eilt jeder, auch noch so flüchtige Bekannte, freudig auf einen zu und begrüßt einen überschwänglich, selbst wenn man nur wenige Wochen weg war. Das irische Klima ist nie so frostig wie in Neuengland, egal, zu welcher Jahreszeit.

Die Kinder hatten mit einem solchen Gehabe Erwachsener jedenfalls nichts zu tun. Sie waren glücklich, all die verschiedenen Freizeitmöglichkeiten genießen zu können – Minigolf, Vergnügungsparks, Wettkämpfe im Froschhüpfen, Wettschwimmen und Fahrradtouren um die Parkanlagen der Stadt. Für sie waren die organisierten Aktionen, die es in Irland ja nicht gab, Vergnügen pur. Insofern rechneten wir mit einem Aufstand unserer Zwerge, als der Rückflug nach Cork näher rückte. Aber wir hörten nicht einen einzigen Ton, als wir Kurs nahmen auf unser zweites Jahr in Irland. Nach einem so fantastischen Sommer sehnten sich unsere kleinen Großen regelrecht nach der anderen Hälfte ihres Doppellebens.

25

»Ich bin dran«, schrie Owen, als Feidhlim den Ball über die Straße Richtung Harris kickte. Die Jungen spielten erst wenige Minuten, waren aber sofort mittendrin. Und Laura schnatterte fröhlich ins Telefon, meldete sich bei ihren verstreuten Corker Freundinnen zurück.

Lorraine, eine der netten Nachbarinnen, brachte uns Willkommensgeschenke vorbei, so wie auch Shaun und Breda. Und in den folgenden Tagen begegneten uns selbst die flüchtigsten Bekannten mit einem freundlichen Gruß. Der Musiker mit dem strähnigen Haar und der Bogensäge war auch wieder da und verzauberte die Patrick Street; Crusties trommelten verzückt und mit weiten Pupillen auf ihren Bongos; junge und alte Menschen standen an den Ecken, sammelten Geld für irgendeinen guten Zweck, so wie jeden Tag. Und ebenfalls wie jeden Tag pinselte der Straßenmaler die Titanic zum tausendsten Mal neu.

Unweit davon heischte ein neuer Straßenkünstler nach Aufmerksamkeit, daneben waren Plakate aufgehängt, auf denen stand:

Familienanwälte = Kinderwohlfahrtsverband

Diese inkompetenten, unfähigen Pfuscher und Blutsauger
sind der Genpool der Richter von morgen

Familienrecht ist Gift

Der bunte Zirkus des Lebens hatte uns also wieder. Doch es gab Anzeichen dafür, dass sich unser zweites Jahr in Irland anders gestalten würde. Die ersten nahm ich wahr, als ich ins Hi-B ging. Der exzentrische Brian O'Donnell war noch immer nicht zurück hinterm Tresen, und die Gäste schienen auch nicht so unbeschwert, wie ich das in Erinnerung hatte. Am Spiegel sah ich unheilträchtig ein Foto hängen, das den Typen zeigte, der sich ein Jahr zuvor in einem Monolog über das spontane Verhalten der Corker erging und den wir mal kurzzeitig in unserem Haus einquartiert hatten, als er im Frühjahr von einer längeren Auszeit in seiner Heimat Schottland zurückgekehrt war. Das Foto war, wie ich erfuhr, ein Hinweis auf seinen kürzlich begangenen Selbstmord.

Die Kinder kehrten ohne Murren an ihre Schulen zurück, Jamie nahm ihre Arbeit am Opernhaus wieder auf, und ich bekam von einer internationalen Zeitschrift, die sich mit Irlands neuem Reichtum befasste, die Anfrage, ob ich nicht eine regelmäßige Kolumne über das Leben in Cork schreiben wolle. Unterdessen begann ich, neue Strategien für mein *Cork Magazine* zu konzipieren, zudem sollte ich in Dublin einen Literaturagenten treffen. All das klang viel versprechend, und so beschloss ich, mir für meinen Ausflug in die »große Stadt« die Haare schneiden zu lassen, und besuchte meinen Friseur in der MacCurtain Street. Bei meinen letzten Besuchen traf ich dort nie auf Iren, eher auf Kunden aus dem Kosovo, Tunesien, Italien und aus Glasgow, allesamt Zeugen der wachsenden ethnischen Vielfalt des modernen Lebens in Cork.

Ahmad, der dunkelhäutige Bursche mit dem schwarzen Pferdeschwanz und den goldenen Halsketten, erwartete mich schon.

Er mochte die Amerikaner nicht, weshalb er wild den Rasierer schwang, Ohrenstäbchen abbrannte und wie immer seine Minifadenschlinge drillte, um mir mit einem kräftigen Ruck die Nasenhaare samt Haarbalg herauszureißen. Wer hätte geahnt, dass ein Zusammenprall unserer beiden Nationen unmittelbar bevorstand.

»Saddam, ein großartiger Mann«, sagte Ahmad. »Es wird sich noch erweisen, ob Saddams Rächer in Washington, der Herr Bush, als Held, Narr oder gar selbst als Tyrann in die Geschichte eingehen wird.« Der Barbier von Bagdad jedenfalls geißelte mich mit seiner scharfen Zunge, während er an mir herumschnippelte. Wie gesagt, die Situation sollte sich bald schon zuspitzen.

Schnipp, und die Haare fielen zu Boden, aua, schrie mein Ohrläppchen, dann war ich fertig. Die Glosse, die ich über die skurrilen Begegnungen mit Ahmad angefangen hatte zu schreiben, wurde nie fertig.

Am folgenden Morgen fuhr ich nach Dublin. Das Treffen mit dem Literaturagenten war in der Lobby eines Hotels anberaumt, wo ich bei meinem Eintreffen völlig verwundert auf eine riesige Traube von versammelten Menschen traf, die entgeistert und fassungslos auf den Fernseher starrte – es war der 11. September 2001, ungefähr neun Uhr morgens Ortszeit in New York. Binnen Sekunden erfasste auch ich die Aufnahmen, die live über den Bildschirm flimmerten und wie der Anfang vom Ende der Welt wirkten. Und irgendwie war es auch so, die apokalyptischen Flüge mitten hinein in das World Trade Center und das Pentagon sollten weitere unvorstellbare Blutbäder und militärische Rachefeldzüge nach sich ziehen. Das verabredete Treffen fiel aus. Selbst dreitausend Meilen von New York entfernt brannten sich diese Fernsehbilder in die Seelen der Menschen. Alle standen wie vom Donner gerührt, weinten, vor allem die Amerikaner.

Auf den Straßen blieben die Leute stehen, redeten hektisch in ihre Mobiltelefone, während andere stumm und betroffen neben mir standen und aussahen, als hätten sie ein Gespenst gesehen. Es war offensichtlich, wer die Situation realisiert hatte und wer nicht.

Auf meinem Weg zum Bahnhof Heuston Station traf ich zufällig auf Noel Brazil, einen Songschreiber, der mir schon etliche Male in

Cork begegnet war. Er war vollkommen aufgewühlt, seine Augen voller Trauer, während er meine Hand nahm. »Das ist schrecklich. Es tut mir so Leid. Ich bin sprachlos.« Auch sein Foto sollte wenige Monate später am Spiegel im Hi-B hängen – ein Aneurysma, kein gekapertes Flugzeug führte zum Tod dieses ungewöhnlichen Talents, vierundvierzig Jahre wurde er alt. Vom Bahnhof aus rief ich Jamie an, und wir weinten beide ins Telefon. Die Fahrt zurück nach Cork erschien mir wie eine Ewigkeit. Ich fühlte mich, als gäbe es keinen sicheren Hafen mehr, nirgendwo, nie mehr, nicht einmal in Irland.

Die Kinder waren noch wach, warteten auf mich, warfen sich in ihren Betten herum, verarbeiteten ihre eigenen Albträume. Owen, unser sonst so unbeschwerter kleiner Sonnenschein, schlang die Arme um mich und fragte: »Werden sie auch uns angreifen, Dad?«

»Nein, natürlich nicht. Wir sind absolut sicher.«

Was hätte ich auch anderes sagen können? Meine Tränen aber verbarg ich vor ihm.

Jamie und ich kämpften uns weiter durch, fühlten uns, als hätten wir in dem Inferno unsere nächsten Verwandten verloren – und in der Tat waren eine Nichte und ein verschwägerter Cousin dem Tod im World Trade Center nur knapp entronnen (einmal den Flug verpasst, einmal aufgehalten worden). Nun galt es, den Kindern den Rhythmus ihres irischen Alltags aufrechtzuerhalten, ihnen ein paar Extrasüßigkeiten in die Schulbrotdosen zu packen und sie auf friedliche Spaziergänge mitzunehmen, insbesondere zu einer Lichtung mit kleinen Wasserfällen, die ich vor einem Jahr entdeckt hatte. Auf den nahe gelegenen Feldern ragten uralte stehende Steine auf, sie standen durch all die Jahrtausende unerschütterlich fest – doch der Trost, den sie spendeten, war von kurzer Dauer. Ich sah mir diese jungen Menschen an, die meine Kinder waren und die mir mehr bedeuteten als alles andere auf der Welt. Wieder beschlich mich das ungute Gefühl, dass ich nicht mehr in der Lage sein könnte, sie zu beschützen oder für ihre Zukunft zu sorgen, nicht in Irland, nicht in Amerika – und auch sonst nirgendwo.

Nach Connecticut zurückzukehren, stand nicht zur Diskussion, nicht jetzt. Der Flugverkehr war eingestellt, und welcher vernünftige Mensch hätte seine Familie jetzt in einen Flieger gesetzt, wenn er nicht gerade musste? Normalerweise lassen sich amerikanische Touristen im Ausland sehr leicht ausmachen, an ihren naiven Blicken und vor allem an ihren auffälligen Klamotten. Doch die Yanks waren derzeit aus anderen Gründen unverkennbar: Sie gingen ziellos umher, starrten mit leerem Blick auf eigentlich schöne Sehenswürdigkeiten. In ganz Irland fingen freundliche Menschen an, diese gestrandeten Seelen einfach einzuquartieren.

Unsere irischen Freunde umgaben uns mit unendlichem Mitgefühl. Einer von ihnen packte seine Gefühle in die schlichten Worte: »Niemand von uns wird nun je wieder der Alte sein.« Nachbarn kamen, fragten, was sie für unsere Kinder tun könnten, luden uns zum Abendessen ein, wo jeder diese augenfällig verrückte Welt zu verstehen versuchte. Sosehr mich diese herzlichen Zuwendungen freuten, ich suchte zusätzlich in den Medien nach einem hiesigen nationalen Stimmungsbarometer. Doch wie ich leider feststellen musste, brach über Nacht eine Lawine harscher Analysen los. Noch ehe die ersten Leichen aus den Trümmern geborgen waren, verbreiteten irische Fernseh- und Zeitungskommentatoren augenblicklich geopolitische Erklärungen für die unsäglichen Gräueltaten und wetterten über Amerikas Platz in der Welt. Derlei Hetztiraden gegen Amerika schienen mir völlig fehl am Platz. Die Botschaft zwischen den Zeilen gewisser Meinungsexperten war die, dass Irland mehr denn je entschieden neutral bleiben müsse, selbst in seinen Sympathiebekundungen. Und plötzlich fühlte ich mich nicht mehr irisch. Die Vorstellung, dass wir hier nach wie vor von Buns glücklichem Stern geleitet würden, kam mir auf einmal sentimental vor. Doch immerhin wusste ich, dass mein alter Freund diese medialen Kampagnen verabscheut hätte.

In den schrecklichen Tagen nach dem 11. September zeigten sich die ersten Folgen dieser USA-Kritik. »Ihr musstet ja mal euer Fett abbekommen«, tönte es mir in den Pubs entgegen. Ich hatte mir anzuhören, warum der eigentlich Schuldige Amerika sei, dass die USA die Terroraktionen selbst provoziert hätten, weil sie keine anderen Möglichkeiten sähen, ihrer Sache Gehör zu verschaffen. Doch in die Stimmen dieser Kleingeister mischten sich andere, und diese anderen sagten mir, dass die Klugschwätzer nicht die Gefühle der Mehrheit der Iren zum Ausdruck brachten.

Gerry McCarthy, Schriftsteller in Cork, brachte den Einsturz der Twin Towers besser auf den Punkt als jeder andere Kommentator, den ich hörte: »Es war, als würde man der Apollo-Rakete zusehen, mit all den Hoffnungen der Welt an Bord, nur dass sie den Rückwärtsgang eingelegt hatte.« Sein Blickwinkel war weder irisch noch amerikanisch – er war menschlich.

Am 14. September blieben sämtliche Geschäfte der Republik Irland aufgrund des Anschlags geschlossen, ein Akt des Mitgefühls, der in keinem anderen Land nachgeahmt wurde, nicht einmal in Amerika selbst. Für unzählige Iren bedeutete das ein sehr persönliches Opfer. Wir besuchten einen Gedenkgottesdienst in einer Kirche – seit fünfzig Jahren hatten sich nicht mehr so viele Gemeindemitglieder an diesem Ort versammelt. Die Stimmung war äußerst bedrückend.

Am Abend dieses Trauertages gingen wir mit ein paar Freunden durch die Stadt und sahen überall junge Leute, die diese unerwartete Unterbrechung mitten in der Woche feierten. Für sie war das, was in den USA passiert war, meilenweit weg. Ich fühlte eine gewaltige Kluft zwischen meiner Wahlheimat und dem Land meiner Geburt.

Die Angst vor dem Terrorismus einiger Moslems führte dazu, ihn weit von sich schieben zu wollen. Meinungsumfragen zufolge wollte weit über die Hälfte aller Iren nicht, dass amerikanische Flugzeuge auf dem Weg nach Afghanistan die nationalen Flughäfen auch nur für eine Zwischenlandung nutzen durften, und nicht einmal zehn Prozent favorisierten eine irische Beteiligung jedweder Art an der globalen Koalition gegen das Terrornest von Osama bin Laden.

Auf der Patrick Street versammelten sich gelegentlich kleine Gruppen von Demonstranten, die Banner schwangen mit Aufschriften wie: »USA und UK sind Terroristen!« Auf einem stand sogar der Spruch: »Make Love Not War«. Laura schrie auf, als sie das las.

Um meinen verunsicherten Kindern ein Gefühl für die Opfer unseres Landes zu geben, hängte ich eine amerikanische Flagge aus meinem Arbeitszimmer. Sofort waren die jugendlichen Hitzköpfe in unserer Straße wieder auf dem Plan und riefen: »Yeah Osama, Palästina regiert!« – was auch immer das bedeuten sollte. Am folgenden Tag forderte einer der Väter dieser Teenager von seinem Jungen, dass er sich bei uns entschuldigte, und auch die Eltern der restlichen Halbstarken schafften es schließlich, den ständigen Schikanen gegen uns ein Ende zu setzen.

»Ich will nach Hause«, weinte Harris abends in sein Kissen. Und ich selbst saß manchmal stundenlang niedergeschlagen da, ohne ein Wort zu sagen. Jamie war es, die die Familie zusammenhielt.

Aber wir stellten fest, dass wir nicht die einzigen irisch-amerikanischen Auswanderer waren, die persönliche Beleidigungen erfahren mussten. Eine in Boston gebürtige Frau, die in Cork lebte, rief uns eines Tages schluchzend an, ihre dreizehnjährige Tochter würde in der Schule ständig verhöhnt; und ein Mann aus Pennsylvania, der zwanzig Meilen von uns entfernt wohnte, sagte, dass er nach mehr als zehn Jahren eines glücklichen Lebens in Irland nun genug von den antiamerikanischen Sprüchen habe, er wolle das Land für immer verlassen. Die *Irish Voice* druckte den Leserbrief eines auf der Grünen Insel lebenden Amerikaners ab: »Was sind wir irischstämmigen Amerikaner doch bloß für Narren. Warum haben wir die Tradition hier all die Jahre lebendig erhalten? Wir müssen ja eine schöne Lachnummer gewesen sein, nach Irland auszuwandern.«

Noch monatelang nach dem 11. September erschienen in irischen Zeitungen ähnliche Briefe. Doch viele Korrespondenten wollten die Klagen nicht hören und erwiderten mit spitzer Feder: »Dann geht doch!«

Dennoch repräsentierte dieses erbitterte Kreuzfeuer nicht das Irland, das uns vor mehr als einem Jahr so freundlich aufgenommen hatte. Viele andere irischstämmige Amerikaner verfassten Leserbriefe, aus denen inniger Dank für das tiefe Mitgefühl sprach, das man ihnen entgegengebracht hatte, während prominente irische Kolumnisten die Janusköpfigkeit einiger ihrer Kollegen anprangerten.

Lange Zeit machte uns dieses ständige Hin und Her völlig benommen. Tief in unserem Herzen waren wir verletzt, seelisch und, ja, auch materiell. Im Zuge der globalen wirtschaftlichen Talfahrt nach dem 11. September stellten Verlage dies- und jenseits des Atlantiks die Beschäftigung von freiberuflichen Mitarbeitern ein, womit auch meine regelmäßige Kolumne über das Alltagsleben in Cork ein Ende hatte. Und ein humorvolles Buch, das ich eben angefangen hatte zu schreiben – und das den Titel *Irland für Anfänger* bekommen sollte –, kam mir wie Zeitverschwendung vor. Ebenso erschien mir meine fixe Idee eines *Cork Magazine* schlichtweg daneben zu sein. Die Träume starben dahin. Morgens wachte ich auf und sehnte mich regelrecht danach, die Kinder und Jamie zurück in die USA zu bringen, heim in unser Geburtsland, um im Kreise unserer trauernden Familien und Freunde zu sein. Zum ersten Mal fühlte ich mich verbannt. Nicht nur ich, sondern jeder von uns.

26

Endloser Regen verdüsterte die Wochen nach dem 11. September, und die Iren hatten mit den veränderten Vorzeichen in der Welt schwer zu kämpfen. Tourismusindustrie und ausländische Investitionen, beides überaus wichtig für das Wohlergehen des Landes, brachen ein. Tausende verloren ihre Arbeit, und in der Immobilien- und Baubranche ging es plötzlich beängstigend ruhig zu. Eine Welle der Angst wogte durch das ganze Land, wurde doch geflüstert, dass der keltische Tiger sich nicht mehr lange würde halten könnte. Doch die Iren ließen sich von diesem wirtschaftlichen Einbruch nicht unterkriegen, sie gingen einfach weiter ihren Geschäften nach.

Das versuchten auch wir. Wir konzentrierten uns auf die Kinder und unsere Arbeit, während wir langsam wieder in unseren Alltagsrhythmus fanden. Mit der Zeit begannen die Wunden zu heilen, und die neuen Erfahrungen, die das Leben in der Fremde mit sich bringt, stärkten uns, sofern man sich gegen die Dummschwätzer einfach taub stellte. Und verglichen mit dem Leid der Familien, die vom 11. September unmittelbar betroffen waren, hatten wir hier letztlich nichts zu klagen. Freunde aus den USA sagten uns immer wieder, wie sehr wir uns glücklich schätzen könnten, weit weg zu sein von der erdrückenden Trauer, die sich über unser Heimatland gelegt hatte, und dass nichts gewonnen wäre, wenn wir jetzt zurückkehrten. Nach und nach spürten wir, dass die allgemeine düstere Stimmung Cork noch nicht völlig erfasst hatte. Die Dynamik dieses Ortes war dafür viel zu resistent, weshalb wir zu dem Schluss kamen, dass wir in dieser Stadt wohl am besten aufgehoben waren, zumindest im Moment.

Als Weihnachten vor der Tür stand, besuchten uns Jamies Bruder Dave und seine Frau Gayle ein weiteres Mal. Wir zeigten ihnen alle die Plätze, die wir inzwischen so sehr liebten – und diesmal blieben wir von Regengüssen verschont. »Ihr solltet bleiben, wisst ihr das?«, riet die stets positiv denkende Gayle.

Eines Abends lauschten wir in einem Pub namens Pa Johnson's drei wunderbaren Tenören und erzählten von unserem irischen Glück. Es folgte ein unvergesslicher Ausflug in die Region Burren in der County Clare, die für ihre Naturschönheiten berühmt ist und wo in der endlosen Mondlandschaft aus Felsgestein und Geröll die Natur es immer wieder schafft, kraftvolle Triebe neuen Lebens durch noch so kleine Spalten ranken zu lassen. In der dunstig verschwommenen Ferne waren schemenhaft die vom Sturm gepeitschten Aran Islands erkennbar, karge Felseninseln, auf denen die Bewohner bis vor kurzem noch angeschwemmten Seetang über den Boden ihrer mühselig angelegten Gärten verteilten, damit das gewonnene Land nicht vom nächsten Regen gleich wieder fortgespült wurde. Alles, was es über Standhaftigkeit und Ausdauer zu lernen gab, lag direkt vor unseren Augen.

Harris feierte im Januar seinen zwölften Geburtstag, und er bekam etwas geschenkt, das er als Reptilienfan bislang immer schmerzlich vermisst hatte – eine Schlange. Er nannte sie »Roberto Boa«, nach seinem besten Freund und früheren Schlangenjagdpartner zu Hause in den USA. Mr. Boa war eigentlich eine zehn Zentimeter lange Baby-Kornnatter, die uns ein Corker Jungunternehmer für 70 Euro verkauft hatte. Diese Natter hatte St. Patrick offenbar getrotzt, denn der Heilige soll die Insel ja angeblich von allen Schlangen befreit haben. Das Tier, das genau zu jener Spezies gehörte, die Harris früher an Sommertagen aus irgendwelchen Holzhaufen im Wald herausgezogen hatte, streifte schon bald seine alte Haut ab – und wir begannen, das Gleiche zu tun.

Mit dem nahenden Frühling rückte der katastrophale Herbst immer weiter in die Ferne. Viele unserer Probleme waren verblasst, die Hetztiraden waren großenteils verstummt. Harris blühte immer mehr auf; die jugendliche Bande, die uns so lange drangsaliert hatte, war zum Glück immer noch friedlich; und auch nächtliche Einbrecher hatten seither nicht wieder versucht, durch unser Küchenfenster einzusteigen. Sogar auf gesamtgesellschaftlicher Ebene zeichneten sich positive Entwicklungen ab. Die *gardaí* unternahmen immerhin einige Anstrengungen, die nächtliche Gewalt auf den Straßen von Cork einzudämmen, und auf den Autobahnen wurde ein neues Radarsystem installiert, das der polizeilichen Überwachung diente. Das Land ging weiterhin etliche seiner wachsenden Umweltprobleme im großen Stil an, und selbst so simple Maßnahmen wie Bußgelder für achtlos weggeworfene Plastiktüten wurden ergriffen.

Trotz des wirtschaftlichen Rückschlags nach dem 11. September schien Irland, das aufgrund seiner Geschichte an Widrigkeiten gewöhnt war, zu weiterem Aufschwung entschlossen. Das kleine Cork, diese winzige Metropole, wurde 2005 zur Europäischen Kulturhauptstadt ernannt, was bedeutete, dass Brüssel mehr als zehn Millionen Euro in die Stadt pumpte, um großartige Bau-, Kunst- und Kulturvisionen wahr werden zu lassen. Die Geschäfte im Zentrum von Cork wurden herausgeputzt, und sogar die alteingesessenen Pubs bekamen eine grässliche Runderneuerung verpasst.

Wir Amerikaner neigen dazu zu glauben, in einem Land der unbegrenzten Möglichkeiten zu leben, nichts ist für uns entscheidender als Fortschritt. Auch ein erheblich kleineres Land wie Irland ist nicht vor solchen Vorstellungen gefeit. Und das Tempo der Veränderungen und die damit verbundenen Widersprüche erstaunten uns hierzulande immer wieder aufs Neue. Besonders deutlich wurde dies für mich angesichts der Frömmigkeit der Iren, als über eine Million Menschen die sterblichen Überreste einer Heiligen sehen wollten und stundenlang in der Warteschlange ausharrten, nur um für wenige Sekunden ihre tiefe Verehrung zu bezeugen. Aber auch die heiligen Quellen zogen in Irland scharenweise Pilger an, die Bänder und Kleidungsreste ihrer verstorbenen Lieben an nahe der Quelle stehende Bäume hängten, während sie Gott darum baten, er möge die Seelen der Verstorbenen rasch in das ewige Leben aufnehmen oder für die Kranken und Gebrechlichen ein Wunder vollbringen.

Gleichzeitig erinnerte ich mich zurück, als im April 2002 im Zentrum von Cork sogenannte Erwachsenenetablissements aus dem Boden schossen – und das in einer Stadt, die noch vor zwei, drei Jahrzehnten ein leicht bekleidetes Mädchen mit Schimpf und Schande davongejagt hätte. Unlängst wurde der Dubliner Club Lapello vor Gericht zitiert, da er keine Lizenz für Tanzdarbietungen von Gästen mit Animierdamen vorweisen konnte. Der Anwalt verteidigte den Club mit folgendem Argument: »Im Lapello ist es nicht üblich, *mit*einander, sondern *an*einander zu tanzen.«

Ich für meinen Teil beschloss, meine Besuche in einem ganz bestimmten Etablissement zu begrenzen, da am Spiegel jetzt zwei weitere Fotos von jüngst verstorbenen Stammgästen hingen. Der Ort schien vom Unheil verfolgt. Doch die Stadt selbst, ihr altes Zentrum am Lee, und die County zogen uns noch immer in Bann. Die Iren sangen, überall und zu jeder Zeit, zu Hause, auf der Straße, im Pub – oder sie sprangen, unberechenbar, wie sie sind, irgendwo mitten hinauf auf die Weltenbühne. Wie Bono zum Beispiel, der berühmte Rockstar aus Dublin, der gerade durch Afrika tourte und sich für die Bekämpfung der Armut engagierte. Mit seinen schwarzweiß gestreiften Gewändern und den Schlapphüten sah er wie ein entlaufener Sträfling aus, der sich ins Varieté verirrt hatte.

»I still haven't found what I'm looking fo-oor«, sang Bono hinter seiner blickdichten, blau verspiegelten Sonnenbrille afrikanischen Kindern vor, die kein einziges Wort davon verstanden. Aber das hatte ich auch nicht. Trotzdem, Irland war immer noch ein Ort für großartige Ideen. Ich fragte mich sogar, ob ich eines Tages vielleicht nicht doch noch meinen lang gehegten Traum von einem *Cork Magazine* verwirklichen könnte, mein persönliches Vermächtnis an all die wunderschönen Dinge, die wir in unserer neuen Heimat kennengelernt hatten.

An einem schönen Wochenende fuhren wir zum Mittagessen nach Inchigeelagh, einem ruhigen Nest in den Hügeln in Mid Cork. »Jetzt!«, sagte eine ältere Bedienung mit Bobfrisur, als sie hastig fünf Papierservietten auf unserem Tisch in einem gemütlichen Raum im Creedon's Hotel auslegte. Sie hatte etwas Katzenhaftes.

Als Nächstes eilte sie mit Gabeln und Messern herbei, teilte die Bestecke aus und wiederholte in einem fort »Jetzt!« Auch der Tee wurde mit einem »Jetzt!« serviert. Dann die Teller: »Jetzt!« Und der Zucker: »Jetzt!«

Eindrucksvolle Bilder von wettergegerbten Landbewohnern und gezackten Hügeln im Hintergrund hingen direkt über uns und sahen uns beim Essen zu. In den Wandegalen reihte sich ein Buch an das andere – ernste Literatur. Und da kam auch schon die Suppe, heiß dampfend und gut gewürzt von jemandem mit einer feinen Nase, und natürlich wurde sie mit einem »Jetzt!« serviert.

Stieß sie dieses einsilbige Wort hervor, weil sie einen Tic hatte? Oder vielleicht weil sie nur Gälisch sprach und kein anderes Wort in unserer Sprache konnte?

Sie deckte einen Korb mit frischen Brötchen auf. Wieder hieß es: »Jetzt!« Laura amüsierte sich königlich. Bei McDonald's wäre ihr ein solcher Spaß entgangen.

»Jetzt!«, wiederholte die Frau noch etwa fünfmal, bis wir mit dem Essen fertig waren.

Vielleicht war sie ja ein Orakel.

Eigentlich unglaublich, wie ein so kleines Wort derart in den Ohren klingeln kann! Wie oft haben wir uns gegrämt über die Vergangenheit und die Zukunft, ja und vermutlich auch über die Vorvergangenheit. Aber hier kam die ganz simple Botschaft – *carpe diem*. Nutze den Tag, jetzt. Cork war unser »Jetzt«, das wurde mir schlagartig klar. Und vielleicht war es der Ort, an den wir gehörten, nicht nur eben mal für einen verlängerten Spaß, sondern für immer.

Und so kam es, dass wir überlegten, ein Haus in der County Cork zu kaufen und Wurzeln zu schlagen. Doch die Suche danach gestaltete sich frustrierend. Wenn man nicht gerade über Bonos Reichtümer verfügte, dann ist der Erwerb von Grund und Boden in Irland kein leichtes Unterfangen – siebentausend Sklaven anzustellen, um eine Pyramide in der Wüste zu errichten, schien in der Tat weniger entmutigend zu sein. Weil wir wussten, welche Vorteile es mit sich brachte, Kinder in einer Kleinstadt großzuziehen, erkundeten wir zunächst den Immobilienmarkt in Kinsale. Doch wie wir bald feststellen mussten, bekam man sogar in Beverly Hills oder den schicksten Gegenden in London weit Besseres für sein Geld. Also lenkten wir unseren irischen Traum vom eigenen Haus auf Clonakilty, jenes charmante, quirlige Küstenstädtchen im Herzen West Corks.

Mag sein, dass mich das irische Blut in meinen Adern genau dorthin zog, denn die Deasy-Linie meiner Mutter stammte aus ebenjener Gegend – ein vielseitiger Clan aus Timoleague und Clonakilty, der bekannt dafür war, entlang der Küste Handel mit Schmuggelware zu betreiben. Später vertrieb er auch Rum von den Westindischen Inseln, bevor er im 19. Jahrhundert eine große Bierbrauerei gründete. Das dunkle Getränk war derart hochprozentig und haute einen nahezu um, dass die Einheimischen es »Wrastler« nannten (irische Verballhornung von *wrestler*, »Ringer«). Ein Witzbold meinte sogar, dass es so stark sei, dass eine Maus über die Schaumkrone trippeln könne, ohne zu ertrinken.

Deasy-Land, wir kommen! Zuerst sahen wir uns ein riesiges Haus im georgianischen Stil an. Zwölf Schlafzimmer hatte es, mehr als genug für unsere drei Kinder. Immerhin hatte Michael Collins darin seine Jugend verbracht, und wer weiß, wozu wir noch alles fähig sein würden, jetzt, wo wir gerade wieder dabei waren, unser Leben noch einmal umzukrempeln. Ein Hotel vielleicht? Kein Problem. Das wäre ein Leichtes verglichen damit, eine Zeitschrift verlegen zu wollen. Vielleicht eröffneten wir ja auch einen Minigolfplatz, ein Café, eine Kunstgalerie, oder wir könnten auch einen Hot-Dog-Stand vor dem Corker Hurling-Platz aufstellen. Ein Hotel schien jedenfalls machbar. Und wäre es nicht wunderbar, wenn die Sportplätze direkt vor der Tür, die herrlichen Strände und Angelplätze nur einen Steinwurf entfernt lägen? Die Kinder wären beschäftigt, und wir konnten dann in geselliger Runde im De Barra's ein paar »Wrastler« zu uns nehmen. Der einzige Haken war, dass dieses Riesenhaus keine Heizung hatte, an den Wänden sich der Schimmel ausbreitete und der Preis derart hoch lag, dass man vor zwanzig Jahren wahrscheinlich sämtliche Gebäude des Dorfes hätte kaufen können. Also weiter!

Als Nächstes sahen wir uns ein Haus an, das einmal Michael Collins Neffen gehört hatte. Es hatte einen großen Obstgarten, war geräumig und bot einen wunderbaren Ausblick auf die Umgebung. Es gab auch Kinder in der Nachbarschaft sowie eine Figur der heiligen Jungfrau, rissig und ohne Nase, die aussah, als hätte jemand sie in einem Tobsuchtsanfall die Treppe hinuntergeworfen. Über die Hügel zogen sich neu erbaute Häuser, viele davon mit einer geschmackvollen Steinfassade. Die örtliche Schule galt als ein Vorzeigemodell pädagogischer Erziehungsanstalten. Perfekt! Hier konnte man leben.

Doch auch dieses Haus hatte einen stolzen Preis – und wir keine Ahnung, dass dieser erst einmal nichts zu bedeuten hatte. Die Listengebote für irische Immobilien erwiesen sich nämlich als ebenso wenig real wie die Bons für ein Freigetränk, die man von Lockvögeln vor New Yorker Stripteasebars in die Hand gedrückt bekommt.

»Das Haus gefällt uns. Wir kaufen es«, sagte ich dem Auktionator, wie man einen Makler in Irland sinnigerweise nennt.

»Sie möchten also ein Gebot abgeben, richtig?«, fragte er mit Pokermiene.

»Ja, wir werden die Preisforderung in voller Höhe akzeptieren.«

Da wir den Markt in Clonakilty inzwischen kannten, hielten wir das Angebot für mehr als fair.

»Nun, es gibt bereits ein höheres Gebot.«

»Wie viel höher?«

»30 000 Pfund.«

»Himmel hilf«, entfuhr es mir – das war der alltägliche Entsetzensschrei der Bewohner der Stadt zu Zeiten der Großen Hungersnot, wenn auch aus anderen Gründen.

»Und wer ist derjenige, der an dem Objekt interessiert ist?«

»Es ist mir nicht erlaubt, Ihnen das mitzuteilen. Sie verstehen.«

»Aber natürlich.« Und so standen wir da, sprachen wie höfliche Briten – ein vornehmer, wenn auch pfiffiger ehemaliger Pferdehändler aus West Cork und ein übergesiedelter Yankie, der sich überlegte, in seinem sechsten Lebensjahrzehnt vielleicht eine Hot-Dog-Bude zu betreiben. Kann denn in Irland nicht einmal etwas einfach sein?

»Wir bieten 2000 Pfund mehr«, sagte ich und feilschte, was das Zeug hielt.

Die Nacht brach darüber herein, am nächsten Morgen rief ich wieder beim Auktionator an. »Wir haben Ihr Gebot vernommen, aber gerade eben erreichte uns ein Fax, dass der andere Bieter noch einmal 3000 Pfund drauflegen will«, berichtete mir der Makler.

Schluck. Nachdenken. Dann zurückrufen: »Wir gehen auf insgesamt 40 000 Pfund.«

Und so gingen die nächsten Tage dahin und auch die folgenden beiden Wochen – mit immer höheren Geboten gegen einen Unbekannten, ein Ablauf, der, so versicherte uns jeder, Routine im hiesigen Immobilienhandel sei. Clonakilty erschien uns ideal, voller freundlicher Menschen, die vor Unternehmungsgeist sprühten, aber letztlich stießen wir an unsere finanziellen Grenzen. Als die Verhandlungen um das Haus auf über 50 000 irische Pfund des ursprünglichen Kaufpreises stiegen, sprangen wir ab. Das Phantom von Mitbieter machte offenbar ebenfalls einen Rückzieher, denn das Haus stand Monate später noch immer zum Verkauf.

Wir konzentrierten unsere Haussuche nun wieder auf Cork City. Nicht weit von unserem gemieteten Haus entfernt wurde ein interessantes Objekt aus dem 19. Jahrhundert mit einem ummauerten Garten in der bevorzugten Wohngegend Montenotte angeboten. Alles war wie gewohnt, insbesondere die Wände, von denen wegen des feuchten Klimas der Putz bröckelte, nur gab es diesmal zwei anonyme Konkurrenzbieter. Der Kaufpreis kletterte weiter und weiter, und damit fiel auch unser Entschluss, die Finger davon zu lassen.

Anschließend nahmen wir uns den südlichen Teil von Cork vor. Wir entdeckten ein Haus, bei dem ein Besichtigungstermin anberaumt worden war. Mit uns drängten sich noch viele andere Interessenten hinein. In vielen Ländern wird ein potenzieller Käufer eines Diamantrings im Wert von 1000 Dollar respektvoll in ein Hinterzimmer geleitet, um sich das Stück in Ruhe ansehen zu können. Doch einem angehenden Käufer, der sich für ein Objekt interessiert, das – etwas übertrieben – dreihundertmal so viel wert ist, ist auf der Insel einstiger Pferdehändler ein solcher Respekt nicht vergönnt. Und natürlich lief auch die Gebotsmaschinerie wie auf ein

Stichwort hin an. Das war's dann wohl, sagte ich mir. Irland war für uns schlicht zu teuer geworden.

Wir würden also, so schwer uns das Herz bei dieser Vorstellung wurde, nach Amerika zurückkehren müssen. Und das sagten wir den O'Neills, Hans und Lourdes, Owen und Maria und all den anderen. Wir hatten hier ein wunderbares Zuhause für die Kinder gehabt und, wenn man es recht bedachte, ein wunderbar menschliches Miteinander. Unser irisches Abenteuer hatte uns sehr viel gebracht, aber der Himmel sendete uns Zeichen, dass es zu Ende gehen musste.

Ich Trottel. Die magischen Steinkreise Irlands hatte ich völlig vergessen. Denn eines Tages im Mai klopfte Shaun Higgins an unserer Tür, sagte, er habe einen Nachbarn von gegenüber dazu überredet, uns sein Haus zu einem vernünftigen Preis zu verkaufen, und zwar ohne Makler oder Phantombieter in der Hinterhand. »Verstehst du? Ihr müsst gar nicht woanders hinziehen. Ihr könnt einfach bleiben, bei all euren Freunden, die ihr und eure Kinder gefunden habt«, sagte Shaun. »Ihr gehört hierher. Versteht ihr das nicht? Ihr seid jetzt hier zu Hause!«

Das efeuumrankte Reihenhaus im viktorianischen Stil hatte hohe Decken, Kamine und ein offenes Foyer, von dem aus es über Wendeltreppen in die oberen Stockwerke ging. Das einzige Hindernis: Es war dringend renovierungsbedürftig. Und es würde mich nicht wundern, wenn auch Feen darin wohnten. Aber Jamie war davon überzeugt, dass dieses Gebäude unserem Traumhaus entsprach.

Eine etwas betagtere Deutsche hörte im Hi-B von unserem Vorhaben. »Ich kam mit meinem Mann vor zwanzig Jahren hierher und dachte, es sei das schönste Land mit den freundlichsten Menschen auf der ganzen Welt.«

Ich lächelte.

»Und?«

»Wir kauften ein altes Haus, das renoviert werden musste, genau wie ihr das jetzt vorhabt.«

»Und?«

»Mein Mann erlitt drei Herzinfarkte, und jetzt ist er tot. Es war ein Albtraum, was uns die Handwerker zumuteten«, sagte sie und brach in Tränen aus. Esther flüsterte mir zu, ich solle mir nichts daraus machen, denn die Frau werde wegen ihrer Ausbrüche auch »Wasserfall« genannt.

Wenige Tage später setzte ich mich an einen verborgenen Bach, angelte ein paar wundervolle Forellen, ließ sie wieder frei, weil ich es als wichtiger empfand, über unsere Zeit in Irland nachzudenken. Plötzlich stiegen an einer Stelle des Bachs Blasen auf. Ein Lachs? Vom Meer in dieses Gewässer geschwommen? Am liebsten hätte ich mich in dieses dunkle Nass gelegt, um die Blasen einzuatmen, bis ich klar sehen konnte. Zum Ausgleich für alles, was wir gewagt und auf uns genommen hatten, überlegte ich, hatten wir so viel zurückbekommen. Wir konnten nicht gehen, noch nicht – so einfach war das.

Dieses alte, unglaublich überladene Reihenhaus auf der anderen Seite der Straße erschien uns als Verheißung. Wir redeten, kalkulierten, fragten nach unseren Wünschen – und kauften es schließlich. Auch deshalb, weil unsere hiesigen Freunde versprachen, uns jederzeit zu helfen. Wir wussten nicht, was der Erwerb des Hauses bedeutete – ein drittes Jahr Irland oder komplette Übersiedlung für immer. Und jedem Abenteurer sei noch gesagt, keiner, der Träume von einem anderen Leben hat, wird jemals leichten Herzens gehen.

Epilog

»Das haut den größten Sünder um«, hatte Bun von seinem selbst gebrauten magischen Elixier, dem Karottenwhiskey, gesagt.

Die Renovierungsarbeiten, die das erste halbe Jahr unseres dritten Jahres in Irland in Anspruch nahmen, hatten einen ähnlichen Effekt auf unser inneres Gleichgewicht.

Tagaus, tagein dröhnte ein Hämmern und Bohren durch das Haus. Aber häufig wurde ich von einem meiner Helfer am Ellbogen gezupft, wenn er mit seinem »Kango«, wie der Bohrer hier genannt wird, mal wieder etwas entdeckt hatte.

»Hast du mal eine Minute?«

»Klar.«

»Diese Wölbung hier in der Wand. Ich hoffe, es stört dich nicht, wenn ich dir das so sage, aber es gibt da Probleme mit dem Putz. Du wärest gut beraten, das ganze Stück hier zu entfernen.«

»Aber das wäre ein Mordsaufwand, Mick.«

»Nee, nicht wirklich.«

Schon nahm mich ein anderer Handwerker beiseite: »Dave, sieh mal! Ich wage es ja kaum zu sagen, aber mit der Wand in der Diele gibt es ein kleines Problem.«

»Und das wäre?«

»Die sollte man besser komplett einreißen.«

Und selbstverständlich entschieden die Elektriker, dass in jedem Zimmer neue Kabel verlegt werden müssten. Und die Installateure, scheinbar von einem besonders eigenwilligen Schlag, entwickelten den Drang, Rohre durch dieses und durch jenes Hindernis zu stoßen und dabei die Fußböden zu ruinieren.

Das ganze Haus sah aus, als wäre eine Bombe eingeschlagen, als wäre es für alle Zeit in einen postnuklearen Staubnebel aus pulverisiertem Mörtel gehüllt, während die Kangos dröhnten und die Arbeiter mit Mundschutz wie unter einer Dunstglocke durch die Schwaden huschten.

Eines Tages schneite überraschend unser Freund Paddy Wilkinson herein, wollte sehen, ob wir »Fortschritte« machten. Ich stand da, das Gesicht und jeder Quadratzentimeter meiner unbedeckten Haut von einem weißen Staubfilm überzogen, und sah wohl aus wie einer von Marlon Brandos verrückten Freunden unter den Eingeborenen in *Apocalypse Now*, während ich eine Schubkarre durch unsere Renovierungshölle balancierte. Unsere Abrissparty war gerade mal wieder in vollem Gange. Die Kangos konnten nicht schriller erklingen.

»Das wird ein schönes Haus«, versicherte Paddy. Einige Handwerker saßen an dem einzig vorhandenen Tisch, die Atemmasken über das Kinn gezogen, tranken Tee und sahen mir gespannt zu, ob ich vielleicht nicht gleich ausrasten würde. Paddy und ich inspizierten die Baustelle, sahen einander an und fingen plötzlich wie die Verrückten an zu lachen. Das Gelächter, das rasch anschwoll und sogar die ohrenbetäubenden Dezibel der Kangos übertönte, prallte wie ein Querschläger an den Wänden ab, schoss die Treppen hinauf und wurde verstärkt durch die Gott weiß wie vielen Iren, die gerade dabei waren, das Leben meiner Familie auseinanderzunehmen.

Mit der Zeit, nach vielen schmerzlichen Erfahrungen und horrenden Ausgaben, traf Paddys Vorhersage schließlich ein. Am Ende hatten wir ein wunderschön renoviertes Haus, und unsere Wahlheimat stand nun auf festem Boden. Unzählige Freunde hatten gezeigt, was in ihnen steckt, hatten unentgeltlich geschuftet, uns Teppiche, Betten, Mahlzeiten und Hilfe jeglicher Art geschenkt.

Unterdessen begannen wir, uns von weiteren Schicksalsschlägen zu erholen, die uns ganz schön zugesetzt hatten. Etliche Angehörige in den Staaten waren plötzlich gestorben oder schwer krank geworden – ein geliebter Onkel, ein Schwager, noch ein Onkel, und nun ging es einer Tante und meiner Mutter nicht gut. Ich reiste wiederholt nach Hause, und der Anlass war jedes Mal ein trauriger.

Im Juni 2003 flog ich mit der ganzen Familie über den Großen Teich, um wieder einmal das Nötigste zu ordnen und zu klären. Harris, inzwischen dreizehn, hatte sich gerade qualvoll durch sein erstes Jahr auf dem Gymnasium bei den Christian Brothers gekämpft. Und bei dem ganzen Chaos, das in den letzten Monaten bei uns regiert hatte, wollte es uns auch nicht gelingen, ihm für das folgende Schuljahr eine rosigere Perspektive in Aussicht zu stellen. Den ganzen Sommer hindurch mühten wir uns, alle möglichen Probleme zu lösen, große und kleine – so hatte sich unter anderem der neue Mieter unseres Hauses in Connecticut einfach auf und davon gemacht.

Immer noch reichlich durcheinander, begannen wir Mitte August unsere Koffer zu packen, um wieder zurück nach Cork zu fliegen. Wir liebten den Ort nach wie vor sehr, aber wir hatten gerade unsere geliebte Tante Seena beerdigt, und alle möglichen Fragen nagten an uns. Was wird aus unseren Müttern, aus Harris, was wird aus diesem und jenem? Mal eröffneten wir den Kindern, dass wir nun eine Weile in Amerika bleiben wollten, mal, dass wir wieder abreisen würden, dass sich unser restliches Leben in der Schwebe befinde, Cork aber der Ort sei, an dem wir leben wollten, zumindest was uns betreffe.

Dann, es waren noch sechsunddreißig Stunden bis zum Rückflug, sahen Jamie und ich uns an und wussten plötzlich, was wir wollten. Wir konnten meiner sterbenden Mutter nicht einfach so Lebewohl sagen, ebenso wenig all den anderen.

Und so flog ich allein zurück nach Cork, um das Weitere zu regeln. In der Wellington Road traf ich auf einen Maler, der ein paar

Wochen lang bei uns gewohnt hatte, bevor er von heute auf morgen verschwand, weil er einen besseren Auftrag erhalten hatte. Aber wir kannten das langsam.

Er hieß Tony, aber ich nannte ihn Professor.

»Professor«, rief ich. Irgendwie mochte ich diesen Burschen, der es sich zum Prinzip gemacht hatte, uns stets zu wenig zu berechnen. »Ich habe schlechte Neuigkeiten: Wir gehen zurück in die Staaten.«

»Herrgott, das ist nicht dein Ernst?«, antwortete Tony und bekam auf der Stelle feuchte Augen. »Ihr könnt doch nicht einfach so das Land verlassen.«

Und da stand ich nun, wusste nicht, wie ich ihm meine Verwirrung begreiflich machen sollte, er selber hatte sich ja aus dem Staub gemacht, sogar heimlich.

Dass ein schmerzlicher Abschied bevorstand, musste ich auch bald darauf unseren Freunden erklären.

»Ich bin schockiert«, sagte Pat O'Neill.

»Aber du bist doch einer von uns«, meinte Hugh McPhillips.

Es hörte sich an, als würden wir Verrat begehen. Wir waren geprüft und bedrängt, letztlich aber mit offenen Armen in diese seltsame kleine Welt aufgenommen worden. Wir hatten die Übersiedlung mit Bravour bestanden, was nur sehr wenigen, die von weit her kommen, beschieden ist – und nun packten wir unsere Siebensachen und machten uns einfach davon.

Ich versteckte mich hinter den Vorhängen und schaltete den Anrufbeantworter an, auch wenn ich im Haus war. Ich wollte mich nicht ständig erklären müssen. Was war es doch für ein großes Abenteuer, aus einem launischen Einfall heraus über den Großen Teich zu ziehen und zu entdecken, dass man in seiner Wahlheimat aufgenommen wurde. Wir hatten einen Platz am Ende des Regenbogens gefunden, und für mich kam hinzu, dass mich dieser Platz mehr erfüllte als jeder andere seit meiner Kindheit. Es war wirklich erstaunlich, dass ich mit fünfzig Jahren die Heimat meines Herzens gefunden hatte – um sie letztlich wieder zu verlassen.

Jamie kam aus den Staaten, um mir beim Packen zu helfen. Für unser altes Auto fand sich in letzter Minute ein Käufer, und in unser neues Haus zog eine freundliche Familie. Es fiel uns alles andere als leicht, ihnen die Schlüssel zu übergeben. Ich konnte den imposanten Kamin nicht betrachten, ohne Pat Lynch vor Augen zu haben, wie er sich mit einer klebrigen Schmiere abmühte, die uralten Rußschichten zu entfernen; und auf dem gefährlich steilen Dach sah ich noch immer das lachende Gesicht von unserem Freund Hans, der dort oben beim Ausbessern der Schindeln für uns sein Leben riskiert hatte. Renoviert und auf Hochglanz gebracht, war dieses Haus erfüllt vom Geist unzähliger Freunde. Unseren Freunden.

An jenem Abend läutete es ununterbrochen an der Haustür, da es sich herumgesprochen hatte, dass wir nur hier waren, um die letzten Dinge in Koffer und Taschen zu verstauen. Und alle strömten sie herbei – Nachbarn aus unserem Viertel, Eltern von Klassenkameraden unserer Kinder, die sich liebevoll um Owen, Harris und Laura gekümmert hatten, wunderbare Originale, die ich aus den Pubs kannte, Kollegen von Jamie aus dem Opernhaus und später am Abend auch Paddy Wilkinson. Und wieder überhäuften sie uns mit Geschenken, erfüllten das Haus mit fröhlichem Gelächter, Wärme und Herzlichkeit.

Als die Ersten gehen mussten, rückten die Verbliebenen enger zusammen. Irgendjemand sagte, wie sehr sie uns alle vermissen würden. Ganz im Ernst, bestätigte Diarmuid und begann ein Lied zu singen. Die sekundenlange Pause, die am Ende seiner Darbietung entstand, war bewegend. Dann erklang ein Song nach dem anderen. Eine Freundin schloss die Augen und setzte zu einer Ballade an, die niemand in ihrer Seele vermutet hätte. Ungefähr noch siebzig weitere Lieder folgten – in einer Nacht, die nie zu Ende zu gehen versprach.

Kurz vor Morgengrauen saßen Jamie und ich schweigend beisammen, hielten uns an der Hand, waren eher glücklich als traurig. Himmelherrgott – schließlich wurden wir hier geliebt.

Kein Wunder also, dass wir, während ich diese Zeilen schreibe, bereits wieder davon träumen, eines Tages in unser Haus nach Cork zurückzukehren.

Dank

Die in diesem Buch beschriebene Begegnung mit Irland wurde erst durch viele liebenswerte Menschen möglich. Zuerst sei unserer Familie gedankt, die unsere Reise mit ihrer großen Selbstlosigkeit segnete; Mick und Hylda Buckley, die uns die ersten Tore in Cork öffneten; all die herzlichen Menschen von Bellevue Park, die uns mit uneingeschränkter irischer Herzlichkeit aufgenommen haben; Paddy und Anne Wilkinson, die weiterhin Kontakt mit uns halten. Mein Dank gilt auf jeden Fall mehr Menschen, als ich hier aufzählen kann – Leuten wie Peter Murray und John McMonigle, die dabei halfen, dass mein *Cork Magazine* beinahe das Licht der Welt erblickte; Gerry Barnes und den Frauen des Opernhauses.

Besonders danken möchte ich all jenen, die mir bei der Entstehung dieses Buches zur Seite standen: Jonathan Williams, Owen McIntyre, Tom McCarthy, der die frühe Entstehungsphase begleitet hat, sowie den Lonely-Planet-Verlegern Janet Austin und Meaghan Amor, die das Projekt bis zum Schluss mitgetragen haben. Aber vor allem gilt mein Dank Jamie – sie war meine Muse, meine treue Gefährtin, die meinen Traum Wirklichkeit werden ließ.

Eine Reihe von Büchern war mir beim Schreiben sehr hilfreich. Insbesondere: *The Cork Anthology* (Cork University Press, 1993), herausgegeben von Sean Dunne; *Discovering Cork* (Brandon Book Publishers Ltd.) von Daphne D.C. Pochin Mould; *The Lie of the Land: Journeys through Literary Cork* (Cork University Press, 1999) von Mary Leland. Historisches Wissen habe ich aus: *The Coast of West Cork* (Appletree Press, 1972) von Peter Sommerville-Large; *Sneem,*

The Knot in the Ring (Sneem Tourist Association, 1986) von T. E. Stoakley; *The Secret Places of West Cork* (Royal Carbery Books, 1990) von John M. Feehan; *Irish Country Towns* (Mercier Press, Cork, 1994), hrsg. von Anngret Sims und J. H. Andrews; *Narrative of a Journey from Oxford to Skibbereen During the Year of the Famine* (Oxford, 1847, neu gedruckt durch Cork Corporation 1996) von Lord Duferin und Hon. G. F. Boyle; *Clonakilty, a History* (Litho Press, Middleton, Cork, 1999) von Michael J. Collins.